戦後史を生きる

——労働問題研究私史

兵藤　釗

聞き手：野村正實・上井喜彦

同時代社

はじめに

二〇一五年の三月下旬、東京大学社会科学研究所の一室で、いまは故人となった戸塚秀夫さんが『労使関係の転換と選択―日本の自動車産業―』（日本評論社、一九九一年）という調査報告を上梓したグループのメンバーに声をかけ、意見を徴する会合が持たれました。それは、この調査の対象の一つであった日産自動車グループの労働組合連合会の会長であった塩路一郎さんが出された『日産自動車の盛衰』（緑風出版、二〇一二年）と題する書物の記述に触発され、この調査のプロモーターであった戸塚さんがメンバーであった者の意見を聞いてみたいということで開かれたものでした。

私はこの調査グループの一員であり、報告書の出版にあたっては戸塚さんと組んで共編者となったこともあり、もちろん出席しました。会合が終わってから飲み会となり、そのあと本郷三丁目の駅から東京駅まで地下鉄を利用して帰る野村君と同行することになりました。飲み会の折、野村君は私に「兵藤さんは自分の研究について振り返って何か書こうという気はないんですか」と問いかけてきましたが、私はそういう面倒くさいことはしたくないと答えました。野村君は押っかぶせて、私が聞き手になって兵藤さんが語るという形でもいやですかと聞いてきました。それも気が進まないなと申しました。

これまで私は『日本における労資関係の展開』（一九七一年）を出した時以来、自著について何度か書評をいただく機会がありましたが、いつもお答えしないままやり過ごしてきました。年号や数字の誤記であれば直すのが当然です。しかし、ものの見方や解釈については、その批評に一理あるなと思ったとしても、それを受け入れて修正するというのは潔しとしないと思ったからです。私には私の思いがあり、そこに惑いがあるにしても、突き詰めないまま文章を手直しするのは、その文章が持っていた生きのよさが失われるように思われたからです。また、そこにある惑いを突き詰めるには、資料への当たり直しを含めて長い時間を必要とする場合もあるようにも思われました。

この日、私は野村君にこういうことを話したわけではありませんが、東京駅で別れ際に、野村君が質問して私が答えるという形であれば話してもいいよと伝えました。それはどういう気持ちの動きか正確に伝えるのはむずかしいところがありますが、私も八〇歳を超え、自分の抱いた惑いを資料にあたり直して突き詰めてみるという時間も残されていないかもしれないことを思えば、作品の生きのよさに陰りは出るにしても自分の抱いていた惑いを後輩に伝えておくのもいいのではないかとふと思ったからです。

それが事の始まりでした。翌月、野村君から上井喜彦君と二人で聞き手をやるから、自分史をつくることを承諾してもらいたいという連絡があり、あわせて大河内一男さんの回顧談『社会政策四十年』という本はよくできているけれども、「大河内ヒアリングでは旧制高校から始まります。しかし私は、社会科学者とりわけ労働問題研究者にとっては『三つ子の魂百までも』という話が当てはまると思っています。兵藤ヒアリングは『三つ子の魂』から始めるべきだと思います」というメールがきました。続いて「聴き取り方針（案）」と題し、「兵藤釗という一知識人の思想形成、生き方を通して、戦後という時代を浮き彫りにする。あわせて、兵藤釗という研究者の研究を振り返り、日本の労働問題研究の歴史を照射する。狭い意味での兵藤さんの研究業績に限定しない」というメールが届きました。これは正論だから、そういう方式ではいやだと言って、いまさら断るわけにはいかないなと思いました。

ごく近しい人は私の過去の政治活動について知っていたでしょうが、私はこれまで公の場所で、自分の政治活動について話したことはありません。ゼミの学生ともそういう向きの話は避けてきました。第一回のヒアリングに向けて準備を始めながら、野村君あてに私は「なにか大変な仕事のような気がしてきましたね。うっかりヒアリング（してくれる）ならなどと言ったのがうかつでした」とぼやきを書き送りました。野村君からは「大変な仕事です。いまさら気づいても、もう手遅れです。自分で自分のことを書くのであれば、書きたいことだけを書けばいいのです。ヒアリングにする、ということは、言いたくないこと、書きたくないことも根堀り葉掘り質問されるということです」という冷ややかな（?）、いや励ましの鞭というべきでしょうか、来信がありました。

これは正直にいくしかないなとあらためて思いましたが、それにしても準備は大変でした。研究論文を発表するようになってからは、『日本読書新聞』とか『図書新聞』などに書いた無署名の短い書評の類は別として、いつ何を書いたかは「執筆リスト」として記録を残していましたが、論文執筆以外の出来事については日記をつける習慣も持ち合わせていなかったので、おぼろげな記憶を頼りに手がかりになりそうな資料を探索してみるよりありません。こうした作業に時間を取られたことに加えて、聞き手の二人はこの間まだ勤めを持っており、さらにはヒアリングが最終段階にさしかかった頃私がけがしたこともあって、仕上がりが見えるところに来るまで四年近くかかってしまいました。私がこの仕事を通してどんなことを感じたか、いや感じたらしいかは、本書を繙いていただいた皆さんの受け取りようにおまかせします。

ここで一言つけ加えさせていただければ、本書のメイン・タイトルを『戦後史を生きる』といたしましたが、一九九七年に『労働の戦後史』を上梓した際、私は第二次大戦の敗北から

「連合」の発足に至るまでの時期を労働の〈戦後史〉の対象として位置づけていました。今回はそれを撤回したというのではなく、この時期を主要な構成部分として含む時代を私も生きてきたという意味でこういうタイトルを選びました。

本書の作成にあたり長い期間にわたって貴重な時間を割いてくれた野村正實、上井喜彦の両君、出版を引き受けていただいた同時代社および日本経済評論社から同時代社に仕事場を移した年来の友人栗原哲也さんに心から御礼申し上げたい。

兵藤　釗

二〇一九年四月

戦後史を生きる　目次

IV　大学紛争のなかで　217

Ⅶ　時代の区切りに際会して　419

兵藤　釗／略譜

1933・4　21日、愛知県西加茂郡挙母町土橋に生まれる
1940・4（6歳）挙母中央尋常高等小学校入学（1941・4挙母町中央国民学校と改称）
1946・4　愛知県立挙母中学校（旧制）入学（1948・4挙母西高等学校併設中学校と改称、1948・10加茂高等学校併設中学校と改称）
1949・3（15歳）この頃日本共産党入党（1950年の秋頃離党）
1949・4　愛知県立挙母西高等学校進学（1950・4挙母高等学校と改称）
1952・3　東京大学教養学部文科Ⅰ類受験するも失敗
・4（18歳）名古屋工業大学入学
1953・4　東京大学教養学部文科Ⅰ類入学（駒場寮社会科学研究会入室）
・12　東京大学教養学部自治会書記長
1954・10　東京都学連執行委員（この頃　共産党への復党願提出）
1955・4（21歳）経済学部進学、大河内演習に参加
・9　六全協〈日本共産党第6回全国協議会〉後、復党承認さる
1957・4　東京大学大学院社会科学研究科応用経済学専門課程修士課程入学
1959・4　東京大学大学院社会科学研究科応用経済学専門課程博士課程進学

1962・3　同右　単位取得退学
1962・4（28歳）　東京大学経済学部　助手
1964・4　同右　　　助教授
1968・10　大河内総長の辞任を求める教授・助教授向けビラに署名
・12　加藤一郎東大総長代行の補佐役に任命さる
1970（37歳）　『日本における新左翼の労働運動』調査で戸塚秀夫が共産党より査問を受け離党、それを受けて兵藤も離党
1971・2　『日本における労資関係の展開』東京大学出版会
1974・9　イギリスに留学（1年）
1976・10　「労働運動研究者集団」の立ち上げに参画
1978・3（44歳）　東京大学経済学部　教授
1979・4〜8　イギリス労使関係調査（自動車班）に参加
1981・2　『転換期における労使関係の実態―氏原正治郎還暦記念調査報告』（国鉄班担当）、東京大学出版会
・5　『現代の労働運動』東京大学出版会
・8　国労の北朝鮮訪問団に参加
1983・秋　西ドイツ自動車労使関係調査に同行

1984・5（51歳）社会政策学会　代表幹事（86・5退任）
日本労働問題学者・文化人訪中団に参加
・8『国鉄労働運動への提言』（編著）、第一書林
1985・6　東京大学消費生活協同組合理事長（1993・12　退任）
・9　日中交流学際訪中団に参加
1986・9　東京大学・中国社会科学院交流協定により訪中
1988・9　東京大学経済学部海外学術調査団のメンバーとして訪中
・10　東京大学　評議員（90・9退任）
1991・2『労使関係の転換と選択―日本の自動車産業―』戸塚秀夫・兵藤釗共編、日本評論社
1994・4（60歳）東京大学、停年により退職
・4　埼玉大学経済学部　教授
・6　さいたまコープ　理事
1995・2『地域社会と労働組合―「産業空洞化」と地域戦略の模索―』（室蘭調査担当）、戸塚秀夫・兵藤釗共編、日本経済評論社
1997・4（63歳）埼玉大学　図書館長
・5『労働の戦後史（上・下）』東京大学出版会

・6　生協総合研究所　理事
・12　大学生協連　副理事長
1998・4（64歳）埼玉大学　学長（2004・3　退任）
・10　浦和・大宮・与野三市合併（さいたま市）「市名検討委員会」座長
2003・6　国大協第四常置委員会　委員長
2006・4　国立大学法人東京学芸大学　監事（2007・3退任）
・6　日本高齢者生活協同組合連合会　会長理事（2010・6　退任）
2007・4（73歳）学校法人成城学園　学園長（2011・3　退任）
2019・4（86歳）

Ⅰ　小学校から旧制中学へ

1　小学校の頃

生まれた村のこと

野村：最初に一九四五年までのことをお聞きします。お生まれになった挙母町で兵藤さんの家はどんな位置を占めていたか、お話しいただきたいと思います。

挙母町でどうだったかといわれると、答えようがありません。私は、いまの愛知県豊田市、出生当時の呼称でいえば西加茂郡挙母町土橋《にしかもぐんころもちょうつちはし》というところで生まれました。まず土橋の地理的な位置をお話しておきましょう。

東海道線は、愛知県内についていうと豊橋から刈谷を経て名古屋に行きます。豊橋から名古屋方面に向け東海道線にほぼ並行して名鉄の名古屋本線が走っており、途中に岡崎、知立《ちりゅう》があります。知立で名鉄三河線というのに乗り換えいまの豊田市駅方面に向かうと、「から衣きつつなれにし妻しあれば　はるばるきぬる旅をしぞ思ふ」という古今和歌集に収録された在原業平の一首で有名な三河八橋を通ります。それから先、知立と岡崎を底辺とする三角点の頂点に挙母（いまは豊田市と変更）という駅がありました。三河線は、昔は西中金《にしなかがね》という所まで走っていましたが、乗客が少なくなったのでいまは猿投《さなげ》までしか行っていません。岡崎から挙母方面に向けて昔は名鉄挙母線が走っていました。この路線は一九七二年に廃止されJR岡多線に代替されました。

土橋は挙母から知立方面に向かって二つ目の駅です。現在では名古屋から土橋まで一時間弱で来ることができます。昔は一時間一〇分くらいかかっていたと思います。土橋は挙母の町の郊外の農村集落でした。挙母町には郊外にいくつか部落がありました。土橋は樹木《じゅもく》、小坂《こざか》という部落と同じ小学校区に属していました。小学校は樹木にあり、小坂も学校から近いとろですが、土橋は小学校から四キロほど離れたところにありました。ですからこの校区はかなり広かったです。

私はこの土橋に昭和八年、一九三三年四月二一日に生まれました。その頃土橋は純然たる農村集落で、百軒ぐらいの農家がありました。この百軒くらいの農家は、兵藤、須藤、須賀という苗字を持つ家がそれぞれ三分の一くらいを占めていました。部落には八幡神社という鎮守様があり、子どもの頃の記憶では、戦争中この神社に掲額があり、土橋という部落の成り立ちが書かれていました。そこには、幕末の頃、五万石の岡崎藩が財政逼迫のため足軽を土橋に入植させたと書かれていたと記憶しています。大学に入ってからこれを見に行ったことがありますが、この額はもう掛かっていませんでした。

今回調べてみると、ウェッブサイトに明智新八という郷土史家の「土橋八満社」という記述があり、土橋の成り立ちが書かれていました。それによると、一六世紀の永禄五年、徳川の家臣で三河国上野上村城主の酒井忠尚が鴛鴨村《おしかもむら》の一部逢妻男川《あいづまおがわ》の流域の開墾を思い立ち、腹心の須藤、須賀、兵藤の三氏を開墾奉行として開墾に当たらせた。ところが、翌年三河一向一揆が勃発した際、忠尚は一揆方に加担し敗れたため今川氏を頼って駿河に逃れた。主を失った三奉行は自分たちが開墾した土橋村に帰農し身を隠したと記されています。ちなみに、土橋という名称は逢妻男川に土をあしらった橋を架けたことに由来するとありました。最近、土橋にある浄土宗の法雲寺というお寺の住職に聞いたところ、寺は一五四九年に創建され現住職で一六代を数えるそうですから、この郷土史家の記述と符合しているように思われます。

挙母は明治維新による廃藩置県で挙母県となり、その後、愛知県西加茂郡挙母村、次いで挙母町と名称変更されました。土橋は明治の初めは挙母町に属していなかったということです。一九〇六年挙母町が碧海郡逢妻村の一部を吸収合併することとなり、土橋も挙母町に吸収されることになったそうです。土橋には、須藤、須賀、兵藤以外の苗字のつく家が一、二軒ありました。日常食べるような物も売っている雑貨屋が二軒あり、それは須藤と須賀を名乗っていました。鍛冶屋が一軒あり、それだけは別の苗字を名乗っていました。

家のこと

土橋の成り立ちは以上です。私の父は「国一」、母は「あさの」といいます。私は一九三三年に五人兄弟の長男として生まれ、五年後に弟が生まれました。その次は長女で、生まれたのは一九四三年、それからまた女が生まれ、最後は男で一九四八年生まれでした。いま考えると母親も大変だったと思います。一九三三年から四八年までお産をしていたのですから。私が生まれた時には祖父も祖母もまだ生きていました。二、三年して亡くなりました。私は初孫です。母親の実家は三好村福田にありました。そこの家にとっても初孫でした。土橋の祖父はしょっちゅう私をおぶって村の中を歩いていたと聞いています。初孫なので大事にされていたということでしょう。

開墾でできた村だからでしょうか、各家の耕作規模は似たようなものでした。私の家は田畑合わせて一町歩をちょっと超えるくらいでした。畑は、サツマイモくらいは売りに出したかも知れませんが、主として家で食べる野菜をつくっていました。耕作地の多くは田圃で、畑は少なく水田が主でした。確か耕作地は自作地で小作地はなかったと思います。戦争中までだったと思いますが、夏は養蚕もやっていました。挙母の町に製糸工場があり、そこに出荷していたんだと思います。

家は二階建てで、建坪は百坪はなかった。家の構造を説明すると、一階は四部屋あり、座敷、居間、寝室、飯を食べるところ、あとは炊事場があって、そこに竃《かまど》があった。二階は蚕を飼うためにつくられたもののようで、四部屋ほどあり物置としても使われていました。これが母屋で、庭があり、そこに納屋と便所がありました。

私の記憶に鮮明に残っているのは、村の人からもお前の親父はすごいなといわれたことです。どういうところがすごいかというと、多くの家では役牛を飼っていて、犂を付けて田起こしなどに使っていました。私の家では牛を飼っていなかった。なんで牛を飼っていなかったか、多分、暮らし向きが良くなかったからではないでしょうか。田植えに備えて田圃を起こす時、備中鍬といえば歯は普通四本か六本でしたが、親父は八本歯が付いた備中を使って田起こしをしていました。ものすごい力がいる。それで村の人はお前の親父はすごいと噂したわけです。それで八反歩か九反歩の田圃を起こしていたわけです。農繁期には、お袋は田圃に働きに出ました。私は二、三歳のころまでは爺さんの世話になっていたけど、その後祖父が死んでからは、親について田圃に出てそこで遊ぶようになりました。少し大きくなった頃お婆さんが亡くなったので、夕飯を炊くのは私の役割になりました。弟が生まれると、そのお守りも私の仕事になった。小学校の高学年くらいからは農作業も手伝うこととなり、田植え、田の草取り――これは一番草から三番草まであり、三番草ともなると稲の丈が高くなっていて目に入り大変でした。秋の稲刈り、脱穀も、もちろん手伝いました。

野村：夕食の準備となると、魚や肉なんかはどこで買うのですか。

部落には、二軒の雑貨屋、それに豆腐屋が一軒ありましたが、日頃、肉や魚を食したという記憶はありません。これはご馳走だなということで記憶に残っているのは、村の鎮守様のお祭りの時など、三河湾の漁村から物々交換で魚を売りに来るんです。鰯とか鯖とか、そういうものをお米と交換し食べました。肉を食べた記憶はあまりありません。家では卵をとるために鶏を五、六羽飼っていました。親戚の人などが来ると、そのうちの一羽の首をぶった切って血を出し、鶏鍋などをつくってご馳走として振舞いました。そういうものがご馳走といえばご馳走です。田の草取りの時には水田の水を抜きますが、水の落とし口に筌《うけ》を仕掛けておくとハエとか鮒、泥鰌、時には小さな鰻などがとれ、泥を吐かせてぐつぐつ煮て食べました。あとは正月の餅とかで、何か食べたなあという気がするのはそんなもんです。普段、雑貨屋などで肉は売っていなかったと思う。いや売ってたかもしれませんが買ったという記憶がないんですよ。

部落の農家は似たような家が多かったけど、それでも僕の家は少し下の方だったような気がする。僕が学校に着ていくシャツなども、つぎはぎが結構あったんです。お袋が糸でつくろったものを普段着ていたんですが、そういうものを友だちが着ているのを見たことがないのです。だから、赤貧洗うがごとしとはいわないけど、あんまり裕福とはいえなかったと思います。

上井：子どもがつぎはぎのない服を着ているというのは、裕福な村だったのではないですか。

豊かとは言えないよ。裕福な地主みたいな家はなかったんだから。

野村：一町歩といえば、栗原百寿のいう中農標準化の中農に当たると思うのですが。

そうね。ごく普通の農家です。多くて一町二、三反で、二町とかになんなんとする家はなかったと思う。
僕の親父は終戦直後農地委員をやっていました。これは自作農代表として選ばれたからでしょう。

野村：そういうところからすると、土橋は民主的な部落だったのですか。

民主的というか、まあ、上下関係はなかったね。みんな同じような規模の農家でしたから…。

野村：特定の家から村の代表者がいつも出てくるということはないのですか．

どうだろう。うちの親父もそういう村の役員になったことがあるかもしれないが、いつも特定の家から出てくるということはなかったんじゃないかな。

野村：子供時代、「町」というのはどこの町を指していたのですか。

それは、挙母です。

野村：挙母に行くと肉屋さんとか服屋さんとか、そういうものがあったのですか。

もちろん、ありました。挙母はそんな大きな町ではないですよ。僕の記憶では、挙母駅の裏手、つまり西側には店などはなかった。駅の東側にあたる駅前に後でお話しする「やまくら」という菓子屋がありました。そこを通り過ぎて一区画ほど行ったところに「原田屋」という本屋があり、もう一区画ほどいって左に曲がったところに、もう一軒「鈴彦書店」という本屋がありました。このあたりから右に少し行った神明町というところに明治十年代にできた劇場を引き継いで、昭和になってから挙母劇場と改称した劇場がありました。挙母劇場からすれば反対側、つまり鈴彦から左に少し行った竹生町に大正の初めごろに大正座という劇場ができ、昭和になってから昭和劇場と改称しました。両方とも映画も芝居もかける劇場で、椅子席はなく座って観覧する方式でした。僕が高校を卒業する前年アート座という全席椅子席の近代的な映画館が駅前にできたようですが、僕は受験勉強で忙しくしてましたから行ったことはありません。

上井：映画館と芝居小屋を兼ねたものが盛んになってくる頃ですね。

そうです。

野村：本屋さんというのは本だけを売っていたのですか。私の生まれた田舎町では本だけを売る本屋さんというものはなく、雑貨屋の一隅にほんの少しだけ本が置いてありました。

上井：僕が生まれ育ったところ（大阪府中河内郡―現八尾市―の東南端）では遠く離れた小学校の近くに文房具屋を兼ねた小さな本屋が一軒あっただけです。

挙母の原田屋さん、これは私が成城学園に勤めてから知ったことだけど、ここの息子は高校か大学か知らないけれど成城の学生だったそうです。原田屋も、もう一軒の鈴彦という本屋も本や雑誌が主体の店でした。文房具も置いてあったと思います。

学校のこと

野村：岡崎は城下町ですが、挙母はどういう町ですか。

挙母地域の藩主には変遷があります。一八世紀の半ば譜代大名の内藤家（二万石）が転封されてきた後、洪水などを避けるために城も町の西側にある樹木台（七州台）に移され、城の下町となった挙母と樹木を城下町として幕末まで内藤家が七代にわたり支配したそうです。新しい城がつくられた台地は七州台と呼ばれた。そこに立つと三河をはじめ七つの国が見えたからだといわれています。僕が通った小学校は中央小学校といいました。七州台の跡地の一画、童子山という小高い丘の上に建っており、ちょっと下にグランドがあり、裏手は高等女学校になっていました。小学校のある童子山は土橋からは東に四キロほど行ったところにあり、歩いて一時間ほどかかりました。

僕が小学校に上がったのは一九四〇年で、この頃は挙母中央尋常高等小学校と名乗っていました。翌年太平洋戦争がはじまり挙母町中央国民学校と改称されました。小学校には男子組と女子組があり、それぞれ五〇人弱だった。どういうわけか、三年生の時だけ男女共学になりました。一年生の時のことはよく覚えていませんが、毎年級長に任命されました。一年の時の担任になったのは長谷川忠三郎という元海軍二等兵曹だった人で、珍しくも六年まで担任は変わらなかった。長谷川先生は樫の木を削ってつくった「直心棒《ちょくしんぼう》」と称する棒を持っていました。それで頭をぶつというようなことはしなかったが、尻は結構叩かれた。そうめちゃくちゃ怖い先生というわけでもなかったが、何となく怖い先生でした。

野村：叩かれるときに、子供心になぜ叩かれるのか納得がいったのですか。

理由なく叩かれたとは思わなかったね。悪さをしたから、という気持ちは自分のなかにあった。そういうことで思い出すのは戦争末期に勤労奉仕が始まって、農家に手伝いに行ったときのことですね。

野村：国民学校の児童が勤労奉仕をしたんですか。

勤労動員ではないですよ、勤労奉仕です。全校児童が行くのではなく、五年生とか六年生が一日に二時間くらい出かけたんですよ。名古屋が空襲されたときアメリカの飛行機が郊外地域に落っこちたことがあるんです。落っこちた飛行機がそのままになっていたんで、勤労奉仕に行った帰りに七、八人で見物して道草を食っていたら、学校に戻るのが大分遅くなってしまいました。長谷川先生が学校の西門のところで待ち構えていて、そこへ並べと言われて、整列ビンタ、そういうことがありました。何か悪いことをすると体罰を食らったんですよ。廊下に正座しろとか、言われたこともありました。

野村：勤労奉仕は農作業ですか。

僕の記憶にあるのは、戦争中はどこでも蚕を飼っていたから、どこの家にも桑畑があった。桑の皮を剥ぐ作業がよくありました。桑の皮は何に使うと思う？　軍服です。戦争末期には軍服の材料がなくなってしまった。そこで桑の皮を剥いで、学校から陸軍に供出したんですよ。子供がやるのは皮を剥いで束ねるまで。そのほか、イナゴをつかまえて供出したこともありましたね。ただ僕はイナゴは嫌いで食べなかった。

長谷川先生は海軍出だから泳ぎがうまかった。学校から五分くらいのところに新川という農業用水が流れていた。深いところで小学生の背が没するくらい。今は汚い水が流れていますが、その頃はまだきれいだった。そこで泳ぎを教わりました。ただ海軍だから軍艦が沈没したときなどに役立つ遠泳用の泳ぎで、大きく手を搔く平泳ぎとか抜き手、それに背泳ぎなどで、ゆっくり泳ぐ。そういう練習でしたから、クロールは息継ぎの仕方を教わらなかったから今もできないんですよ。東大駒場に入った時新入生は体力テストがあり、どんな泳ぎ方でもいいからプールで二五メートル泳げということで、泳げない者は夏に戸田寮に合宿に行かされることになっていました。小学校からの訓練のせいで僕は戸田寮には行かずに済みました。
僕は運動は結構出来たんですよ。走るのは結構速くて、学校対抗の四〇〇mリレーの選手だった。それに相撲は五年生くらいまでクラスで一番強かった。田舎の学校だから、集団疎開するということはなかったし、集団疎開の受け入れもなかったが、個々に疎開してくる者はいたんですよ。六年になった時疎開してきた生徒のなかに体の大きいのがいて、その生徒に相撲はどうしても勝てなかった。

学校までどういうふうにして通ったかというと、僕が小学校に上がった頃は、土橋から上挙母まで電車で行って、そこから歩くという方法はあったけど、電車は使ってはいけません、とされていました。台風の時には乗っていいことになっていたが、普段は禁止。ただ電車で行っても上挙母の駅から学校まで二キロ近く歩かないといけないから、電車に乗ってもあまり効率的ではなかったということもありました。だから普段は、土橋から樹木台の学校まで四キロの道を歩いて通ったんです。一時間くらいかかりましたね。

挙母はトヨタ自動車創業の町です。刈谷にあった豊田自動織機が一九三五年に挙母町南部の論地ケ原の土地を購入し、そこに挙母工場を建設し、三八年に操業を開始したのがトヨタ自動車の始まりです。挙母工場のできた論地ヶ原は土橋から南東四キロ弱のところにあたり、小学校に上がる前の頃、工場建設のハンマーの音がよく聞こえてきたのを覚えています。

土橋から小学校まで通った四キロの道の周辺は、今はすべて住宅街になっています。僕が小学生の頃はほとんどが山で、ところどころに乾田が少しありました。眺めがよかった。学校からの帰り道、春はレンゲが咲いてる乾田に寝そべるとか、鳥もちを使ってメジロを捕るとか、秋には松茸などきのこ狩り、ネットを張ってホオジロ捕りをするとかしました。通学路の途中に樹木の部落の結構大きな墓地があり、夏には火の玉が飛んでいた。土葬だからリンが燃えるんだと言われていました。夜そこを使って肝試しをやらされました。

野村：土橋は土葬でしたか。

土葬です。

野村：学校への通学は集団登校だったのですか。

戦争の末期に集団で登校するようになりました。夏休み前とか休み明けの九月には、靴――といっても運動靴ですが、履くことが禁止されました。裸足で歩くんですよ、道は舗装されていませんよ。砂利道ですから足が痛かった。隊伍を組んでその道を歩き、上級生が「歩調取れ」と号令をかける。四四年四月から高等科は授業停止になりましたから、号令かける役は六年生となり、自分は号令をかけるだけで歩調はとっていないんですよ。俺も六年生になったら号令かけられると思いきや、八月一五日です（笑）。

その頃の子供の遊びはだいたい集団でした。学校から帰ってメンコ、カッチン玉と呼んでいたビー玉遊び、これはどう話したら分かってもらえるかな。二組に分かれてポケ（駆逐）・水雷・大将と役割を決め捕まえっこする集団ゲームなど。土橋には僕の同級生は四人しかいなかった。四人ではこういう遊びはできないので、一年生から六年生までまとまって集団で遊んでいました。あとは凧揚げ、手作りのグライダーやゴムを動力とする模型飛行機を飛ばすとか。夏には、先ほどお話した新川という農業用水の下流が土橋の裏手あたりを流れていましたから、そこでよく泳ぎました。

空襲のこと

野村：トヨタの工場によく空襲はあったのですか。

ありましたよ。パソコンで調べたところによると、愛知県の初空襲は一九四二年だそうですが、サイパン島が占領された四四年の暮れから空襲が常態化した。四五年三月からは焼夷弾を用いて名古屋の市街地が空襲されたそうです。土橋から名古屋までの距離は七里（約二八キロ）くらいといわれていた。焼夷弾は夜中に落とされるからよく見える。不謹慎だけど花火みたいにきれいだったね。

家から二、三キロのところにトヨタの挙母工場があり、土橋の裏手、今トヨタの元町工場のあるところは三菱重工の工場があった。それらを狙った空襲があり、土橋の部落の田圃に大きな穴が開いたこともあります。僕自身は何人かで学校帰りに樹木のお墓のそばを歩いていた時、トヨタを空襲に来た戦闘機に機銃掃射をかけられたことがあります。これは怖かった。お墓の松の木の陰に隠れた。また、お袋と畑に出ていたとき機銃掃射されたことがあります。ですが、土橋にはそんなにひどい空襲はありませんでした。

野村：戦争中、子供はみな空腹だったと聞いていますが、兵藤さんは空腹ではなかったのですか。

うーん、何を食べていたんだろう。白い飯をしょっちゅう食べていたとは思いませんが、麦を入れたご飯を食べたり、すいとんを食べたりした記憶はあります。サツマイモなんかもよく食べました。しかし、腹が空いてしょうがないという感じではなかった。ただ食べたもの、たとえばサツマイモとかカボチャとかは戦争中に食べ過ぎて、もうアレルギー反応が起こるようになって、戦後になってからは食べたくなかった。ともあれ農家だったから、空腹でしょうがない、という感じではなかったということです。

野村：学校生活が空襲で脅かされたということはあったんですか。

なかったと思います。

野村：国民学校では上級生と下級生の関係は絶対的な上下関係だったのですか。上級生が下級生に命令したり、ビンタをくらわせたりとか。

上級生が下級生に暴力をふるうということはなかった。僕は上級生を殴ったことはあるけど(笑)。僕の家から三、四軒東に行った所に法雲寺というお寺があり、そこの息子が僕より一年上だった。ヤサ男でしたので、彼の同級生も含めて三、四人で学校の帰り道で殴ったことがあります。

野村：級長というのはどういう特権があるのですか。

号令をかけるくらいですよ。授業の始まりに「起立」とか、ね。

野村：級長に任命されるというのは、成績がいいということですね。

成績は一年生の時には甲乙丙、国民学校と改称された二年生からは優良可で評価されました。こんなことしゃべらない方が奥床しいんだけど、全部優だったことは六年間で一回しかなかった。音楽が常に良だった。何年生の時だったかは忘れたけど、ある学期に音楽が優になり、全優だったことが一度だけあるんですよ。

野村：隣の集落を通るとき、喧嘩になったりいじめられたりすることはあったんですか。

同じ学校の者同士ですからそういうことはなかったね。郡が違うと喧嘩になることがあった。土橋の南側は碧海《へきかい》郡で、僕の家の畑が境界線に面していたものだから、こういうところで向こうの奴と会うと、もう石の投げ合いになりましたね。

野村：国民学校は少国民を形成する学校でしたけど、どういうものとして記憶されていますか。軍国少年でしたか。

学校には天皇陛下の写真が飾ってある奉安殿がありました。天皇誕生日には奉安殿の前に整列し参拝するんですよ。長谷川先生に直心棒で叩かれたということも、そういう鍛錬のうちに入っているかもしれませんね……

僕は明らかに軍国少年だったと思いますね。その証拠に、小学校の何年生の頃だったかは思い出さないけど、予科練は素敵だなと思ってました。七つボタンの服で、街を歩いているのが格好よかった。予科練には高等小学校卒で行けたんです。映画で見た海軍兵学校の生徒、これはもっと格好よかった。江田島の海軍兵学校は中学校からでないと入れないので、自分が行けるとは思ってはいなかった。夏は、白い腰のあたりまでの短ジャケット、白ズボンに短剣という制服姿は、女学校生徒の憧れの的だった。男の子にとってもそうですよ。その頃、「ラバウル海軍航空隊」という歌があり、よく唄ったな。ラバウルの基地は海軍が主力だった。海軍に憧れていたのかな。

百姓の長男の中学受験

野村：ということは、中学校に入って海軍兵学校に行こうと思っていたのですか。

いや、そんなことは思っていません。僕は百姓の息子ですから、小学校六年を終わったら、二年間その上の高等小学校へ行って家を継ぐものと思っていました。親父とそういうことを話した記憶はないんだけど、親父もそう思っていたでしょう。自然にそうなるものと思っていた。

野村：六年生の時までそう思っていたのですか。

いや四年生くらいまで。

野村：どうして変わったのですか。

その話をしないと、どうして僕の人生が途中で狂ったのかわからないね。僕が国民学校五年生になった時、同じ学校に弟が入学しました。弟の担任になったのが師範学校出たての女の先生でした。加藤すず先生といい、いまも豊田市の駅の真ん前にある「やまくら」という菓子屋の長女でした。なかなかの美形でしたね。一番びっくりしたのは体操の時間の号令のかけ方です。普通の女の先生は消え入りそうな声で「気をつけ〜」などとやっていたのですが、その先生は男勝りの腹の底に響くような号令を掛けてました。イヤー、すごい人だなと思った。僕が五年生男子組の級長をやっていたこともあるんでしょうけど、僕は弟よりもすず先生の「みこ」(方言で「ひいきされている」という意)がよかったんです。僕はその先生に「つっちゃん」と呼ばれていて、うちの弟たちが中学校に行こうということで勉強しているので、あなたもうちに来て勉強しなさい、と言われたんです。先生のうちにはすぐ下の優形の妹さん、その下に三人の弟がいた。一番上の弟はすでに中学二年か三年生でチューター役、次男が僕より一つ上で町の小学校の六年生、三男が僕より一つ下で四年生。週に三、四回は学校が終わると「やまくら」という菓子屋さんの家に出かけた。夕飯はそこでご馳走になるのが普通になりました

中学に行きたいということを、いつどういう形で親父に言ったのか覚えていないけど、ずっと後になって『関塾タイムス』という大阪の進学塾の雑誌に以上のような経緯を書いたところ、「私がお父さんに頼んであげたのよ」とすず先生が言いました。そういうことがあって一九四六年に旧制挙母中学を受験することになりました。挙母中学校は西加茂郡唯一の県立中学校で

した。昭和一五年に開校されたナンバーで数えれば二六番目の中学校です。そこに挙母という町の県内序列が示されているかと思います。それはともかく、考えてみればこうして中学校を受験することになったのが僕の人生で一番大きな分岐点だった。すず先生との出会いがなかったら、僕は百姓をやっていたんじゃないかな。

弟はどうなったかというと、僕が東大に入ったあと高校に入ったが、二年になった時高校を中退しました。休みに家に帰ったとき「どうして辞めたの」と聞いたところ、勉強はあんまり好きでないから辞めにしたという返事でした。それ以上根掘り葉掘りして聞いたわけではないけど、本当のところは、兄貴がぐれて大学に行ってしまったから俺が家を継ぐしかないと思って辞めたんじゃないかと思いました。

野村君から、家庭にどういう「文化資本」があったのかという質問がありましたが、親父は七人兄弟の長男だった。男は二人。女の子はどういう学歴であったかは調べてないけど、末弟は僕が子供の頃家にいたので僕は兄さんと呼んでいました。この人は岡崎師範に行っていて学校の先生になりました。祖父はもう亡くなっていたから、親父は男の兄弟は学校に行かせてやろう、農地は分け与えるほどあるわけではないから、学校に行かせるくらいの苦労は背負って立つという思いではなかったでしょうか。「文化資本」といえるものがあるとすれば、こういうものではないでしょうか。

野村：兵藤さんの「釗」という名前は、普通の家庭では使わないですよね。

これは親父が死ぬ前に聞いておくべきことだったと思います。読みは「つとむ」で、ありふれています。なぜこういう字が使われたのか、そのいきさつは分かっておりません。昔、大きな辞典で引いて見たことがあります。「釗」という字は、中国の古代王朝周の第三代康王の諱《いみな》として使われたそうです。親父は小学校しか出ていませんから、そんな名前を知っていたわけがないと思います。僕が思うには、戦前田舎では八卦見という占いをする人が部落を回ってきて、姓名判断もしました。そういう八卦見にこういう名前がいいと言われたのではないでしょうか。お袋に、どうしてこういう名前になったのかと聞いたことがあるけど、「お父さんが死んじゃったから分からない」という返事でした。不思議なのは、戦後挙母中学校で一緒になった生徒、それも同学年に私と同じ名前の者がいたんです。苗字はもちろん違いますよ、部落も違う。生涯、同じ名前の人間にあったのはその男しかいないのです。

野村：戦争がまだ続いている、そういう状況下で中学の受験勉強をするというのは、どういう気持ちでしたか。

戦争というのは学校生活にあまり関りはなかった。挙母は田舎だから、名古屋の街に焼夷弾が落とされても花火を見ているような感じでした。僕自身が空襲に遭ったのは、たまに機銃掃射を受けたくらいで、しょっちゅう恐ろしい思いをしていたわけではなかったからね。

野村：小学校五年から中学の受験勉強を始めたということですが、中学を終わったら海軍兵学校に行こうと考えたのですか。

将来どうするなんて考えていなかった。そしたら戦争が終わっちゃった。私の部落にも、もちろん兵隊に行く人はいましたが、格好いい軍人として出て行った人はいませんからね。海兵にいくとか、ああなりたいと具体的に思い浮かべるような人はいませんでした。

僕は敗戦の玉音放送をどこで聞いたのか、記憶がないのです。聞きそこなったのかも知れません。戦争が終わったらしいぞということを間接的に聞いたのではないか。それを聞いてどう思ったのかということも思い出せない。戦争というものへの距離が多分都会の子供たちと違うのではないでしょうか。

野村：中西（洋）さんは疎開したと聞いています。ＮＨＫで集団疎開の番組があり、そこに中西さんが学童集団疎開の一人として登場したのを見たことがあります。その番組を見た後私は、中西さんにとって集団疎開は何だったのですか、と尋ねました。中西さんはその時は口をつぐみました。しばらくしてひと言、「醜いものはみんな見た」とだけ言いました。

疎開というのは受け入れ先との関係でいろいろあるからね。

野村：八月一五日で学校の先生が変わった、と思いましたか。

そういう記憶はないね。直心棒で殴られるようなことはなくなったけど、もともとしょっちゅう殴られていたわけではなかったから。

上井：師範を出たばかりの女の先生も変わったということはないですか。

ないね。すづ先生は、その後暫くして菓子屋に出入りしていた卸のイケメンの人と結婚しました。結婚したのは何時だったかな。たしか僕が中学三年の頃だったんじゃないかと思います。

野村：教科書を墨で塗るというのはいつごろからですか。

それは中学校に入ってからだったと思う。小学校の時はなかったと思います。戦争が終わった直後の小学校の教育についてとくに思い出すことはないね。私はひたすら勉強していたのかなあ。

2　中学校時代

級長になる

野村：中学校は旧制挙母中学校を受験されたということですが、入学試験はペーパーテストだったのですか。全国的にみると、ペーパーテストをやっていた中学校と面接だけの中学校があったようですが。

どういう試験だったのか、全然記憶がない。僕は中学に合格するかどうか心配したことはない、受かると思っていたね。挙母中学校は、ＡＢＣＤと四つの組があり、僕はＤ組の級長に任命された。Ｄ組の級長をやらされたということは、受験の成績が四番目だったということだと思う、選挙で級長になったわけではないからね。一クラスは五〇人くらいでした。

野村：中学校の教科書はどういうものでしたか。

日本歴史の教科書だったと思うんですが、未製本のまま配られました。何頁かが一枚になった大きな紙のままで裁断してなかった。先生がそれを配って、ここところは消せと指示を出し、そこを墨で消しました。

野村：先生の指示で消したのですか。もともと消してあったのですか。

先生の指示で消しました。

野村：消す時に兵藤さんはどういう気持ちでしたか。

戦争は終わったんだから、都合の悪いことが書いてあるところは、消すのが当たり前だと思った。

野村：権威が崩壊するという感じではなかったのですか。

それはそうなんだろうけど、製本もされないまま配られるんだから、混乱している最中だと思いましたね。

上井：戦争との距離があったから、劇的な変化は感じなかったということですか。

あんまり劇的には感じていないんです。戦争が終わる前の夢が消えてしまったとか、そういうことはなかったから。海兵に行こうと思って受験勉強を始めたわけではなかったしね。

共学を体験する

野村：敗戦直後の旧制中学はどんな雰囲気でしたか。

僕は一九四六年四月に旧制挙母中学に入学したんですが、翌四七年度に新制中学が発足することとなり、旧制の中学校を引き継いで新制切り替えになったところには新入生が入って来なかった。そして四八年四月から新制高校が発足するのですが、旧制中学を引き継ぎ新制切り替えになったところが新制の挙母西高校となり、中学課程はその併設中学に変わりました。そのため、僕は一九四六年度から挙母西高校に進学する四九年度まで最下級生を四年間やったわけですよ。これは僕の精神構造になにがしかの影響を残していると思ってます。具体的にどういう影響があったか説明できないけど、四年間も最下級生をやると影響はあると思いますよ。

旧制中学に入った時、上級生は怖い存在でした。なかには陸士など軍学校帰りもいたしね。中学一年の時には自分一人で映画を見に行ってはいけないという校則だった。上級生がついて行くならいいということで、「やまくら」のお兄さんに連れて行ってもらったことはあります。規則違反をしたとき、翌朝登校したら学校のきまりを破ったということで、正門の前に並べと言われビンタを食らったこともありました。

旧制の挙母中学校、それが生まれ変わった新制の挙母西高校は、七州台にあった中央小学校から西に二キロほど行った小坂という部落にありました。新制高校の発足した秋、愛知県では新制高校の学校統合が行われることとなり、挙母西高校、旧制高等女学校を引き継いだ挙母東高校、それに猿投にあった農林学校が統合ということになり、校名も加茂高等学校と変わりました。これは、物の本によると、近畿軍政部で教育課長を務めていた辣腕のジョンソンという軍人が東海北陸軍政部へ転任となり、腕を振るって行なったものでジョンソン旋風と呼ばれていたそうです。男女共学・小学区制・総合学校の三本柱を目標に掲げた改革だったということです。その当時ジョンソン旋風という言葉は知りませんでしたが、大阪にある軍政部のお偉いさんが愛知県に来て改革が始まったんだということは聞いたことがあります。僕の記憶では、ジョンソン旋風による学校統合のあおりで、中学三年の九月中学生だった僕たちだけが高等女学校の校舎だった東校舎に通うこととなり、男女共学になりました。挙母西高校の男子生徒だった者は従前通り統合前の校舎を引き継いだ西校舎に通うことになったので、男子は中学三年の僕たちだけが東校舎に移って男女共学になりました。東校舎には挙母東高校から引き継いだ上級生の女子生徒がいました。

野村：共学になったことは兵藤さんにとってインパクトのあることだったのですか。

あったでしょうね。僕の同学年で、卒業後統合で共学になったクラスの女子生徒と結婚した者が何人かいます。それに、女学校には、昔から、上級生と下級生の間でエス（シスター）と呼ばれる女子同士で深い友情を交わす風習がありました。仲良しの厚いやつですよ。三つ上の学年に卒業後上坂冬子というペン・ネームで物書きになった人と仲のよかった女生徒がいて、二人ともファースト・ネームにヨシという文字が入っていたことから「よっちゃん」と呼ばれていました。その女生徒が僕に付け文を寄こした。別に恋しいなんて書いてあったわけじゃないよ（笑）。いまだにその人は独身です。上坂冬子さんもそうでしたけど、あの世代の女の人は結婚相手になる男たちが戦争で死んじゃったんですよ。

寺田先生のこと

野村：旧制中学から新制中学に切り替わった時、授業内容も変わったのですか。

前にお話した歴史とか地理などを別にすれば、そんなに変わったという記憶はありません。その頃の社会科や国語の先生はかわいそうなもんでしたよ。小説を読むようになって生意気になった中学生が国語の先生は見当違いなことを言っているなと話し合ったり、雑誌や本を読んで得た新しい知識を頼りに、社会科の先生はバカなことを言っているなと放言したりで、大変だったと思いますよ。英語や数学、物理や化学の先生はいいですよ。生徒は分かりはしないんだから。国語や社会の先生をつるし上げたことはないけど、バカにしていたね。先生の言うことに重きを置いていなかった。

上井：教科書がどうのこうのというよりは、自分で本などを読んで批判的になっていったということですか。

そうですね。その頃は、僕もそれなりに文学少年でした。夏目漱石だとか芥川龍之介とか、それに田山花袋なども読みました。無頼派などと呼ばれ、戦後有名になった坂口安吾とか織田作之助なども読みましたが、僕が一番いかれたのは太宰治だな。中学二年の時に『斜陽』を読んだ。この頃、太宰の小説をいくつか読みました。翌年『人間失格』が出た時には貪り読んだ記憶があります。太宰の本は学校の図書室が買い入れていました。

学校の先生のなかで記憶に残る人が二人いました。そのうちの一人の名前がどうしても思い出せない。国語・漢文の先生だったんだけど…。もう一人は寺田守という人です。この人は一九四六年青年文化会議を母体として創刊された雑誌『黄蜂』の編集長を務めた人で、兄の寺田俊雄という人が社主だったそうです。『黄蜂』という雑誌は、小説が中心なんだけど評論も載るという総合文芸誌で、野間宏の「暗い絵」という小説が創刊号から第三号まで掲載されたことで知られています。丸山眞男とか後で僕がゼミで教わった大河内（一男）さんも執筆者だったということです。

寺田守先生は碧海郡の生まれで、刈谷中学を卒業した人です。東京帝大文学部国文科を出て、名古屋市立の高等女学校、静岡県立の沼津中学校の先生をしたりして、後には海軍兵学校の教官を務めたこともあります。学生時代に「日本詩歌に於ける芭蕉の位置」という論文を書いたということです。一九四七年一〇月、挙母中学に非常勤講師として赴任して来られたんですが、僕は直接教わったことはありません。一年上の生徒たちが寺田先生に教わっていました。ですから、僕は具体にこういう影響を受けたとは言えないけれど、知的レベルは無論のこと、風格からしても、リベラルな点においても、ほかの先生とは段違いだった。一〇人くらいの上級生が取り巻きをつくっていた。僕も旧制中学の校舎に席があった頃、上級生にくっついて先生の家に行ったりしたことがあります。こういう人もうちの学校の先生のなかにいるんだと思いました。寺田先生は四九年三月僕らの学校を退職され、翌年三七歳の若さで病没されました。だから直接教わる機会はなかったわけです。

3　政治活動への参加と撤退

太宰への傾倒から共産党へ

野村：兵藤さんが左傾化するのは文学青年になった頃ですか。どういう経緯があるんですか。

左傾化したのは中学三年生の後半ぐらいからです。四七年から四八年の頃は、先ほどお話ししたように太宰治のファンでした。太宰は、四七年の七月から一〇月にかけて『新潮』に「斜陽」を発表し、この年の暮れ単行本として刊行しました。翌年六月から八月にかけて雑誌『展望』に「人間失格」を発表しはじめました。この間、太宰は『朝日新聞』に六月一日から「グッド・バイ」という小説を連載しはじめ、一三回目まで書いた後、六月一三日に山崎某という女性と玉川に入水、自殺を遂げたんです。七月、筑摩書房から『人間失格』と題する単行本が刊行されました。これには絶筆となった「グッド・バイ」も収録されていました。

『人間失格』を耽溺するほどに読むなど、どうして僕がそんなにデカダンになったのか今では説明できません。大地主の息子に生まれた太宰とは置かれた境遇に大きな違いがありましたが、それでも僕が太宰に惹かれていたことは疑いない。その太宰が自殺して僕は一層落ち込んだ。酒やタバコを覚えたのも中学校三年の秋だった。酒は一年上の上級生に誘われてその男の部落のお祭りに行き、上級生何人かと朝まで日本酒を飲んだ。吐くものがなくなって黄色い胃液を吐いた記憶があるけど、酒はこんなにまずいものかと思ったが、これが僕が病みつきになるきっかけでした。僕の親父はけっこう酒好きで部落の会合に出た後遅く帰って来て吐いていたのを見た記憶があります。タバコもそんな折、飲み始めたんですが、学校でも便所に隠れて吸うようになりました。

そういう風にぐれているなかで左翼づいていった。共産党について、あれはすごいんじゃないかという気持ちが次第に強くなっていったんです。徳田球一や志賀義雄の獄中一八年とか、宮本顕治は獄中一二年とか、戦前から戦争中をそういうふうに生きたのはすごいな、という気持ちをいつごろからか持ちはじめていました。四七年の二・一ストの頃にはそういう気持ちが育ち始めていたと思います。理屈というよりも、一八年頑張って、あるいは一二年頑張って、自分を生き通してきたということに対する尊敬の気持ちでした。そういうことが持つ権威というものが僕のなかに巣くい始めていたということです。

岩波書店が出している雑誌に『文学』というのがありますが、一九四九年二月号に沖浦和光という人の「太宰治論ノート」が載りました。その時沖浦さんは東大文学部の学生だった。読んでこの人は共産党だなと思いました。そこには、人は苦しくても、太宰治の屍に「グッド・バイ」することによってのみ生きてゆけるであろう、と書かれていました。そのほか、戦争直後に亡くなった河上肇の哲学に関する本も読んだ記憶があります。何を読んだのか、全集を見てみたけれども思い出せません。でも河上のものを読んで、なるほどこういう見方もあるかと思ったね。

一九四九年一月の総選挙で共産党が四議席から三五議席へと劇的に躍進を遂げました。その頃に前進座が挙母の町に来たんです。僕は上級生のグループと組んで民主主義科学者協会の班をつくっていて読書会をしていました。このグループで前進座の切符売りもしました。前進座は、青年劇場運動というのをやっていて劇団員をいくつかの班に分けて地方公演をやっていました。三月には、前進座の七〇名を超える座員が共産党に集団入党したという記事が新聞に載りました。『前進座年表』(二〇〇六年)によると、河原崎長十郎を座長とする班が「ヴェニスの商人」を持って一月中旬から四月下旬にかけ地方巡演をしたと記されていますから、挙母の町に来たのは集団入党前後、四九年の二月か三月頃だったと思います。

僕は公演の時に楽屋に出入りすることを許されていました。なんか非常に明るい雰囲気でした。コミュニストというのはこういうものかと思いました。それで、こういう政治活動に参加してみるかという気持になりました。一年上の上級生に千野武彦という生徒がいて、トヨタ自動車の細胞のキャップの息子でした。政治活動への参加を決断したのは二人で相談した上でのことだったと思いますが、切符を売りさばいた仲間で参加を決めたのは千野と僕の二人だけでした。

共産党に入ろうと思った時、最初に誰のところに話に行ったか記憶がないのですが、挙母の町のその筋の人に相談したと思う。その頃挙母の町には、細胞はあったけれども、日本青年共産同盟、いわゆる青共の班はなかった。細胞の人が、青共がないのだから一足飛びに細胞に入ったらどうかということで、中学三年の終わりか高校一年の始めに細胞のメンバーになった。一年上の千野は住まいがトヨタの工場の近くだったせいか同じ細胞のメンバーにはならなかった。挙母の細胞は朝鮮の人を含めて五、六人だったと思います。週に三、四回、挙母の町に出かけて行きました。細胞会議があったし、町を歩いて署名活動などもしました。

その頃、接触が始まった人がもう一人います。土橋の部落で親戚筋に当る家の息子の兵藤鉱二という人で、挙母中学の二期生で一九四五年三月に四年で修了し、旧制の名古屋経済専門学校に入学しました。戦後の学制改革の際、この学校が名古屋大学法経学部の母体となったので名大の学生ということになりました。この人は九人兄弟の次男で、すぐ下の三男は小学校で僕の同級生でした。兄貴の方は部落で唯一の大学生で、名大生の頃はもう共産党に入っていたようです。鉱二さんは、五〇年問題で共産党が分裂したときは国際派に所属したと聞いています。そしていわゆる「五一年綱領」が制定された後、五二年七月中ソ訪問議員の歓迎集会が名古屋大須球場で開かれた際、名古屋大学の学生がデモ隊に火炎瓶で米軍施設や警察署を襲撃するよう扇動したとして騒乱罪で起訴される事件が発生しました。この人は、同じく名大の学生だった岩田弘などとともにこの大須事件の首謀者と目されて起訴されました。この事件の前、僕が高校に進学した頃、鉱二さんは時折部落に帰って来た際、僕の家に寄っていろいろ情報を吹いていった。僕の属していた細胞では所感派・国際派という分派問題は発生していませんでしたが、鉱二さんから聞く情報も僕の活動を支える役を果たしていたと思います。

高校読書会のこと

上井：先生は太宰にいかれたにもかかわらず、無頼派に行かずに政治活動に行ったのは、太宰が愛人と入水死したことが大きかったのですか。

そうだろうね。太宰は大地主の家に生まれながらマルキシズムに惹かれていったことがあるわけです。そういうキャリアを生きてきて、タイトルの脇に「生れて、すみません」というエピグラムを付した「二十世紀旗手」という芸術論を吐露したような作品を書き（『改造』一九三七年一月号）、ついには「人間失格」という小説を書いて、この世の中からグッド・バイするほかに道がなくなった太宰からどうやって抜け出すか、そういうことが大きかったと思います。太宰が死んだあと昭和二〇年代後半になって、女子大の卒論といえば太宰というのが多くなったと言われていますが、そういう太宰の苦しみもわからないで、女子大生が太宰、太宰ともてはやすのは一体どういうことなのか、馬鹿げていると思ったものです。ただ僕みたいな一町歩そこそこの百姓の倅がなぜ『人間失格』などにいかれたのか、これも説明できないと言えばできません。太宰治なら、マルキシズムに関心を持ちはしたが、それを全うできなくて酒と女に溺れ、「生れて、すみません」というのは分かる気がします。

野村：左傾化していくときに、百姓の息子だという意識は影響しているのですか。

貧乏というものから抜け出したいと思っていました。先ほど言ったように、継ぎはぎのあるシャツを着ていたわけですから、裕福ではない。こういう状況から抜け出したい、と思っていました。

野村：私は貧しい家庭の出身で、ある時期まで下層社会が大嫌いでした。みじめったらしくて。闘う労働者、闘う農民、労農同盟などは信じていませんでした。

僕はそれとは違うな。僕はそういう活動を始めてから、大学には行かないと思うようになりました。トヨタ自動車の職工になって、そこで頑張ろうと思いました。高校一年の初めから活動を始め勉強をやめた。学校の成績はオール3に下がりました。

学校では「木曜会」という読書会をつくった。同じ学年の友だちに神谷長（ツネ）というのがいて、トヨタ自動車の下請の「三栄組」（後に三栄工業と改称）の社長の息子、といっても、お妾さんの子でした。お袋さんはお妾さんなんだけど後に正妻になった。僕は長さんと非常に仲が良くて、男子生徒を何人か集めて読書会を始めました。同人雑誌をつくろうということで、大正時代東京帝大の学生たちが出していた同人雑誌の名前を借りて『新思潮』という雑誌をガリ版刷りで四、五号まで出しました。長さんは、そこに小説を書いた。僕も小説めいたものを中学二年の時に一つか二つ書いたことがあり、少年向けの雑誌の懸賞小説の広告につられて応募したことがあります。応募には広告の読み間違いもあったもんですから、当選なんかするはずはありませんよ。それで、俺は才能ないなと思って小説書くのはやめ、この雑誌には評論風なものをいくつか書きました。

構成員は「木曜会」とダブっているんだけど、学校のサークルとして図書クラブがあって、図書の整理を手伝いながら読書会をやっていた。学校が金を出して雇ったチューターがいて、最初は児玉光金さん、その後が山田勝久さんというのだけど、二人とも挙母中学昭和二〇年卒の先輩で、いずれも旧制八高を経て名大に進学した人たちでした。児玉さんはＮＨＫの記者になり、山田さんは王子製紙に入り争議の際に生まれた第二組合の組合長になり、その後、常務になった。そういう人がチューターをやってくれて、この二人の存在も結構影響があったかもしれません。

学校のなかではこういう活動をしていた。生徒会の役員もやりました。だけど、大学には行かない、と思うようになりました。

マルクスも読まずに入党

野村：夏目漱石、芥川龍之介、そして決定的には太宰治を経て左傾化したとのことですが、戦後初期の時代にはいわゆる近代主義も若い人に影響を与えていました。丸山（眞男）さんや大塚（久雄）さんのものは読んだのでしょうか。

丸山さんは読んだ記憶がありません。大学に入って短いものを読んだ。大塚さんも大学に入ってからだね。高校生のときには読んでない。

野村：そうすると、思想的に物心がついたというのは、中学時代の文学が起点になるのですね。具体的には、太宰からマルクス主義に行ったということになりますが、マルクス主義についてはどういう文献を読んだのですか。

要するに、僕の場合、太宰治からどうやって抜け出すかということの結果ではないでしょうか。

マルクス関係で何を読んだかと言われても、あんまり読んでないよ。僕の人生に影響を与えたものとしては、河上肇の哲学関係の書物を読んだという記憶が残っているけど、何を読んだのか河上の全集に載っているリストを調べて見たけれど、これだというものが思い出せないんですよ。

野村：マルクスの著作は読んだのですか。

何か読んだかなあ。読んでないかもしれません。毛沢東やスターリンのものは少しは読んだ。レーニンは……

野村：スターリンなんてまったくおもしろくないですよね。面白くないけど、党に入ってからは必読文献に指定されたこともあって読まなきゃならなかった。とりわけ毛沢東はそうだった。「矛盾論」とか「実践論」とか。しかし、読んだのはいつだろう？　高校時代は読んでないね。

野村：そうすると、入党したというのは、しかるべき本を読んで入党したのではなく、まずはじめに行動ありき、ということですか。

そうですね。

野村：我々の学生時代ですと、正義感がまず始めに出てくるのはベトナム戦争。アメリカ帝国主義によるベトナム侵略に反対するということが正義感の出発点でした。

兵藤さんが入党する頃の正義感というのは何に向けけられていたのですか。

そういう社会的なものよりは、貧乏から抜け出したい、ということだった。

野村：旧制中学に入って同級生を見て、文化資本の違いというか、出身家庭の違いというものを意識しましたか。

身のまわりではあんまり感じてなかったね。

上井：兵藤さんは、はじめから一人で、孤立無援であっても突っ走っていくというタイプではなくて、一緒にやる仲間がいて、いつもまわりに面白いメンバーがいる。

いたね。

上井：文学少年・文学青年になっていく直接的な契機はあったのですか。

わからないなあ。なんでだろうか。

上井：小さいころから本を読むのが好きだったのですか。子供のころ何を読んだかといえば、江戸川乱歩の探偵小説とか、猿飛佐助など真田十勇士とか、三角寛のサンカ小説とか。

野村：家に本があったのですか。

いえいえ、どっかから借りてきたものでしょう。

野村：中学の時に書いた小説というのは、どういうものだったのですか。

何という雑誌か覚えはないけど、「少年小説」募集という広告につられて応募したんですよ。もう原稿も残っていない。

野村：詩はつくらなかったのですか。

つくらなかったね。

野村：『新思潮』に書いた評論というのはどういうものですか。

社会や政治についてです。分析めいたものというよりはエッセイみたいなもの。エッセイといえば格好いいけど、そのころは高倉テルにいかれていて、あの人はカタカナで文章を書いていたので、僕はそれを真似してた。

上井：小さい頃家に本がなかったとしても、どこからか借りてきて本を読んでいるというのは、戸数の少ない村の中では異質ですし、親から見ても何となく普通の子供と違うなと思えたのではないですか。だから百姓の子供として百姓を継いでいけばいいとは思えなかったのではないですか。

そういう話を親としたことがない。将来どうするかということを親と話したことはなかったんです。僕を「みこ」にした小学校の女の先生が親父に話してから、僕が学校に行かしてくれと頼んだということであって…。

野村：農作業や家事の手伝いをしていたということですが、つらいとは思わなかったのですか。

そんなことは当たり前のことだと思ってやっていた。農家の長男だからしょうがない。町の子供はどうかなどと考えてる暇はないんですよ。

野村：普通ですと組織に入るときには躊躇します。躊躇してから決断しますよね。兵藤さんの場合、躊躇したようには聞こえないのですが。

そうだね。かもしれないね。

上井：相当な決断をしないとこんなことはできないなと思うようなことを中学時代からやっている。兵藤さんはよく自分のことを百姓の倅だと言っていますが、失うものは何もないというような気持があったのではないですか。エリートの家に生まれて、こうしなければならない、ここから落ちてしまうと大変だというような考えはなかったのですか。

そういう考えはなかった。エリートだった人たちとは違うんでしょうかね。

野村：兵藤さんが、エリートの家に生まれたやつとは違うんだ、と思うようになるのは大学に入ってからですか。

上井：戸塚（秀夫）さんに会ってからじゃないですか。

それはそうかも知れないな（笑）。喜安（朗）さんの『天皇の影をめぐるある少年の物語』を拾い読みしたけど、あの人もインテリだよ。自分を「遅れてきた青年」と言っているけど。

野村：民科をつくったという話ですけど、民科の活動として何をしていたのですか。

よく覚えてないんだよ。僕は日記を書く習慣はないんだけれど、民科をつくった頃、前進座の切符を売る、と一行だけ書いてあるノートがあった。今回のヒアリングの準備をするまでは、前進座の切符を売ったということは覚えていたが、どういういきさつで切符を売るようになったのかは記憶の世界から消えていた。千野という男と一緒に民科をつくり、その活動の一環として切符を売るようになったということらしい。民科をつくるというのは誰との関係のなかでそうなったのか、記憶が定かではない。

上井：民科をつくるのには、年齢は関係ないのですか。

民科をつくったということは僕の記憶から消えていたので、今回調べたんだけど年齢は関係ないと思うね。職業も関係ない。

野村：民科は法律部会とか歴史部会というように部会に分かれていたようですが、どの部会だったのですか。

それも記憶がないね。二村（一夫）君がやっていた労働運動史研究会は、淵源を辿ると民科の東京支部歴史部会の一分枝として始まったらしいね。今回調べていて認識を新たにしたよ。あれは民科が解体しかけた頃に、これはなくしてしまうのは惜しいということで、民科という名を落としてつくったものらしいね。

野村：兵藤さんは入党して町の細胞に所属したとのことですが、学校のなかに細胞をつくるという話はなかったのですか。

ないね。人がいないもの。前に話したように、同じ時期に共産党に入った男に干野というのがいたんだけど、町の細胞で一緒に活動したという記憶がないんですよ。彼は住まいのあったトヨタの工場の近くの方でやっていたのかな。

野村：共産党に入ってから、学校のなかではどういう活動をしたのですか。

いや、学校のなかではやってない。さっき言ったように、個人として読書会とか雑誌を出すサークルのメンバーと活動してただけです。

野村：旧制中学に入った時エリート意識があって、それが人民を率いるために共産党に入るということにつながったのですか。

そんな意識はないよ。徳田球一、志賀義雄、宮本顕治などという非転向で獄中生活を送ったすごい人がいる、という尊敬の念があって入党したのであって、人民を率いるなどという気はなかった。ああいうふうになれたらいいな、ああいう明るさを持ちたいな、という気持ちだった。

野村：町の細胞では、いかにして人民を指導するか、というような話はしていたのですか。

さあ、そういうのはなかったと思う。町の細胞は五、六人だった。年齢層は若い方で三〇代くらい。僕なんかとはかけ離れていた。女性はいなかったと思う。細胞の会議でどういう話をしていたか、よく覚えていない。党の方針がどうのこうのと侃々諤々論議するようなことはなかった。一九五〇年にはコミンフォルムの声明が出て、「所感派」がどうの、「国際派」がどうのとうるさい時期だったが、町の細胞の会議でそういう話が議論になったことはなかったと思う。

上井：細胞のメンバーに大卒でそういう話に関心を持っているような人はいたのですか。

いない。普通の人たちだった。キャップは紋屋さんなんです。三〇代くらいだったかな。

野村：その当時、日本のマルクス主義には講座派と労農派があるということは知っていたのですか。

それは知っていました、当然。労農派、社会党はびしっとしていないからダメだ、と思っていた。獄中一八年、獄中一二年なんてできないんだから。僕のなかでは、論争の中身ではなくそういう点から優劣は決まっていた。

これは後の話だけど、宇野弘蔵さんは選挙の時にはずっと共産党に投票していたと言われている。そういうコンプレックスを持たせるものが共産党のリーダーにはある、ということだ。後々になって、そういうところにだけいかれるのはどうかな、と思うようになるんですけどね。

野村：兵藤さんは学校のなかで直にアカと言われていたのですか。

みんな大体わかっていたんじゃないの。直に言われたわけじゃないけど、皆わかっていたね。

野村：細胞のなかに兵藤さんのように若い人がいると、個別指導が行われるのですか。

いや、そういうことはなかった。

上井：逆だと思う。兵藤さんたちは細胞のなかでインテリとみられていたのではないですか。だから他の人が議論しようとは思わない。

議論をしたという覚えがない。何をやるか、というような話が中心だったような気がする。

野村：きちんと読まなければいけないのは、「アカハタ」だったのですか。

だれが配ってくれる？　部落に配ってくれる人なんかいないわけですよ。会議に出た時に持って帰るしかなかったね。そんなの、きちんと読めるわけがないでしょう。

記憶のなかにある映画

野村：政治活動をしているわけですから、学校の授業に坐っているというのは苦痛ではないですか。

いや、勉強しなきゃならんこともあるじゃない。英語とか数学とか。職工になると思っていても、数学なんかある程度できないとね。

この頃、映画もよく見た。『キネマ旬報』でベストテンに入るような映画は、邦画、洋画ともほとんど挙母の町に来ました。昭和三〇年代に入ると、そういう質の良い映画が全然来なくなってしまう。情感的に一番惹かれたのはイタリア・ネオリアリズムの映画。ロッセリーニ監督による「無防備都市」、「戦火のかなた」とか、ヴィットリオ・デ・シーカの監督作品「自転車泥棒」など。「にがい米」の主人公シルヴァーナ・マンガーノはものすごい肉体美の女優さんだった。その後ヴィスコンティがマンガーノを多用したけど、そこでは貴族の婦人で細身になっていた。フランスの映画、ルネ・クレマンのレジスタンス映画「鉄路の闘い」や、「禁じられた遊び」も記憶に残っている。やや傾向の違うフランス映画としては、マルセル・カルネ監督による「天井桟敷の人々」が忘れられないが、ジャン・ギャバンの渋さにも惹かれて、彼の映画もよく見ました。

野村：映画を見たりするお金は自分で稼いでいたのですか。

いや、普通の生活費は親父の脛をかじっていました。学校には自転車で通っていた。先ほど話した三栄組の社長の息子の家には、高一、高二の頃、週三、四回泊りました。後で正妻になった人は気っぷがよくて、泊まると一晩にビールが一ダースくらい出てくるんです。それをその男と僕、それにもう一人最近亡くなった松田、これはトヨタに住んでましたが、三人で空けるんです（笑）。ちょうどトヨタ自動車の争議があった頃で、会社側のひそかな会議がその家で行なわれたりしていました。

挙母の町に、板倉という僕と同学年の女子生徒がいました。板倉の家は、挙母藩の藩医の系譜を引く医者でした。親父さんはすでに亡くなっていました。お袋さんがなかなかいい人で、同学年の女生徒はその末娘でした。そこに一週間に一、二回、高校の同学年の者七、八人でよくたむろしました。ご馳走になったり、マージャンやトランプをやったりした。僕は、一二時半頃かな、終電で土橋に帰ることが多かったから、「終電男」という名前がついてた。そうやって高校一年から二年の夏ごろまで過ごしました。

野村：その頃、名古屋という町は兵藤さんの生活圏に入っていたんですか。兵藤さんの生活圏というのはどういう範囲でしたか。

名古屋は全然入っていない。生活圏と言えば、政治活動の場としての挙母の町、駄弁ったり食ったりする場としての友人の家のあった挙母、仲のよかった同学年の男（三栄組の社長の息子）の家のあったトヨタ、この三か所だね。三栄組の社長の息子の家には週三、四回泊りそこから学校に行ったこともあった。

上井：トヨタの調査をやったとき、トヨタの工員は名古屋に行かないで、せいぜい豊橋だとのことだった。

僕が聞かされてきたのは、名古屋にも行くという話。挙母の町というのは市街地が小さい。それで、トヨタの社員が遊びに行こうとなると名古屋に行くと聞かされた。豊田市は、昭和三

○年代以降トヨタ自動車の発展につれて人口が増え、今では新しく工場の作られた地域を吸収合併した結果、広さは愛知県で一番、人口は名古屋市に次いで二番目の町になっています。県内の生産拠点の目ぼしいところで豊田の市域に入っていないところは、渥美半島の田原工場ぐらいでしょう。

野村：中学三年から高校二年の頃、政治活動に目覚めていく頃が一番楽しかったのですか。

楽しかったというか、一生懸命だった。一生懸命活動した。

細胞のメンバーに薬局を経営してる親父がいて、その息子が僕の高校の後輩…と言っても、学年は離れていたから学校で一緒になったことはないんだけど、後に東大法学部の政治学科で勉強してたんですが、思い直して卒業してから名大医学部に入り直し、挙母の町で産婦人科の医者を開業したんだけど、一昨年だったか亡くなってしまった…。

細胞のメンバーで、いや～すごいなと思ったのは、朝鮮の人たちが一人か二人いて、その頑張りようはすごいバイタリティだと思った。楽しかったとは言えないが、一生懸命やってました。

学校で授業を受けてる最中に補導関係の先生に呼び出されるんですよ。職員室に呼び出されて、お前は何やってるんだ、と説教されるんです。そんなバカなことがあるか、と思った。ある時は親父に来てもらうという話になって、親父が学校に来たことがある。要するに、このままでは退学させるぞ、という脅しでした。その時にも、親父は「だからやめろ」と言ったわけではありません。

土橋の部落では、当然私がどういうことをしているか知れ渡っていたわけです。部落の人たちからは変な目で見られていたけど、親父は私に直に、いい加減にしろとか、やめろとか言わなかった。

野村：お父さんは農民運動をしたことがあるのですか。

ないと思います。農地委員をしたことがあるくらいです。うちの部落には運動を起こさねばならぬほどの問題はなかったしね。

野村：話のなかに、お母さんのことが出てこないのですが。

お袋は結構優しい人でしたよ。お袋は三好村福田の生まれで、僕は母の実家にとっても初孫でした。子どもの頃、母の実家にはよく遊びに行きました。知立まで電車で行って、そこからバスに乗るという手もあったけど、大体は土橋から堤に出て、そこから先も歩いて行きました。一週間くらい泊まって近所の子供と遊んで過ごしました。

土橋の隣、上挙母駅の近くに弘法さんがあった。知立の近くにも弘法さんがありました。弘法さんの御開帳のある日は、僕にとって「あんまき」が食べられるので楽しかった。「あんまき」というのは、小麦粉で皮をつくって、中にアンコを入れて、巻いたもの。上挙母の弘法さんや知立の弘法さんにはよくお袋と行きました。

いま振り返ってみると、一九四六年から五〇年頃、私が旧制中学に入って高校二年ぐらいまで、新制になって新たにできた学校は知らないけど旧制を引き継いだ学校は、敗戦によってそれまでの権威が崩壊し、みんなが混乱していた――〈戦後民主化〉の時代風潮のなかで、後にも先にもこれほど自由な時代はなかったと思うね。自分自身を振り返ってみても、旧制中学入学当初は入学試験の成績順でD組の級長に任命されたけど、文学少年ぽくなって、校則を無視して髪を伸ばしたり、学生服はやめてジャンパーで通学するとか、しました。いくらかぐれて生意気な生徒になり、中学校三年でタバコ、酒の味を覚えました。

学校の秩序が崩れているという意味では、旧制中学校に入学したんだけど新制高校の併設中学校となった後、都合で中学三年で退学する者が出ました。卒業する時に学校の裏山に上級生を名指しで呼び出して鉄拳制裁を加えたということがあったね。どういうわけか、僕はたまたまその現場に居合わせましたが、不良グループとは結構仲良くやっていたから殴られるということはなかったね。

その頃、職員室に用事があって出かけた折、補導委員の先生が作ったと見られる管理強化をめざす必要があるというビラを見つけ、生徒の間にばらまいたことがあります。それで、油を搾られました。

活動から離れる

野村：高校一年二年の頃、授業には出席していたのですか。

授業には結構出ていました。だから授業中に私を職員室に呼び出すなどというのはけしからん話だと思ったんです。でも成績はオール3くらいでした。

それがなぜこういうことが起こったかよく説明はできないのですが、高校二年の二学期が始まった頃かな、読書会や雑誌づくりをしてた仲間が皆大学受験をめざして勉強を始めた。私は腹の中でトヨタ自動車の職工になると思い定めていたはずなのに、何か急に、さみしいなあという気がしてきた。自分のあり方に……どうしてかな、わかりませんけど、さみしいなあ、そういう風な感じがして来ました。それで、だれかに相談したわけではないのですが、勉強して大学に行こうかな、とひそかに思い始めたのです。

勉強するには、いままでのような政治活動をやっていたのではとても追いつかない。オール3ですよ。どうしようかと思って、勉強するから活動の時間を減らしてくれというような生易しいことではとても無理だろう、と思いました。政治活動をやめるしかない、と思った。誰かに相談したわけではない。離党届を出しました。然るべきことを書いてないと認めてくれないと思ったので、毛沢東やスターリンに対する個人崇拝が横行しているところにはついて行けない、と書きました。そうは言わずに、勉強しながらやったらどうか、という声はありました。そういう声は聞き流して、届を出してやめることにしたんです。

うちの学校がどういう受験指導していたのか、記憶がありません。僕がどういう仕方で勉強したかというと、家には前にお話したように養蚕のための二階があったので、そこに机を一つ置いて、夕飯が終わると二階へ上がって一人で勉強しました。高校三年になってすぐ校内で大学受験のための模擬試験があった。どういうわけか僕がトップになっちゃった。勉強すればできるんだ、と思いました。馬鹿なことだけど、それから校内模試や外部の模試は一切受けないことにしました。受けると、成績が落ちるかもしれないでしょう（笑）。自信がふっとんでいってしまうかもしれない。ひたすら自分で勉強する。

三年になってからのことです。担任の先生がお前はどこに行く気なんだと聞くから、僕は東大を受けたいと言いました。いいところに行きたいというだけの話です。勉強すればそのくらいの力はつくと思った。そしたら先生は「いや〜、名古屋大学ぐらいであれば保証するけど、東大はどうかね」と言いました。それ以後、僕は他人にはどこの大学を受験するか言わずに、ひたすら勉強して東大を受けました。文Iを受けたのだけど、見事に失敗した。僕の受験番号は三七七六、これは富士山の高さです。自分に対する弁明としては、富士山だからしょうがないな、ということで気がいくらか休まりました。

受験失敗でどうするか、その頃東大を落っこちた人間が普通選ぶ道は、二期校の外語大を受けるか横浜国大を受けるかでした。僕は、そういうところを受けるのはたとえ受かって入れたとしても、いつもコンプレックスを抱いて生きていかなくちゃならないような感じで嫌でした。腕に職をつけられるような学校がいいと思い、名古屋工業大学を受験することにしました。受けたのは工業化学科です。名工大にはうちの高校から数人受けて、二人受かった。一人は僕で、もう一人は僕より一年上の男で、やはり東大を受けて失敗した男でした。名工大に合格したのだから、そこそこできるとは思った。しかし、家は浪人して学校に行かしてもらうような余裕はないな、名工大に行くしかないな、と思いました。

名工大をやめて東大へ

それで名工大に真面目に通い始めた。授業は一日八時間ありました。水曜日だったと思いますが、この日は朝から八時間全部が化学だった。なんとか化学、次になんとか化学と続いてるんです。腕に職をつけようと思って選んだ学科だったのですが、さすがにこれは続かないなと思った。一週間ぐらい通って、どうしようかと考えた。名古屋に御園座という映画館があって、日替わりで三本立ての上映をしていた。そこに一週間ぐらい通いつめた。そして、退学して浪人しようと思い、大学のクラス担任の先生に相談に行きました。

僕はこうこうこういう思いで名工大を選び通い始めたんだけど、工業化学科はとても性に合わないので退学し、もう一度東大を目指して勉強したい、と申し出た。先生は、気持ちは分かるけど、一年間勉強して受かるという保証はないんだよ、名工大だって決して悪い大学じゃない、授業料だってそんなに高くない（多分、年額六千円くらいだった）。国立大学に在学したまま他の国立大学を受験することはできないが、来年一月くらいまで勉強してみて、大丈夫と思ったら退学すればいいし、とても受かりそうもないなと思ったらそのまま名工大でやれよ、というアドバイスでした。それもそうだなと思って、退学は見合わせることにした。だけど勉強しなくちゃいけないので、親父にこれこれこうでもう一回東大を受けたい、浪人をさせてくれ、浪人期間中お金を出してくれれば、財産分与はしてもらわなくていい、うちの田圃を分けてくれとか、そんなことは一切言わない、浪人だけさせてくれ、と頼みました。親父はそれでうんと言ったんです。

それが四月の末。五月一〇日ころに東京に出て来ました。日暮里駅の近くに下宿できるところを見つけ、そこに最初の半年間くらい住んだ。お茶の水駅の西、お茶の水橋から水道橋の方にちょっと行ったところにアテネフランセがあり、その横にまだ空席のある予備校があった。この予備校に九月の始めころまで通うことにしました。こうして浪人生活が始まりました。浪人中は禁煙と心に決めました。

秋になり、評判の高い駿台予備校の試験を受け合格しました。そのころ、八高を経て東大に入っていた中学の先輩の紹介で荻窪に下宿することにしました。近衛文麿の住まいだった荻外荘の近くの近藤さんという家だった。親父さんが亡くなっていて、未亡人と小学生の息子の二人で住んでいました。二階建ての家で部屋に余裕があったものだから、東大生を三、四人下宿させていました。

僕が浪人してた頃は、東大の受験を突破するには、数学三問のうち二問解ける力があれば大丈夫だと言われていました。浪人したての頃は二題完全には解けないという自覚があった。駿台予備校の先生のなかでテクニシャンだなと思ったのは数学の先生で、一学期間教わっているうちに二問くらい解けそうな気がしてきました。これならばいけるかなと思って名工大を退学しました。今度は無事に東大に合格した。それまで挙母中学から八高を経由して東大に入った人はいましたが、旧制挙母中学から直に東大に受かったのは僕が初めてで、田舎の新聞で騒がれたりしました。

上井：家が裕福ならばともかく、そうでもないのにお父さんがよく認めましたね。

それはそうね。それしか子供にしてやれることはない、という腹のくくりようじゃないの。

II　東大　駒場から本郷へ

1　駒場寮入寮

社研に引きずり込まれる

野村：東大に入学してからのことをお伺いしたいと思います。駒場寮に居を定め社研（社会科学研究会）の部屋に入ったということですが、社研が学生運動の拠点だということを承知のうえで社研に入ったのですか。

高校時代に共産党を抜けるときの経緯もあって、東大入学時点では、もうこういうことはやめにしよう、もうそういう政治活動には参加しない、という思いでした。でも、僕の家は裕福ではないから、寮に入らないとても生活ができない。どこの部屋にしようかと直ぐには決めがたかったので、ルンゲ（肺結核）の病歴のある学生が使っていた部屋に一時寄留する格好で入った。一週間ぐらいのうちに決めようか、というようなつもりでいた。それがおかしな風向きになっていった。二、三日した頃、社研の人間だという男が訪ねて来ました。都丸（トマル）というんだけど、学年は僕より一年上。社研の寮生で、うちに入れという勧誘に来たんです。いまも分からないんだけど不思議に思うのは、入寮生はたくさんいるのに何で僕の所に社研のメンバーだという男が勧誘に来たのかということです。

野村：兵藤さんが駒場寮で社研に入ったのは他律的で、引きずり込まれたということですか。

うん、引きずり込まれたということです。

野村：兵藤さんが僕らに配られた年譜には、「駒場寮入寮：社研」となっているので、兵藤さんははじめから社研に入るつもりで寮に入ったと思っていました。

上井：僕もそう思った。

野村：一九五三年の時点では共産党はまだ軍事路線を放棄していないので、兵藤さんは意識的にそういう方向に行ったのだと思っていました。

それは、全然違う。

上井：都丸という人が勧誘に来たのは、その筋から情報が入っていたのではないですか。

僕もそう勘ぐってるんだよ。愛知県のその筋から駒場寮のその筋へ、今度こういう奴が寮に入りそうだから、オルグせよと言ってきたのではないか。

野村：類は友を呼ぶといいます。何となくわかるのではないですか、しゃべれば……

しゃべるといっても、入学したばかりで寮の部屋割りをする段階ですよ。寮に入って一週間も経っていないのです。

上井：先生は高校時代に前進座と関係があったんですよね。前進座は吉祥寺にあったはずで、あのころ、地下活動をしている人たちが前進座を拠点にしていました。もしかすると前進座から情報が寮にいったのではないですか。

ともかくどこかから情報が入って都丸が僕の所に来たんだと思います。僕は党から抜けていたので、都丸が党員であったかどうかは知りようもありません。

駒場の寮はもともと四つ建物から出来ておりました。北寮、中寮、明寮、それに南寮です。南寮はこの頃教員の研究室になっていました。都丸があまりに熱心に勧誘するものだから根負けして、中寮にある社研の部屋に入ることにしました。そのころ、寮で一番大きなサークルは歴研。その頃一部屋は六人という決まりで、歴研は六部屋取っていた。社研は四部屋、あと大きいサークルは中国研究会、ソビエト研究会でした。寮には廊下を隔てて南の部屋と北の部屋がありました。教養学部が一高であった頃は、南の部屋は勉強部屋、北の部屋は寝室となっていたそうです。ところが僕が入学した頃はもう勉強部屋・寝室という区分けはなくなっていて、南の部屋も北の部屋も一部屋に六人ずつ入ることとなっていた。だから、社研は六掛ける四で総勢二四人でした。

駒場の寮生は全体で九〇〇人くらいでした。入学定員はたしか三六〇〇人でしたから、寮にこれだけの人数がいれば、駒場寮が学生運動のメッカみたいになるのは当然です。僕の入った社研は最初の年は中寮、翌年に明寮に移りました。部屋のなかは、一人一人に机とベッドがあって、畳一畳分くらいの大きさのベッドが椅子を兼ねていた。それが一人のスペース。サークルによっては、自分のスペースの周りをカーテンで区切っているところもありました。

上井：僕は寮生ではなかったけど、よく寮で寝泊まりしていました。僕の知っている部屋では、本棚で区切っていました。

本棚を区切りに使うのは僕らの部屋もそうでした。しかし、サークルによっては針金で白い敷布みたいな布を吊るし、それをカーテン代わりにして部屋を仕切っていました。だんだんそういう風潮が広がっていく時代だったんだけども、ちょっと左がかったサークルの部屋はその風潮には染まっていなかった。そういう意味では、社研も仕切りのないオープンな部屋づくりでした。

僕は一ヵ月をだいたい五千円で暮らしていた。日本育英会から月額二千円の奨学金の貸与を受けることができたので、あと家庭教師を週二日やって三千円くらい稼いで何とか生活していた。前にお話したような浪人した時のいきさつがあるので、家からは援助は受けませんということになっていました。夏休みなどに帰った時にお袋がちょこっと、五千円くらいかな、渡してくれるということはあったのですが、毎月の仕送りはなかった。そういう状況ですから、一日の食費を百円で済ますというのが大体の目安だった。

上井：その頃、大卒の初任給はどのくらいですか。

ものの本によると、大企業で一万一千円から一万二千円くらいということです。一日の食費百円の中身はというと、だいたい寮食で食べるのです。朝飯は二〇円くらい。メシが一椀七円、味噌汁が二円とか三円、それに納豆とか。昼飯は丼もので、三〇円くらい。夜は晩飯だからいくらか気張ってということで五〇円くらい。

僕らが大学に入る頃、まだ外食券制度がありました。米が配給だったので、外で飯を食べるために配給米の代わりに外食券をもらった。それを使って外食券食堂で飯を食べたわけです。

あの頃のことで思い出すのは、渋谷駅の東横線ガード下にいかがわしい食堂があった。ものすごく安かった。噂によると、ホテルなどの残飯を集めて売っているということで、具として何が入っているか分からないような代物でした。その日その日によって出すものが違った。とにかく安かった。有害なものを出しているわけではないと思って、よく行きました。

こういう暮らし方をしていたこともあって、コーヒー屋というものに入ったことがなかった。あのころ学生はよくコーヒー屋にたむろして時間を過ごしていた。でも僕にはコーヒー屋にたむろしたという記憶がないんです。二年になって都学連（東京都学生自治会連合）の活動に関与するようになったときには、十円のカネすらないこともあった。都学連の仕事で動くには都電に乗る必要があった。都電は十円だったが、その十円がなくて歩くこともあった。統計はないと思うけど、僕が思うに、東大生のなかでも昭和二七年入学とか二八年入学の者に一番貧乏人が多かったのではないか。家庭が裕福でなくても入れるという最たる時代だったように思います。寮費はそんなに高くなかった。手許に残っている領収書によれば、寄宿料は半年で六〇〇円と安いものでした。

いまお話したような経緯で、東大での学生生活は社研の寮生として始まった。どういう経緯でそうなったか判然としないけれど、社研に入った途端に寮委員をやることになった。いろいろなサークルから委員を出させ二〇名ちょっとくらいの寮委員会を構成するわけです。駒場寮は旧制一高以来の伝統を引き継いで完全自治の体制で営まれていたので、日常業務は元より入寮選考も寮委員会にまかされていました。僕が寮委員になったのは一九五三年六月だったと記憶します。石松愛弘という二年生が委員長、この男は運動部だったかな。僕は査察委員、要するに寮生活に関する取締係で、半年ほどやりました。

上井：風紀委員ですね（笑）。

入寮してほどなく授業が始まった。駒場では個々人で受講する科目を選択して出席すればいいという単純な方式ではなく、第二語学の選択の仕方を基礎にしてクラスが編成されました。ドイツ語既修、ドイツ語未修、フランス語、ロシア語といった分け方で、ドイツ語未修のクラスが一番数が多かったのです。僕はドイツ語未修でしたから文Ｉ一〇組に編入されました。

教養学部の授業は語学を別とすれば、高校時代の復習みたいな授業も結構あり、出欠もとられなかったうえ、だんだん自治会の仕事などに関わり始めたこともあって、あまり熱心には出席しなくなりました。考えてみれば、多くの学生にとっては長い期間にわたる受験勉強を終わったばかりのところですから、縛りからある程度解放され気の向いたことのできるような時間があることはプラスだったのではないかと思います。

授業が始まってすぐの頃、記憶に残っているのはメーデーです。一九五二年はあの血のメーデー事件のあった年です。僕は東大入試に失敗したおかげでメーデー事件にはかかわらなかった。社研のメンバーで一年上にＹ君という男がいて、前年のメーデーに行き、皇居前広場に突入したデモ隊に加わっていて、腕に貫通銃創を受けました。だが、本人から聞いたところによれば、おやじが弁護士だったこともあって、騒擾罪で起訴されることを回避できたということです。

五三年のメーデー準備が始まった四月下旬には、駒場寮あたりでは人民広場へという声がいっぱいなんです。四月二八日田園コロシアムで前夜祭開催というビラが手許に残っています。始めから終いまで「人民広場へ、人民広場へ」という声が響いていました。でもメーデー当日は、どういうわけか、前年のようにはならなかった。そういう雰囲気のなかで東大での学生生活が始まったわけです。

浅間基地化反対闘争

この年の出来事でもう一つ覚えているのは、浅間火山観測所基地化反対闘争のことです。浅間山に東大地震研究所の分室が設けられていて、浅間火山観測所と呼ばれていました。一九五三年日米合同委員会が妙義山付近をアメリカ軍の演習場に指定し、四月にリンク中佐という人が農林省係官などと一緒に軽井沢町に来て、演習地案を町当局に提示しました。町長は、この地区が国立公園法指定区域であり、野鳥保護区域であることを理由に拒絶した。それでも米軍当局は強硬で演習地化案の受け入れを迫った。軽井沢町民大会が開かれ絶対反対を決議し、地震研究所も「演習地になれば観測は全く出来ない」との見解を発表、地震学会総会でも演習地指定反対の決議を行なった。各種学会、学生団体も反対運動に参加し、ついに演習地設定は取り止めとなりました。

僕の手元に残っている駒場時代のビラをひっくり返してみたら、「浅間ニュース」というのが出てきた。東大C浅間山演習地化対策委員会の名前で、一九五三年五月に第一号が出ています。五三年六月一六日、東大教養学部自治会が主催して清水谷公園で、浅間山演習地化絶対反対、地震研究所を守れ、学問の自由を守れというスローガンを掲げて集会を開くことになりました。僕が自治会の役員になったのは五三年秋のことですから、どういう経緯でそうなったか記憶がありませんが、この集会の際壇上にいたような記憶が残っています。対策委員会は五月に開かれた代議員大会でクラス代表を募ってつくられたようですから、そのメンバーになり、そういう役割を振られたのかも知れません。でも定かな記憶はありません。

それはともあれ、この集会は国会請願と都心デモ（銀座を経て東京駅八重洲口へ）を企図して開催されたものです。教養学部の学生が三千名ほど集まりました。この時期の駒場の在学者数は四五〇〇くらいでしたから、これだけデモに集まるというのは前代未聞の出来事でした。その背後には、学友会発行の『東大教養学部新聞』六月号によると、清水谷公園へ出発する際駒場本館前で開かれた集会で、議論は割れていたようだけど結局、これは東大の問題だ、デモには他の大学の者は関与させず東大単独で行なうと決まったというような状況があったからだと思います。大原社会問題研究所の『日本労働年鑑』によると、実際には、早大、教育大の学生に加えて全国の大学代表約千名が合流したとなっています。それはともかく、駒場の学生が三千人も集まるというのは、これ以前にもこれ以後にもなかったのではないか。これは東大の問題という空気が強かった、ということです。

上井：基地闘争がこの時期の学生運動の柱だったけど、浅間山のケースは東大の地震研との関係があったのではーっと盛り上がったということですね。

そう、純粋に基地闘争というので集まったのではなく、東大地震研を守れということで集まったんですね。こういう風に浅間火山観測所の基地化問題には反対の声が強いということもあって、七月中旬日米合同委員会は観測所の基地化はしないという決定を下しました。

帰郷運動と鋼ちゃんのこと

この年もう一つ忘れられないのは、夏休みの帰郷運動のことです。この年の春休みにも教養学部の自治会では平和憲法擁護の全国遊説運動を行なったようですが、夏休みにも自分の田舎に帰って平和運動をやりましょう、という呼びかけが行なわれたのです。六月に開かれた全学連大会で平和遊説運動の全国的展開を進めようという決議がされたことを受けて、手許に残っている駒場で出されたビラを見ると、東大C帰郷運動センターが設立され「夏休み通信」が発刊されました。それによると、愛知県では尾張、西三河、東三河の三ブロックに分けて帰郷運動をやることになった。

挙母では、西三河地区に属する学生の間で相談した結果、八月一四日に東京教育大学の磯野誠一、中国研究所の岩村三千夫というお二人の講師を迎えて集会を開くこととなりました。そこで僕は、高校時代からの友人である神谷長さん、トヨタの下請けの三栄工業社長の息子が法政大学に入っていたので、長さんと組んで二人で高校時代の友人や後輩をオルグすることにしました。

そのなかで重要な人物は鈴村鋼二君、僕は以前から鋼ちゃんと呼んでいました。彼は僕が出た高校の三年後輩で、おやじは昭和薬局の主で僕が入った町の細胞のメンバーだったので、僕は高校時代から昭和薬局にはよく顔を出していました。それで鋼ちゃんを知っていたので、声を掛けたわけです。高校時代の友人や鋼ちゃんの働きで高校の後輩が集まって来てくれたおかげで、この集会は成功裡に終わりました。この集会を支えてくれた人たちで「挙母平和を守る会」というのをつくりました。時折郷里に顔を出せる長さんを会長に据えて「平和のために」というガリ版刷りの機関紙を出し、研究会を開いたりして、この後も活動を続けました。

その後のことに一寸だけ触れておくと、「平和を守る会」のメンバーは五〇年代後半から六〇年代初めの時代風潮を受けてニューレフト的な色彩を強め、一九六二年の夏には「豊田市政研究会」と名称を変え、活動を続けています。鈴村君は、一九六三年、雑誌『世界』の「八・一五記念原稿募集」に応募して採択され、八月号に「サークル小史―帰郷運動の終り―わたしの村わたしの町―」という文章が掲載されました。この文章で「挙母平和を守る会」がどうして「豊田市政研究会」になったのかといういきさつを知ることができます。

それは置いておいて、鈴村という男をすごいなと思ったのは、彼は一年浪人して東大に入り法学部政治学科の学生になったのですが、それからの人生選択のありようです。彼が四年生の夏、その時僕は経済学部の大学院生だったけど、院生研究室に訪ねて来た。兵藤さんね、僕は卒業したら何をするのか考えているところです。田舎に帰って谷川雁の九州サークル村のような仕事をしたい。挙母の町に帰ってそういう仕事ができるのは医者か弁護士だ、自分が選択できる職業があるとすればこの二つだが、あそこの町は小さいから弁護士では商売にならない、医者なら商売になる。俺は医者になって挙母の町に帰る、というんです。僕は反対した。お前何を言っているんだ、政治学科の四年生ですよ、医者になろうと言ったって、一年ぐらい浪人すれば医学部に入れるかも知れないけど、それから医者になるには七年掛かるんですよ、三〇歳になっちゃう。そう言って反対したんです。ところが彼は翌年の二月か三月、名古屋大学医学部を受験し合格した。やあ、なかなかのもんだと思いましたね。そして、医学部を出て産婦人科医になり、病院の勤務医を経た後挙母の町で鈴村産婦人科を開業し、かたわら市政研の活動を支えて来ましたが、二〇一六年に亡くなりました。

産婦人科の医者としては、帝王切開率が全国平均一五%くらいを数えるなかで、三%程度に抑えていることを誇りにしていました。それに、僕なぞは職業上必要な本や資料しか読まないけど、鋼ちゃんは幅広い読書家で、毎年年賀状にこの一年に読んだ本の感想を書いてきました。その幅の広さには感心させられたものです。「兵藤さん、田舎に帰って来てくれよ」と何回も言ってきましたけど、僕は田舎で仕事する気になれなかったので、彼の勧めには応じられませんでした。

一九五九年に挙母市は豊田市と名称変更しました。会社の名前が市の名前になった日本で初めてのケースでしょう。挙母の町の議会が半数以上トヨタ系の議員で占められた結果です。その時に豊田市政研究会は反対運動をしましたが、力及ばず敗北しました。

帰郷運動の後、一九五三年の一二月、教養学部自治会の後期執行部の選任を迎えて常任委員をやることになりました。委員長・副委員長は代議員大会で選出することになっていて、委員長には香山健一(社研)、副委員長には高橋武智(文Ⅱ九組)が選ばれました。自治委員会で常任委員に選任された僕は、書記長をやることになりました。後に二村(一夫)君の奥さんになった田部美朝子さんも常任委員でした。田部さんは寮生ではありません。ほかに誰が常任委員だったのか、覚えがありません。この常任員会は翌年六月まで仕事をしました。

香山とは同じ社研のメンバーというだけでなく、寮の部屋も同じ部屋だった。その頃、駒場の自治会では、週に一、二回朝ビラを出していました。香山と二人で、今日は俺が原稿を書く、今度はお前が原稿を書け、スッティング（謄写版、いわゆるガリ版で印刷すること）は俺だ、お前だ、という具合に二人で分業してやっていました。ビラ撒きには手伝ってくれる男がいた。井の頭線の駒場駅から寮の通用門までの細い道でビラを撒くわけです。ビラづくりは二人で分業してやっていたので、カッティング（蝋引き原紙に鉄筆で文字を書くこと）、スッティングの腕は相当上がったね。

野村：兵藤さんの字はカッティングには適さないと思うのですが。

いや、あのころはカッティング向きの四角な字を書いていた。スッティングは一枚の原紙で一五〇〇枚くらいは刷れるようになった。

上井：一枚の原紙で一五〇〇枚以上刷れると、もう立派な活動家ですね。

香山とはその後個人的付き合いがあったわけではない。こんなことを言っていいかどうか、彼はもう死んでしまったから許してもらえるか。彼はあるとき、僕にラブレターを見せた。東《とん》女《じょ》（東京女子大学）の自治会委員長、名前は忘れてしまったけど、その女性に宛てたラブレター。こういうのを出そうと思うのだけれど、どうだろうか、というのです。そこには、俺はレーニン、お前はクルプスカヤと書いてある（笑）。僕は貴女を好きだ、と書けばいいじゃない、それをレーニンとクルプスカヤとは。それが実ったかどうか、記憶に残っていません。

選挙権闘争のことなど

五三年から五四年にかけて、自治会で熱心に取り組んだのは学生の選挙権闘争だった。五三年六月に自治庁が「修学のため寮、下宿に居住している学生で学資の大半を郷里から仕送りを受ける者の住所は郷里にある」とする秘密通達を出した。つまり寮、下宿に住んでいる学生は郷里に帰らないと選挙に投票できないというわけです。大原社研の『日本労働年鑑』（五五年版）は、この秘密通達がばれて「選挙権擁護の学生運動は、八月から一二月に至る五ヵ月間全国で強力に展開された」と記しています。

同年鑑によれば、全学連は八月に拡大中執を開き「加盟自治会に対しあらゆる集会においてこの問題を討議し、労組、民主団体、文化人に呼びかけて全国民的な反撃体制を組織する、各地方選管に対して通達拒否を働きかける、法廷闘争を行うなどの闘争方針を指令した」とあります。都学連もこの方針にもとづき活動した。九月には東大の矢内原総長が通達反対を表明したほか、各大学の教授会などで続々反対決議がされました。各地方選管は、学生を中心とする強い抗議の前に動揺し、鎌倉、仙台など通達を拒否する選管も現われた。衆議院選挙法委員会が通達撤回を決議するに及んで自治庁は窮地に陥ったが、なおも九月に第二次通達を発して強行しようとしました。

これに対して全学連は闘争の強化を全国に指令、一〇月二八日に東京で開催された自治庁通達反対全国決起大会は、雨をついて参集した東大教養学部、法政大、中央大、早大、お茶の水大、一橋大などの都下学生および全国各大学から上京した代表一〇〇名を含めた四〇団体五千名による大集会となりました。代表は自治庁に赴いて通達撤回を要求、集会に参集した学生は文部省、自治庁前をデモ行進した、と大原社研の年鑑は記しています。

次いで一二月、都学連主催の「選挙権擁護、通達粉砕学生総決起大会」が開かれ、東大教養学部、教育大、早大など一〇校五〇〇〇名の学生が参集、デモを行った後署名運動を行った。

こうした全国的な反対運動のなかで、一〇月以来審議を続けて来た選挙制度調査会は一二月一五日の総会で「原則として現在の居住地を選挙権行使の場所とする」と決し、これを総理大臣に答申することになりました。これで基本的には落着したのでしょうが、翌五四年一〇月、茨城大学学生の訴訟に対して最高裁が学生の選挙権は修学地にあるという判決を出し、一年有余にわたって続けられた選挙権闘争に決着がつきました。

選挙権問題は僕が自治会に関与していた時期にあった大きな闘争でした。ほかにも駒場寮の捜査を行なおうとした警察に寮生が抵抗を試みたという事件がありました。三・一五事件と呼ばれているものだけれど、あれは裁判にもなったりして、いまだにくわしくしゃべると差し障りがあるかもしれないのですが、警察が仕組んだといわれる山田初一による全学連に対するスパイ事件に関して、全学連がスパイを働いた当の山田を駒場寮に監禁して査問を行なったとして、警察が五四年三月一五日駒場寮の捜査を行なおうとしたのに対し、寮生が抵抗を組織した件です。この日の早朝、警察が寮に襲撃をかけてきたのに対して、寮生は寮の入口にバリケードを築いて警察が寮内に入るのを阻止したんです。小一時間ほどやりあって警察があきらめ引き揚げようとしたんです。寮生は「勝った、勝った」といううんで警察部隊を追いかけようとした。その時教養学部の厚生課長を務めている西村さんが道路に寝そべって、「追いかけるなら俺を超えていけ」と叫んだのです。西村さんはもちろん学部側の人ですが、なかなかの人物で日頃から学生に思いやりのある人でした。さすがに寮生も西村さんを足蹴にして警察部隊を追っかけるというわけにはいかなった。何か気持ちに残るもののある一幕でした。こういう親のもとで育ったせいか、聞くところによれば西村さんの息子は革マル派になっちゃったそうです。大分後の話です。

社研の面々

僕が自治会の常任委員をしてた頃は、ざっと振り返るとこのような時期でした。そうこうしているうちに駒場での二年目を迎え、社研にも後輩が入ってきました。五四年に駒場寮社研のメンバーになった人間一〇人くらいの者が集い、二〇〇五年に『1954東大駒場寮社研』という回想記を自費出版しています。僕はこの年寮生ではあったけど、これには書いてません。僕のところに書いてくれという案内はなかったと思います。出版されてからしばらくして本が送られてきました。この本に寄稿した人たちは昔の気分が抜けていない人が多いのかな、という感じがしました（笑）。

この本によると、僕と同じ年、つまり五三年入学で駒場寮社研のメンバーになった者は六人、五四年入学組は一一人となっています。通学生を含めた学生サークルのなかには学友会に参加していないものもあったけれど、学友会に参加しているサークルのなかでは社研は最左翼でした。

ある男が書いているところによれば、「革命は望ましいもの、当然起こるべきものだと考えているものが多かった」。五四年から翌五五年七月の共産党六全協に至るまでの時期は、途中、五五年年頭の共産党による極左冒険主義に対する自己批判、それを受けて全学連が日常の自治活動を強化し学生の統一行動を推進するという方針を打ち出すなどという変化はあったものの、なお基調には変わりはなく、そういう雰囲気だったと言うんだね。

社研には通学生・寮生両方が入っていましたが、常に通学生と寮生が同じふうに交わり活動していたとは言いがたい。総じて言えば、勉強の方は通学生の方が真面目だった。社研の会長は高橋精之という僕らの同学年の通学生で、本郷進学にあたっては経済学部に進み、大学院を出て法政大学で教鞭をとるようになり、大学紛争のころは教授を務めていました。真面目な男でしたが、病気で何年か前に死んでしまいました。多くはありませんが、社研のメンバーで官庁に入った者もいました。この回想記に執筆した連中が書いているところでは、社研では上級生でも「さん」づけでは呼ばない、名前（姓）を呼び捨てにする風習だったということです。

ある男がこの回想記のなかに僕のことをこう書いている。兵藤は「学生自治会の中心的役割を果しており、恐らく党でも重要な活動家の一人だったはずだ」と。その男は社研寮生のなかでも有名だった生田浩二のことも書いている。あなた方は生田浩二って名前聞いたことある？

上井：はい。

野村：アメリカで死んだ人でしょう…

そう。彼は僕より学年が一年上だった。高校時代に民青を経て共産党に入ったという人物です。生田は、日頃「大物らしい物言い」をしたが、「いかにも好人物らしい相貌」を備えていたと記されています。また、僕と同学年で同じ部屋の住人だった香山健一については、「あまり大したことでもない話を、いかにも勿体ぶった物言いをする点で目立った」という印象が記されています。

五四年入学ですが、歳は一九三一年生まれの別の男は、僕のことをこう書いている。「彼は香山が自治委員長になった時、一緒に副委員長だか書記長だかをやっていてあまり寮には寄りつかなかった」が、「気取りがなく、率直で気持ちのいい男で、香山よりはよほど寮生に親しみをもたれていた（笑）。党員だったはずだが、細胞会議などにはいっさい現れなかったから、非公然党員だったのではないか」とある。これはウソだね。この頃、僕には党籍はないんだもの。ついでながら、生田浩二は、静岡第一高校の出身、生まれは僕と同じ年で五二年入学、高校時代から共産党員として活動していたという経歴の持ち主です。『アカハタ』などを配りながらよく勉強できたなと思いますよ。ただ、かなわないくらいのスターリニストでした。ものすごく熱心な男だけど、まあ付き合うのが大変でしたね。僕を非公然党員ではないかと書いた男は、生田についてこう書いている。「私が入学したときには細胞のキャップをしていたようだ」が、「彼はゴリゴリの党員だから怖い顔をしてずいぶん非常識な動員やら活動計画などを社研に持ち込むが、彼には私心がなくて真摯だから、寮生はつい無理をしてその半分くらいは聞いてしまうことになる」と言うんです。まあ、こういうようなところが社研というとこなのです。

都学連執行委員就任と六全協による離脱

五四年の一〇月に都学連大会第四回大会があり、そこで中西が委員長、書記長は佐藤洋輔（東経大）、僕は執行委員に選ばれました。この時は執行委員をやってくれというオルグがあったと記憶しています。いまは政治評論家をやっている森田実、工学部の学生で僕より一年上、その頃彼は都学連の執行委員で、後で分かったことですが都学連書記局細胞のキャップだったようで、彼に駒場の学内でつかまって都学連の執行委員をやってくれとオルグされた。後に、森田は日本評論社の編集部に入り、一九六七年の『講座労働経済』第四巻への執筆の際再びつきあうことになりました。

どういう考えで一九五四年に都学連の運動に参加したのかという質問が上井君から出されて

いますが、学連の仕事はいわば表の仕事で、その頃、平和運動の推進、うたごえ運動、ゼミナール運動などに力を注ぐようになり、山村工作隊のような裏の仕事にはノータッチになっていた。それには、五四年一月共産党が武装闘争一辺倒の方針から戦術転換をはかったことを受け、全学連も日常活動を強化して統一行動を推進しようという方向へ動き始めていたという事情があると思います。折からアメリカの水爆実験による第五福竜丸のビキニ被災（五四年三月）、周・ネールによる平和五原則声明（五四年五月）などもあり、都学連での僕の担当は平和運動ということで、手始めに日本赤十字会の招きで中国紅十字会の李徳全という女性代表が来日した際（一九五四年一〇月）、都学連で歓迎運動を組織した記憶があります。山本（潔）さんのように、五四年にも非公然活動に参加した寮生もいましたが、学連の仕事についていた僕らは山村工作隊でどうのこうのということはほとんど関係がなかったわけです。

野村：共産党の武装方針を説明した『球根栽培法』のようなものは読まなかったのですか。

一冊か二冊、読んだかもしれません。そういうものが組織的に配られたというんじゃないよ。たまたま手に入って『球根栽培法』を目にしたことはある。

ただこれは僕の手元にも記録が残っていなくて何時のことだったか正確な記憶はないが、多分都学連の執行委員になることを引き受けた段階で、共産党に復党願を出しました。職業革命家になろうと思ったわけじゃないけど、場合によっては職業として共産党関連の仕事につくこともあり得るかもしれないと思ってはいたでしょうね。そういう道に足を踏み入れることになっても、まあ、しょうがないかな、という気持ちがあったかもしれません。しかし、復党願は握りつぶしなんです。復党願を出したのに、何の音沙汰もない。やめ方が軟弱で復党は認め難い、という判断をしてたんではないですか。

上井：東大細胞が解散させられています、一九五二年頃かな。その後再建されますが、そういう騒ぎのために学生党員については中央の統制が厳しくなった時期ではないですか。

野村：中西さんとは都学連で知り合ったのですか。

それは分かりません。とにかく放ってあって、なんにも言ってこないんです。六全協までね。

中西は駒場のころから知っている。香山が自治会委員長で僕が書記長をやった後、中西が次の委員長になったんです。
僕らの頃に有名だったのは大谷喜傳次。大谷は僕が執行委員になる一つ前の都学連の委員長だった。本郷進学にあたっては経済学部を選び商業学科のゼミに席を置いた。なかなかのイケメンで、女子学生にはものすごい人気があったね。トラックの上から演説しても、女の子がきゃーきゃー騒いでいた。彼は、本郷に進学するにあたって経済学部の商業学科を選び公認会計士の資格を取るための勉強をしたと聞いています。卒業後一九七〇年頃には、東京北部地区の個人加盟の労働組合に関与していました。

上井：山本さんの場合、六全協の衝撃は大きかったという話を聞いた記憶がありますが、先生はどうだったのですか。

僕は六全協にひどい衝撃を受けるということはなかった。それまでの自分の人生は何だったのか、と問わなければならないような意味でのショックはなかった。しかし釈然としなかったのは、一九五五年七月に六全協があり、その年の一〇月に都学連大会を迎えることとなった。六全協後、それまで放っておかれた僕の復党願が承認されたのです。都学連のメンバーは委員長の中西も含めて、俺たちはやめる、兵藤は残れ、と言うわけです。どうも釈然としないので、僕も辞めると言って、都学連から退くことにしたんです。残っていたら、どうなっただろうね。

上井：職業革命家になったんじゃないですか。

一〇月の都学連第五回大会の記憶はほとんど残っていないんです。『東大教養学部新聞』一〇月号は、都学連に「解体の危機」が訪れたと報じています。それによれば、この大会で、執行部は解体され、再建の方途を探る都自治会代表者会議を開催するための準備委員会が六校の自治会代表によってつくられたと記されています。

東大受験で不合格になってメーデー事件に遭わずにすみ、六全協に遭遇して都学連を辞めることになった。善かれ悪しかれ、そういう運命だったのかなと思うことがあります。

野村：一九五〇年に共産党が分裂した時、地主制の評価が問題になりました。戦後も地主制が存続しているかどうかが、革命の戦略との関連で問題になりました。兵藤さんはどういう考えだったのですか。

寄生地主制の評価について僕は宗旨替えしましたね。それが何時だったのか覚えはないけれど、栗原百寿の『現代日本農業論』(一九五一年)だったかな、読んでなるほどと思いましたね。これは聞いた話なのだけど、氏原(正治郎)さんは岩波書店から刊行されていた『日本資本主義講座』の第七巻に執筆することになっていたが、なかなか書けないので、多満子夫人が謝りに行ったそうです。氏原さんはこの『講座』の基調に同調できなかったというのが真相だと聞きました。

野村:学生運動のなかで、日本共産党による日本資本主義分析について議論はなかったのですか。

六全協前までは、共産党ないしそのシンパでなければ人間ではない、というような思いがある範囲の学生の間では非常に強かった。それは、僕の感じでは、いま共産党の言っていることが正しいとか正しくないとかということではなくて、戦前を生きてきた共産党の権威のようなものだったという気がします。

野村:国際派と所感派への分裂や、戸塚(秀夫)さんのリンチ事件などは、兵藤さんにはどう伝わっていたんですか。

国際派と所感派の対立はある程度聞き知っていました。しかし、戸塚さんがリンチされたという話は広まっていなかった。僕は大学院に進学し大河内ゼミに所属した時、たまたまゼミの先輩となった戸塚さんから両派の対立抗争のなかでリンチをくらったという話を聞いたんです。この件は、後に安東仁兵衛さんが『戦後日本共産党私記』（現代の理論社、一九七六年）に書いていますね。

上井：国際派と所感派との対立について、学生運動のなかでは熱心に議論されていたと思っていました。

五〇年問題に直面した人たちは熱心に議論したと思うけど、僕らの時代にはあまり話にはならなかった。五〇年頃までに運動にコミットした人たちと五〇年代に入ってからコミットした僕らとの間にはある種のギャップがあるように思います。僕に言わせれば、戸塚さんまでの世代は、世の中が変わってもなかなか変われないんですよ。自分たちがやってきたことに対する郷愁が強いんですね。安東仁兵衛とか武井昭夫とか、この人たちは戸塚さんと同世代でしょう。自分がやってきたことに責任を取っていこう、そういう思いが強い気がする。僕らは、この人たちに比べれば軟弱なんです。

野村：戸塚さんたちの陰惨な経験と比較すると、兵藤さんたちの駒場の運動はある意味で明るかったと言えるのですか。

ある種、明るいね。歌って踊って、そういう時代が始まった頃の学生運動です。駒場で活動していた頃の残っているビラを見ても、国際派とか所感派とか、そんな話は出てこない。

野村：駒場で同じように活動していた兵藤さんと香山健一さんのその後は、違ったものになりました。香山さんはどんどん右に行き、兵藤さんは左にとどまりました。この違いは何によるのでしょうか。

答えはないなあ。ただ、俺の座右の銘は何だったかなと考えると、「初心忘れるなかれ」ということなんですよ。理屈、理論ではなく、どういうことに心を動かされたのか、正義を感じたのか、ということです。やっぱり、俺は庶民の子だ、百姓の息子だ、こういう感情が私を突き動かしてきた原点です。理論からすればこうだからとか、自分は恵まれたところに育ったけど、かわいそうな人のためにはこうなくてはならんというようなものではなかった。野村君の問に対する答にはなっていないかも知れないが…。

これは君たちが出していた別の質問に関係するけど、僕は宇野理論がある種の人びとに悪い影響を与えたと思っています。ご当人たちはある時期宇野理論に傾倒したことはいいことだと思っているかも知れないけど、青木昌彦とか生田浩二とか、マル経から近経に変わっていった人たちがいますが、これは宇野理論に傾倒したこととかかわりがあると思うんです。宇野理論というのは資本主義の表面を映しているんです、その点では近経とそんなに変わらないわけだと思うんです。

野村：私は宇野さんの経済原論を初めて読んだ時、これは論理学だと思いました。現実感覚など関係ない世界で、論理がすっきりしていればそれでよい、というものだと思いました。

上井：僕は正統派の資本論解説から入りました。これが面白くないのです。駒場時代に宇野さんの岩波全書の原論を読みました。じつに新鮮でした。資本論は材料で、論理を徹底していく。すっきりしている、と思いました。

駒場の先生・読んだ本のことなど

野村：兵藤さんの駒場時代における運動について話を聞いてきましたが、兵藤さんは駒場時代にどういう勉強をしたのですか。

駒場の頃は、勉強らしい勉強はしませんでした。何しろ忙しくて本を読む時間がないんです。寮の部屋の机に本箱があったんですが、目障りなので紙を貼って塞いでしまいました。ですから、寮室にあった新聞、『朝日新聞』と『アカハタ』を読む程度です。

野村：期末試験などにはどうしていたのです。

成績は割と良かった。二年生の後半になると〈進振り〉がありました。僕らの頃、文Ⅰは法学部か経済学部に進学することになっていました。その当時、平均点が七七点か七六点くらいないと法学部には行けない。それ以下だといやでも経済学部に進学しなければならないわけです。僕は法学部に行ける最低点をクリアしていたので、その筋から、お前は法学部に行ってくれないか、という話があった。そんなによく授業に出たわけではないんですが、それくらいの成績は取れてました。

駒場で比較的出席した講義のなかで、あの先生はうまい講義をすると思ったのは玉野井芳郎さん。玉野井さんは多少宇野理論がかっていたけど、完全な宇野派ではなかった。講義は、理論・歴史・現状分析に分かれていて、なかなかのものだと思いました。話しっぷりも頭に入ってくる授業でした。

上井：僕の時にも、玉野井さんの授業は面白かったです。宇野さんの理論をベースにして、それにサイバネティックスを入れるとどうなるか、という授業でした。講義の上手な先生でしたね。

駒場の先生でもう一人覚えているのは、ドイツ語の小宮曠三さん。僕のクラスは文Ⅰ一〇組、ドイツ語未修。自治会の常任委員をやるようになってから、忙しくて講義にはほとんど出られなくなった。それでも語学だけはと思ってなるべく出るようにしていた。僕らのクラスのドイツ語担当の一人が小宮さんで、たしか二年の時クラス担任をされたこともあります。小宮豊隆という漱石のお弟子さんの息子だと聞いていました。フランス革命に取材したビューヒナーという人の『ダントンの死』という一九世紀に書かれた戯曲を教材にして教わったことがあります。小宮さんは変わった人で、授業中に、僕は疲れた時は夜討ちはしない、朝駆けするんだ、というような話をするんですよ。奥さんとの夫婦の営みの話ですよ。ドイツ語の教え方にも変わったところがあって、二週間に一回ドイツ語作文のテストをするんです。その代わり定期試験はしない。冠詞一つ間違えても減点、そういう先生でした。大分しごかれた気がするんですが、不勉強のせいでドイツ語は結局ものにならなかった。

野村：兵藤さんは社研で勉強会をやっていたのですか。高校時代に小説を読んでいたとのことですが、駒場でどういう小説を読んでいたのですか。

通学生は勉強会をやっていましたが、僕は出席しなかった。なにしろ本箱に紙を張ったくらいですから（笑）。本箱を見ると腹が立ってくるというか…。そんななかでも、学生のベストセラーとなった石母田正の『歴史と民族の発見』（正・続、東京大学出版会、一九五二・一九五三年）には感動を覚えた記憶がありますね。サンフランシスコ講和条約（一九五一年九月）が結ばれた直後で、日本はアメリカの従属国のような位置に置かれたわけですから、自分たちの生き方を教えられたような気がしました。

野村：石母田さんのものですと、『中世的世界の形成』は読まなかったのですか。色川大吉さんは『中世的世界の形成』を読んでマルクス主義にひかれたと書いています。

そういうものは読まない。国史などに進学しようと思っていた人は読むかもしれないけど。二村（一夫）なんかは、石母田さんの『歴史と民族の発見』を読んで感激して文学部国史学科に進学し、卒業後法政大学の大学院に入って勉強をつづけた。それは政治学専攻のコースに石母田さんのゼミが開設されたからだと書いてる。

あと小説で覚えているのは、フランスのレジスタンス文学運動で指導的役割を果たしたクロード・モルガンの『人間のしるし』、石川湧という人による翻訳が一九五二年岩波書店から出ました。これは心に残る小説でした。そのほかにと言うと、覚えているのはソ連の作家オストロフスキーの『鋼鉄はいかに鍛えられたか』（ナウカ社、一九五〇年）くらいかな（笑）。

野村：面白かったですか、そんなものが。

面白くはないよ。へえーっ、すごいな、と思ったんです。

野村：話は変わりますが、私たちの学生時代、インフレでたとえば寮の食費を五〇円値上げしなければならないという時に、寮生大会に配るビラには、アメリカ帝国主義によるベトナム侵略からはじまり、軍産複合体がどうとか、日本資本主義の動向とかが論じられ、最後に、よって寮の食費五〇円値上げが必要である、という形式になっていました。兵藤さんの駒場時代のビラはどういう論理になっていたのですか。

同じですよ。世界情勢から説き起こし、最後に明日どこどこに集合、という書き方でした。

野村：そういう場合の世界情勢の知識はどこから手に入れたのですか。

『アカハタ』」とか『前衛』なんかは読んでいたから、そこから。

これで駒場時代の話は終わりということでしょうから、一言付け加えておきたいことがあります。僕はクラスにあまり顔を出さなかったけども、一人親しい友だちができたんです。川真田幸男といって、寮生で空手部、四国徳島の出身。人のいい男で、空手部というところはいくらか左がかった人間がいたんです。埼玉大学に行ってから知ったことですが、埼大空手部も昭和三〇年代はそうだったと聞きました。川真田と気安くなって、俺・お前と呼び合うようになり、彼が私とクラスをつないでくれました。その後、大河内ゼミでも一緒になり、酒も一緒によく飲んだ。あいつがいなければ僕は糸の切れた凧ようになっていたでしょう。

2　経済学部への進学

大河内ゼミに参加

三年目を迎えて本郷に進学ということになりました。何か法律というのが嫌いなものですから、法学部に行ってくれないかという共産党筋の声は無視して経済学部に進学しました。

進学の話が具体的な問題になってきた当初は、大内（力）ゼミに入りたいと思っていました。なぜ大内ゼミを希望したのかというと、それほど積極的な理由があったわけではありません。大内さんは、まだ助教授（社会科学研究所）で若いということもあるし、頭も切れそうな先生だしね。僕より学年が一つ上の柴垣（和夫）などは、政治的に講座派育ちの正統派だったこともあって、大内ゼミに入って先生を宗旨替えさせようと思っていたそうです。そういう青春の気概にあふれた学生がほかにもいたんじゃないの。しかし、大概はゼミに入ったら、逆に大内さんに洗脳されてしまった。やや違う道行きをしたのは僕と同学年の加藤栄一で、横山（正彦）ゼミに入ったが、宇野理論に転向してしまった。僕は大内さんを洗脳しようと思うほど大それた考えは持っていなかったけど、大内さんの『日本資本主義の農業問題』（東京大学出版会、一九四八年）を読んだことがあって、それで何となく大内ゼミに行こうかと思っていたんです。

それなのに大内ゼミに入るのをなぜやめたかというと、一九五四年度までは社会科学研究所の経済系の先生は経済学部でゼミを持っていたんですが、経済学部と社研が仲違いするような事件があったのか、学部のスタッフの数が増えてきたためか知らないけど、五五年度からは社研の先生はゼミを開設しないということになったんです。それでも大内さんは、ゼミをやってくれという学生の声があるからゼミは開くけど、単位にはならないよ、という断り書き付きでゼミ生を募集されることになりました。僕は都学連の仕事をしていたものだから、講義にはあまり出られないだろうけどゼミにだけは出ようと思っていたんですが、単位にならないのでは困るなと思い、大河内ゼミに志望届を出すことにしたんです。

野村：大河内ゼミに入る前に、大河内さんの書いたものを読んでいたのですか。

記憶ないなあ。読んでいたとすれば岩波新書で出た『黎明期の日本労働運動』（一九五二年）くらいでしょうけど、本当に読んでいたかどうか、記憶は定かではありません。駒場の頃は先ほどお話したような状況だったし、駒場以前に読むことはありえませんから、駒場の時に読んでいなければ読んでいないことになります。それで戸塚（秀夫）さんに叱られました。俺なんかは大河内ゼミに入るにあたっては、大河内さんの書いたものをいくつか読んだ上で志望届を出したのに、読みもしないで出すとはひどいもんだ、というわけです。

野村：大河内さんのものを何も読んでいないのに大河内ゼミに入ったのはなぜですか。それは、労働運動、労働問題を研究するゼミだったから、ということでしょうね。学生運動をやっていたわけだから、勉強するのも労働運動、労働組合が近いと思ったからですね。大河内さんの社会政策論などが念頭にあったわけではない。大河内社会政策論については、大学院に進学するときに考える機会がきました。

野村：しかし兵藤さんは、最初は大内ゼミ志望、大内ゼミは農業問題ですよね。学生運動をやっていたから勉強するのも労働運動だということであれば、最初に大内ゼミ志望だったということがよくわからないのですが。

大内ゼミに入ろうと思ったのは、農業問題を勉強したいと思ったわけではなくて、日本の資本主義はどういうものか考えたいということだったと思います。ですから、ある意味では二つのゼミに共通したところもあるんです。

上井：中西さんも大河内ゼミに入ったんですね。示し合わせて大河内ゼミに入ったのですか。

示し合わせたわけではない。結果としてそうなったということです。示し合せたという記憶はありません。

野村：隅谷（三喜男）さんは選択の対象ではなかったのですか。

同じ労働であれば、大家の方がいいじゃない（笑）。隅谷さんの担当講義は「工業経済論」だったこともあるかと思います。ご本人は本当は労働に関心がおありだとしても、なにしろ僕は隅谷さんの書いたものも読んでないから、食指が動かなかったんです。

野村：学生運動活動家ですと、運動の観点から、お前はどこそこのゼミに行け、というような配分がよくおこなわれます。兵藤さんの場合、そういう指示があったのですか。

ゼミの選択に関しては、そういうことはなかったね。オルグされたこともない。法学部に行ってくれという声かけには、どこどこのゼミに入れというような含みもあったかもしれませんが、経済学部でのゼミの選択について声がかかってきたということはなかった。

大河内さんには貴族の風あり

野村：大河内ゼミに入られた時、大河内ゼミは共産党の拠点ゼミだったのですか。

そんなことはない。一九七九年に大河内ゼミに所属した者たちで『戦前戦後——大川内演習の二十五年——』という本をつくりました。僕も編集委員の一人として関与しました。この本に僕が大河内ゼミ入ったころの様子も描かれています。僕がゼミに入った一九五五年には、一年上が三人、僕らの年度が一七人、合わせて二〇人でした。労働運動が日本を変えていく力だという考えでゼミに入った者が多かったと思います。五五年度の共通テーマは「日本労働組合論」でした。何をテキストにしたのか、覚えていません。五六年度の共通テーマは「単産論」。この年隅谷さんが外国留学され、隅谷ゼミの学生三人が大河内ゼミに移ってきたので、僕の同期は二〇人に膨れ上がった。夏学期のテキストは『戦後労働組合の実態』（東大社研編、一九五〇年）でした。冬学期にいくつかのグループに分かれて単産の実態調査をおこなった。僕は鉄鋼労連のグループ、三人か四人、誰がメンバーだったか記憶が定かでないけど、一緒に鉄鋼労連の書記局に足を運んだりしました。そこで書記を務めていた千葉利雄さんと不破哲三さんにお会いしました。そういう時代です。

五月祭には熱心に参加していて、五五年には「日本の労働者」というタイトルで、日鋼室蘭の争議を取り上げた。五六年は「日本のサラリーマン」というタイトルで、自分たちでシナリオを書いて、銀行員の生活を幻灯（スライド映写）にまとめました。銀行員はなかなか忙しくて暗い日々を過ごしている、というようなまとめ方だった。

上井：僕が学部生の時に中西さんから聞いた話では、大河内さんは頭のいい人で、ゼミで中西さんがケチをつけると、君の言っていることはこうだから、最終的にこうなる、僕はこうだからこうなる、と整理したうえで、結局は価値観の違いだから議論してもはじまらない、とおっしゃって、議論にならなかったとのことでした。

野村：兵藤さんは大河内さんに食ってかかっていたのですか。

食ってかかったというのかどうか、どうなんですかね。先生の出稼型論は納得できませんというような発言はしたでしょうね。

野村：大河内ゼミの人数は多いんですが、ゼミとしてのまとまりはよかったのですか。

割りとよかったと思いますよ。コンパは年に二、三回やりました。ゼミ旅行も結構行きました。最初の年は軽井沢追分にある油屋旅館、ここは江戸時代に中山道追分宿での脇本陣を務めた由緒ある旅館で、堀辰雄、立原道造など文士がよく利用したそうです。大河内さんの口利きで泊まることができました（油屋旅館はその後廃業し、いまでは「信濃追分文化磁場」という施設になっているそうです。その一部は素泊まりならできるステイとして運営されているとのこと）。

夏には東大の戸田寮で一泊し、あくる日修善寺の白壁荘に泊まった。白壁荘も井上靖や木下順二などという文士がよく使った旅館だそうで、大河内さんもよく利用していたと聞きました。大河内さんは戸田寮には同行されませんでした。白壁荘は大河内さんの顔で宿を取ってくださり共に過ごしました。

卒業する時だったか、赤門近くの落第横町にある寿司屋でコンパをやったんです。大河内さんは、お見えになるなり、ひと言「きたない所ですな」と言われました。貴族なんですよ、本当に貴族。これは後のことですが、何かの慰労会で三、四人大河内さんにご馳走してもらったことがあります。アメリカ大使館の近くにあったフレンチ・レストランでした。お店の名前は忘れてしまいましたが、いまはもうないでしょう。関東大震災以前、スエズ運河以東では一番おいしいレストランと言われたそうです。そういうところに気軽に行けた人です。

これは学生時代に感じたというより、もっと後になって思ったことだけど、大河内さんは寛容な人だと思います。大河内ゼミに学んだ学生には学生運動をやったものが多いものだから、かみつくのが習い性になっているんです。大河内還暦記念論文集を眺めてみると、一〇〇パーセントとは言いませんが七〇パーセントくらいは大河内批判論文です。ほかのゼミ出身者が、よくもまあこんな本を出せるな、と言っていました。大河内さんが寛容なのと、ゼミに集まった学生に変り者が多かったということの両方だと思います。大河内ゼミに学んだ者はシューレなどというものではないね。

それと比べると、大塚（久雄）ゼミは締め付けがひどいと思いますね。大塚ゼミは締め付けが厳しくて、僕らと同学年の山之内靖とか、少し後輩で福島大学に行った樋口徹などはパージされたようなものです。少しでも異をとなえると、村八分を食らう。宇野シューレは、大河内さんとこに比べれば固くてシューレの体をなしているよね。

野村：宇野さんは反権威主義で、自分で考えて独自の体系をつくりました。ところが宇野さんのもとに集まった人たちは宇野さんを権威と仰ぎ、宇野理論に拘束されました。たとえば宇野さんが第一次大戦後は現状分析だ、といえば、馬場宏二さんたちがそれから脱却するのに何十年もかかりました。なぜ自由な発想ができなかったのか、不思議に思います。

それは、宇野さんのせいじゃなくて、集まった人たちのせいじゃないでしょうか。

野村：そういうことから言うと、大河内さんというか、氏原さんの人柄のせいがあるのでしょうか。

それはあると思います。僕なんか、氏原さんなくして僕はありえないと思っています。経済学部に進学して驚いたのは、経済学部の講義では口写しでノートをとらされたことです。一番最たるものは鈴木鴻一郎さんの「経済学原理」。講義ノートがつくってあって、まず先生がそれをゆっくり読み上げるのです。それを筆記させられる。それでちょっと時間をおいて、先生がそれを解説する。そういう講義が非常に多かった。山田（盛太郎）さんの「農政学」もそうだった。

大塚さんが「共同体の基礎理論」という特殊講義をやったことがある。この講義ノートは五五年七月に岩波書店から小冊子として出版されました。そのはしがきには、これは大学院経済史課程の「経済史総論」という講義の一部であると記載されていますからもともと大学院の講義なんでしょうが、学部学生にも特殊講義として聴講が認められていたのでしょう。この講義をなさる先生は偉い先生だなと思ったのは、大塚さんは脚が悪くて松葉杖を使っておられたせいもあるけど、大学院生の諸田實さんが鞄持ち役で一緒に教室に来る。教室で諸田さんが講義ノートをパートごとに読む、そして大塚さんがおもむろに解説するといった調子だったことです。

大河内さんは、「社会政策」という講義が担当でした。有斐閣から『社会政策（総論）』（有斐閣、一九四九年）という教科書が出ていたせいもあるかも知れませんが、小さな紙切れに三、四行ぐらいメモが書いてあるものを持って来て滔々としゃべるんです。さすが講釈師の大河内翠山の息子だけあって血筋は争われないな、と思ったものです。

講義はうまかった

野村：大河内さんの講義はとても上手だったと聞きましたが…。

大河内さんの講義で教材部のプリントになったのは、停年告別講義「日本労働運動史」です。僕は助手の時このプリントの校閲を頼まれ、大分苦労させられました。大河内さんは、講義の際講義に登場する人の本を持ってきて引用しながら話をするのですが、プリントの校正刷りには引用した箇所のページは書いてないし、引用した箇所も話し言葉に合わせて崩して読んでいるんです。僕は原本にあたって引用箇所を全部探して校閲しました。これはなかなか大変でした。

ただ、校閲していてなるほどそういうものかと思ったのは、大河内さんは同じことを繰り返しながらしゃべるのです。しかも、まったく同じ言葉ではなく、内容的には同じことを違う言葉で一部繰り返しながら先に進んで行くんです。僕なんかの講義は繰り返し部分がないから、聞きづらいんです。大河内さんの講義はそっくり活字に起こしたものを読むとくどい。そこで校閲するとなると、どこをどう削るか考えなければならない。これがまた大変です。この講義録は、教材部のプリント版で出た後、旬報社から刊行された『大河内一男集』第七巻（一九八一年）に収録されました。それはともかく、直に聞く講義としてはとてもうまいなと思いました。
僕らの同輩では、僕は直に聞いたことはないけど近経の根岸（隆）君は講義がうまいらしいね。ゼミの学生の話によると、小さなメモを持ってきてしゃべるらしい。僕のゼミ生は、講義中はよくわかったような気がするけど、ドアを開けて教室を出た途端に、何の話だったっけ、となると言うんですよ（笑）。

野村：ドイツ語で講義はVorlesung。動詞はvorlesenで、ノートや本を読み上げるという意味です。東大では、いつごろまでノートを読み上げたのでしょうか。
大塚さんあたりが最後じゃないですか。隅谷さんの講義はあまり出席してないから覚えがありませんが…。

野村：上井は読み上げる講義を聞いたことがあるの？

上井：いや、ゼミのほかには中西さんの授業に四回出ただけなので、知らない（笑）。
中西さんの授業は根岸さんと同じ。メモ用紙。授業は普通の人の二倍の量をしゃべる。授業に出ているのはせいぜい四、五人。石田（光男）はいつも出ていた。量が多いし、中味はむずかしい話をそのままやっているので、聞き取れない。ノートなんか取れない。中西さんが停年で辞める時、告別講義に出ましたが、昔と比べて随分わかりやすくなっているな、と思いました。

僕は講義は下手なんで講釈垂れるような身分じゃないけど、あんまり準備してはいけないんだよ（笑）。準備しない方がいいんです。自分がわかっていることだけをしゃべるというのがいい。若いころは講義の前にせっせと準備してメモをつくったけど、かえって失敗に終わるんだよね。

本郷に進学した年の四月だったと思いますが、九大の向坂逸郎さんの講演があった。すごく覚えているのは、一つは、資本論は第一巻だけを読めばよい、あとは読まなくていい。搾取とはどういうことか、それがわかればよいと言うんです（笑）。もう一つは、四月新入生に向けて講義をすると、五月一日には僕の講義を聴いている学生の大半がメーデーに行く、と言うんです（笑）。話はうまかったね。

講義で感心したのは、一九五六年二月に行なわれた有沢廣巳さんの停年告別講義です。僕はこの講義を直に聞いたんです。講義の一部始終はその年雑誌『世界』の四月号に「パイオニア・ワーク出でよ」というタイトルで載りました。有沢さんは、そこでいろんなことを話しているけど、最後のところで、われわれの課題は現実の再構成としての日本資本主義分析であり、これは経済学者にとって最も野心的な仕事である、山田盛太郎先生の『分析』は日本資本主義の岩盤に穴をうがつような仕事であった、と称賛の言葉を述べられた。こう言っています。「日本資本主義研究として、この『分析』が岩盤を突き破って前人未踏の深部に達するボーリングであったということは、これは認めなければならないのであります。当然のことですが、戦後日本資本主義の研究が新しく興ってきております。いろいろの研究はそれぞれ一歩でも踏みこんで、表面の奥底を探ろうとしているといえますが、それでもなお奥底にある岩盤からみれば、いまだにその表面を探るに止まっているように思われるのであります。若い研究者諸君、なかんずくわが同僚諸君、今われわれが突き当たっている岩盤を貫き通す孔をうがっていただきたい。個人の力では貫き通せないものなら、諸君の共同研究で突き破っていただきたい。これが諸君に寄せるわたくしの期待であります。」

いやー、なかなかのアジテーションでした。有沢さんは講座派ではないからね。その人が山田さんを褒めた。有沢さんは、山田さんの停年告別講義に際し挨拶としてこう述べたのではない。この年に有沢さんが停年で教壇を去り、翌年山田さんが停年を迎えられたわけです。有沢さんは、自分の停年告別講義のなかで山田さんを褒めたのです。

3　大学院受験

推薦状を燃やす

五五年の秋、都学連の仕事をやめると決まったので、このまま無事卒業して就職したいと思いました。就職するなら八幡製鉄に行きたい、というのが僕の望みでした。八幡製鉄は、日本のプロレタリアートの中核がいる会社に違いない。その会社に入ったからといってどういう仕事につくかはわからないが、組合活動に携わる機会があるかもしれない。とにかく、八幡製鉄に入りたいと思った。

その頃は就職活動をするには、ゼミの先生の推薦状が一〇〇パーセント必要な時代でした。大河内さんに八幡製鉄に就職したいと申し出たら、大河内さんは、そうか、といって推薦状を書いてくれました。八幡製鉄所の総務部長を務めている水野さんという人に向けた推薦状をいただきました。水野さんと先生はどういう知り合いかは存じませんが、旧知の人のようでした。

一九五七年という年は、五四年から続いていた「神武景気」が年の後半から冷え込み、中華鍋の底を這うような「なべ底景気」になるんじゃないかと言われていました。それで、大河内さんの推薦状だけで大丈夫かな、という不安が持ち上がってきました。しかし、僕の周辺を見回してみてもコネがつけられるような人は思いつきません。だが、一人だけ見つかりました。おやじの妹の一人が名古屋に嫁いでいたんですが、その嫁ぎ先はお寺さんの衣を商う仕事をしていて、当主の兄さんがたまたま東海銀行の役員をしていたんです。コネのつけられそうな人はこの人しかいないなと思い、訪ねて行って推薦状を頼んだところ、君が学生時代何をしてきたか、聞いて知っている、そういうことを今後一切しないと約束するなら紹介状を書いてあげよう、というお話でした。しかし考えてみると、口約束はできるかもしれませんが、情況によっては破らずにはおれないような瞬間が来るかも知れない。その際、迷惑をかけては男らしくないと思い、「結構です」と引き下がってきました。それで八幡製鉄の入社試験は受けるのをやめました。

ただ、いまも心残りに思うのは、大河内さんの推薦状を読まずに、そのまま火で燃やしてしまったことです。あれは見ておくんだった、何が書いてあったんだろうという思いを断ち切れません。

上井：兵藤さんの調査歴を見ますと、一九五六年に津田（眞澂）さんと八幡調査をやっていますが…。

いや、それは僕が八幡製鉄の入社試験を受けようと思ったことと関係ありません。津田さんは経済学部の助手で、大河内さんのゼミにも時々顔を出していました。もともとは大塚史学の影響を受けてフランスの勉強を始めた人です。次いで明治末期の日本の下層社会の研究に手を染め、この頃は技術革新に関心を持たれていました。僕は大学院の入学試験を受ける際、アドバイザーのような形で津田さんに面倒をみてもらった。入試論文を出した直後に、津田さんから今度八幡の調査をやろうと思っているのだけど手伝ってくれないか、という話があったんです。僕は大学院志願論文を書くのにお世話になっているので、分かりましたということで八幡に一週間ほど付いて行きました。戸畑工場で始められていたストリップ・ミルの操業の様子を調査しました。五台くらいのミルが連結された薄板製造機です。津田さんは人使いの荒い人で、毎日何時間かヒアリングした後、その日のうちにヒアリングのレポートをまとめてくれ、というのです。そういう作業を一週間近くやった。津田さんは、それを素に『季刊労働法』(第二五、二六号)に「設備革新と労働関係」という調査レポートを発表しました。そこに、兵藤君から献身的な助力を得たという謝辞が書いてあるんだけど、まったくヘルパーとして行ったという感じです。

野村：就職は八幡以外の会社は考えなかったのですか。

考えませんでした。この調子では見込みがないなと思ったんです。会社が興信所を使えば俺が何をやっていたかはどの道わかってしまうわけだから就職はあきらめ、大学院に行こうと思って志願論文を書くことにしたわけです。

野村：あらかじめいただいたレジュメには、「六全協―会社をあきらめ大学院進学へ」と書かれています。いまの話ですと、六全協と大学院への進学とは直接の関係はないのですね。

六全協の後、都学連の仕事から降りることになったので、就職したいと思っていろいろ画策したんですが、いまお話したような次第で就職はあきらめた。それで大学院の試験を受ける準備を始めたんです。それ以後は学生運動の表面に立つことはやめました。大学院に入ってからデモの隊列に加わって国会に行ったりしたことはありますが、学生運動にかかわる役職に就いたことはありません。六全協後は、経済学部の自治会の委員長も、山崎（広明）とか馬場（宏二）など、党派歴のないような人がやりました。もっとも、僕も大学院の自治会の役員はやりました。

野村：そうすると、兵藤さんは駒場二年間は勉強しないで学生運動のみ、本郷の二年間は学生運動をしないで勉強のみ、ということになるのですか。

いや、駒場から本郷にかけての二年半と本郷の一年半という二つに分かれている。上井君から事前にもらった質問状に、宇野理論の勉強はどういう風にしたのかとありますが、僕の手許に残っている五〇年代に出た宇野さんの本を出版年次の古い順に並べてみるとこうなります。


『価値論の研究』（東京大学出版会、初版・一九五二年九月）、

『恐慌論』（岩波書店、第二刷・一九五三年一二月）、

『経済原論（上・下）』（岩波書店、第九刷・一九五四年七月、第六刷・一九五六年七月）、

『経済政策論』（弘文堂、八版・一九五七年二月）、

『「資本論」と社会主義』（岩波書店、第二刷・一九五八年一二月）。


出版年次が僕が浪人中あるいは駒場にいた頃になっているものがありますが、そんな時期に読んでるはずはありませんから、いくら早くても大学院の入試論文を書き終わった四年生の後半、五六年一〇月以降ないし大学院に入ってからかじり始めたということでしょうね。当然、購入年次と読んだ時期にはズレがある。どういう順番で取りついたか定かな記憶はありません。

この頃、大河内さんのものもかなり読みましたね。

野村：『独逸社会政策思想史』（日本評論社、一九三六年）なども読んだということですか。

いや、読んでません。一九七〇年に大河内さんの『社会政策四十年 追憶と意見』（東京大学出版会）が出ます。僕はこの本の聞き手の一人を務めているんですけど、正直に言うと、この時まで大河内さんが戦前に書かれたものをオリジナルな文章で読んではいませんでした。「社会政策概念の史的発展」にしても、あるいは「保護立法の理論に就て」や「社会政策の形而上学」にしても、『社会政策の経済理論』（日本評論新社、一九五二年）や、『社会政策の基本問題 増訂版』（日本評論社、一九四六年）など戦後版の書物に収録されたものを読んでいたわけです。だから、戦前のオリジナル版、「概念構成を通じて見たる社会政策の変遷」（『経済学論集』一巻九号、二巻一号）、「労働保護立法の理論に就て」（『経済学論集』三巻一一号）や、「社会政策の形而上学」（『経済学論集』七巻五、一〇、一二号）との異同については勉強できていなかったんです。

野村：大塚史学関連のものは読んだのですか。

僕は駒場のころ駒場に張り出しの学部講義で「経済史」を聴講して試験を受けました。松田（智雄）さんが担当の講義でした。通知表は「良」だったかな、「可」だったかな、あまり成績が良くなかった。試験問題は「農村の織元・都市の織元」というんでしたが、俺は大塚史学は駄目だな、と思いました。大塚さんの本は、『近代欧州経済史序説　改訂版』（弘文堂、第三版、一九五四年）を読んだ記憶があります。経済史の成績が悪かったせいもあるけど、大塚史学には惹かれなかった。

野村：学部時代にマルクスそのものは読んだのですか。

『資本論』はある程度読んだ。『経済学・哲学草稿』、『ドイツイデオロギー』という類いを若干読みました。ヘーゲルを読むようになったのはもうちょっと後で、一九七〇年頃かな。ウェーバーは、『職業としての学問』とか、『社会科学的並びに社会政策的認識の「客観性」』など、大河内さんがよく話題にするので読んだ。もちろん駒場の時代ではありませんよ。

氏原論文に惹かれる

上井：先生は労働運動について勉強したいと思って大河内ゼミに入られたんですよね。社会政策論についてはもう少し後で勉強したということですか。

僕は、大河内ゼミに入った当初、一九四九年『經濟評論』誌上で繰り広げられたいわゆる〈社会政策本質論争〉をフォローしてみたことがあるんですよ。服部英太郎さんの大河内批判論文を初めとして、一連の論文を読んでみて、氏原（正治郎）さんが「社会政策の社会理論のために」（『経済評論』一九四九年一二月号）で示されたような見方がいいな、と思った。この号には、氏原さんが出版社に渡した原稿の半分しか掲載されなかったということですが、「われわれに必要なものは、何よりも、資本制社会の経済理論と社会理論の区別と関連性である」という記述は、示唆的であると思いました。その含意は、後年この論稿の後半部分が『社会科学研究』第一八巻第一号で公けにされたとき、結語の部分に「『国家論の現われない『資本論』からは、階級闘争の基礎理論はでても、近代国家の政策たる社会政策の理論は直接導き出されない」と記されているのを見れば、一層明らかでしょう。こういう結語を予定していた氏原論文は社会政策本質論争のなかで一番秀逸ではないか、といまだにそう思っています。

大学院の入試論文の準備を始めようとしたとき、この氏原論文の延長上で何かできないかと考えていたら、時々大河内ゼミに顔を出していた高梨（昌）さんから、「兵藤君、社会政策論なんてダメだよ、いまは労働問題の時代だよ」と言われ、隅谷さんの「賃労働の理論について」（『経済学論集』二三巻一号、一九五四年一一月）や、氏原さんの「社会政策から労働問題へ」（大河内一男『労働問題』栞、一九五五年一月）を例示された。社会政策論にかかわる問題を入試論文のテーマにしようかと考えていた時、社会政策論はだめだという脅迫めいた説得に遭って、しょうがないな、そうかと思い直した。それで社会政策論はやめにして、氏原さんの「わが国における大工場労働者の性格」（日本人文科学会『社会的緊張の研究』一九五三年、氏原『日本労働問題研究』に再録）を踏まえて、大河内さんの出稼型論批判に進むような論文を書いたらどうかと考えました。

隅谷さんの「賃労働の理論について」は、もちろん読んでみましたが、僕にはピシッと来ないところがありました。どうして資本の理論と賃労働の理論を分けるのか。分けてしまうと、労資の関係のあり方が見えなくなる恐れがあるのではないかと思った。つまり、両者は入り組んで動いているのだから、その運動のなかで対抗するときもあるし、そうでない時もある。そういう対抗関係のなかで動いているのだから、片方は剰余価値の生産、他方は生活の理論というふうに分けてしまうと、まずいんじゃないか。そういうわけで、僕は隅谷さんの理論についていけないところがあるなと思ったんです。

野村：大学院志願論文は「鉄鋼合理化と労働問題――第一次大戦後の八幡製鉄所をめぐって――」というとタイトルになっています。八幡を選んだのは、プロレタリアートの中核だ、ということからですか。

氏原さんの「大工場労働者の性格」を読んで、氏原さんはやっぱりすごいなと思ったのは、この論文に付けられた長い註なんです。『芝浦製作所六十五年史』からの抜き書きです。これは氏原さんという人の才能をうかがわせるものだと思いました。どういう風にして労働者は団結するに至るかということに関する理論的な道筋と東芝の歴史のなかからの例示の拾い方は、示唆的なものと思いました。まさか入試論文で東芝の歴史の二番煎じをやるわけにもいかないので、「鉄は国家なり」と喧伝されてきたわけですから、日本プロレタリアートの中枢たる労働者を抱えていると思われる八幡製鉄を選んだわけです。

野村：大河内さんの出稼型論に批判的だったとのことですが、いつから批判的になったのですか。

大河内ゼミに参加してすぐのことです。ご承知のように大河内さんは、岩波新書で出た『黎明期の日本労働運動』（一九五二年）のなかで、日本の賃労働の特殊な型である出稼型労働は「明治から大正を経て昭和に至るまで、日本の資本主義経済の発展に伴って解体することなく、むしろ逆にいよいよ固定化し、それ自らひとつの型としての論理を貫徹しつつあるかのごとくである」と言っています。だが、僕にとっての問題は、もう少し先への展望がどう拓かれうるのか、出稼型を越えてゆく展望を持ちたいということです。出稼型というものの帰結はこうだという解釈は、それはそれでいいのです。しかし、それだけじゃ困るのではないか、それを越えてもう少し先へ行かなければならない、どういう風にして先に行けるのか。何か新しい出来事が起きなければ、事実としての証明はできないかも知れません。だけど、どういうところにそうなる手掛かりがあるのかという発見をしなければいけないのではないか。

氏原さんは、「大工場労働者の性格」の結論に代えてと題したところで、大筋こう書いています。日本の大工場では、下層階級的意識を持った前期的自営業者の子弟であるずぶの素人を雇い入れ、手工的熟練に基礎づけられた「年功的身分的」な職場組織を媒介として、これを従業員として統括してきた。だが、大工場の発展にともなう手工的熟練の知的熟練への転化を通じて、年功的身分的な職場組織が弛緩し、労働者が頼りなき孤立の状態におかれるなかで自主的な連帯組織への道が拓けてくるのではないか。こうして大工場は、全経営的視点に立つ画一的管理と福利施設の整備を通じて「年功的身分的」秩序の再編へ向かったのではないか、というのです。氏原さんは、出稼型労働者として出発した日本の労働者のなかにも、生産力の発達による熟練の客観化にともない自主的な連帯に至る道筋が拓けてくるのではないかという理論的展望を提示するとともに、それを歴史に即して考えると、東芝ではかくかくしかじかのことが起こってきたと例示している、と僕は読んで、氏原さんが書いているような道筋を八幡製鉄に即して考えてみたらどういうことになるのだろう、こういう作業をやってみたいと考えたわけです。

野村：思想史関係のものを別にすると、大河内さんは出稼型論を含めて、文献や資料をほとんど引用していません。兵藤さんはその点について批判を持ったのでしょうか。

大河内さんは、日本では歴史貫通的に出稼型の論理が働いていると言っているけど、明治以降の歴史に照らしてみて本当にそれは事実と言えるのか、もう少し違うものも生まれてきたのではないか。そういうものを拾っていくとどういう絵が描けるのか、氏原さんが東芝の社史から抜き書きした事柄はそういう歴史の素描として見ることができるのではないか、そう思ったわけです。

上井：出稼型論については、たとえば大友（福夫）さんのような労働運動史研究者からの批判がありました。それから影響を受けたということがあるのでしょうか。

あんまりないね。大友さんの論文も読みはしたと思います。

野村：そういう意味で言いますと、大学院志願論文から『日本における労資関係の展開』まで、一貫しているのですね。

ある種の一貫性はあるのだけど、今回自分の書いたものを見直してみると、なんだろうなこれは、と思うこともあるのです。

野村：大学院に進学しようと決めたとき、大河内さんは何と言ったのですか。

記憶がありません。ああ、そうか、というようなものではないですか。

そんなわけで、氏原さんの「大工場労働者の性格」を手引きにして八幡製鉄の設立から昭和初期にいたる歴史をフォローして入試論文をまとめる作業をして、五六年の九月一〇日でしたか、二百字詰め原稿用紙で二四〇枚くらいのものを提出したんです。論文の作成過程では、先にお話したように経済学部の助手であった津田さんにアドバイザー役を引き受けていただいたおかげで一年に満たない期間で仕上げることができました。高梨さんではなく津田さんが僕のアドバイザーになったのは、高梨さんは氏原さんのもとで現代の調査をやっており、津田さんは明治期の下層社会の研究をしていた。僕は戦前の八幡について論文をまとめようとしていたわけなので、研究対象の時期からして津田さんが適切だろうということでアドバイザーを引き受けられたものと思っています。

この頃の大学院入試は、内部選考、つまり経済学部の出身者は論文を書いて良しと認められればそれで進学できるんですが、論文で不合格になった者や他大学の出身者はペーパーテストを受けなければならなかったんです。僕は、幸い論文だけで入学を認められました。明くる年日本人文科学会がまとめた『佐久間ダム—近代技術の社会的影響』（東京大学出版会）という書物のなかで、この調査に加わった氏原さんが技術革新にともなう生産管理・労務管理の変化の日本的特徴を描いたものとして、自らの「大工場労働者の性格」と並べて僕の未発表論文「鉄鋼合理化と労働問題」を註記されたのには、励まされました。

Ⅲ　大河内「出稼型論」との格闘

1　修士論文に向けて

氏原勉強会のこと

野村：大学院時代の勉強を通じて『日本における労資関係の展開』をまとめられる過程についてお伺いします。

就職をあきらめて一九五七年四月に大学院、その頃の呼び名で言うと社会科学研究科応用経済学専門課程の修士課程に入りました。経済学専門課程には、ほかに理論経済学、経済史学、商業学という課程がありました。

応用経済学の先生は経済学部、社会科学研究所の経済系の先生方でしたが、僕は大河内さんに指導教官をお願いしたので大河内さんのゼミはもちろんのこと、隅谷さん、氏原さんのゼミにも出席しました。それに経済学部の四年生の後半ごろからかじり始めた宇野理論の勉強をしようと思って、大学院一年のとき遠藤湘吉さん、大内力さん、加藤俊彦さん、理論経済学コース宇野弘蔵さんなどの講義や演習に顔を出しました。

あの頃は、どういう講義を聴くのかについては指導教官のハンコが必要でした。大河内さんは、自分が指導教官になっている院生がどういう講義を聴講するかということには何も言わなかった。先生によってはなぜそんな講義を聴講するのかと言ってハンコを押してくれない人もいると聞きましたが、大河内さんはその点非常に寛容だった。後に東大紛争が起こったとき指導教官制の廃止が問題になりました。院生による廃止要求の根拠として、講義聴講に圧力をかけたということでやり玉に挙がった先生がいました。大河内さんはそういうことは全然なかった。そうですか、ということでハンコを押してくれました。

この頃の宇野系の先生のゼミでは、一九世紀末から二〇世紀初めの金融資本の形成過程にかかわる問題がはやりのテーマでした。そこで応用経済コースの院生のなかにも、ドイツを取り上げる人、アメリカを問題にする人、あるいはイギリスをやる人などが続出しました。僕も二年になったら修士論文を書かねばならないが、何をテーマにしたらいいか惑い始めて、五月か六月頃だったと思いますがいっとき、時代の動きを主導する資本の側の運動を見定めるのが先決ではないかという気がしてきて、隅谷さんに相談したことがあります。しかし、一ヵ月ほどで、これは気の迷いと思い直し撤回しました。

こういう勉強とのかかわりで思い出すのは、氏原さんと始めた『資本論』の勉強会のことです。氏原さんが停年を迎えられるとき、社研で行なわれた座談会の記録が「思い出すこと・思い出す人」というタイトルで『社会科学研究』（第三二巻第五号）に掲載されています。そこで氏原さんは一九五二、三年ごろ「経済学を勉強し直してみたい」と思ったと回想されています。その一環として五五年下山房雄さんが大学院で氏原さんの指導学生となったとき、津田さんを加えて三人で『経済学批判』から『資本論』を通読する輪読会をやったと語っています。後に津田さんに代わって近松順一さんが加わったが、若い二人が最新の文献に通じていたこともあり、この輪読会は「大変興味深いよい研究会」であったと述べています。

これには氏原さんの記憶違いがあるのではないかと思います。氏原さんは、津田さんに代わって近松さんが加わったと言っていますが、これは氏原さんの記憶違いで、僕が新たに加わり氏原、下山、兵藤の三人で輪読会をやったのだと記憶しています。その頃、氏原さんの奥さんはお産を控えていて医業を休み、鎌倉の建長寺境内に仮住まいしていました。氏原さんは五七年の暮れに鎌倉を引き揚げ東京に帰ったと言ってるから、僕が大学院に進学した五七年には氏原さんはまだ建長寺境内にいたわけで、下山さんと僕の二人が月一回鎌倉に赴き輪読会をやっていたということです。この三人の組み合わせになったのは、下山さんは正統派の人で、僕が宇野理論をかじり始めていたこともあって、便利だったせいもあるんじゃないかと思います。輪読会でやったのは、主として資本論の第一巻だったと思います。

野村：氏原さんが講義をしたのですか。

いや、そうじゃない。三人の関係は、そりゃあ先生とその弟子に違いはないのだけど、ここではいわば平場の関係みたいなもので、氏原さんが講義をするというようなことではなかった。第一巻の価値論にかかわる部分では、宇野さんによればこうですよ、と僕の方から吹き込むような場面もあったわけです。

大学院一年目の後半になると修士論文の準備を始めなければならなくなりました。大学院志願論文は氏原さんの「大工場労働者の性格」を下敷きにしてまとめました。氏原さんの考え方は、生産力の発展にともなう手工的熟練の客観化、知的熟練への転化は職長たる親方労働者の人事待遇上の実権の喪失をもたらし労働者を頼りなき孤立の状態に陥れ、労働者をして自主的連帯に導く、というものでした。しかし宇野理論を勉強しはじめてから、僕は氏原さんの考え方は、生産力主義に過ぎるのではないかと思いはじめるようになりました。つまり、市場というか、労働者に直接かかわることで言えば過剰人口の圧迫、資本制商品経済そのものが働く人間を頼りなき個に導く方向に働くのではないか。技術ではなくて、そういう市場の面からアプローチする必要があるのではないか。もちろん生産力の発達は熟練を変化させ、それが労働者の置かれている状況を変化させるように働くというのは正しいとしても、氏原さんの提示する筋道は市場の作用を視野の外に置いているのではないかというような不満を持ちはじめたわけです。

もっとも、そういう問題を意識すると、市場の圧力で頼りなき個人に分解されていく労働者が個として競争場裡に臨むプロセスで育むエゴイズムを止揚する契機がどこにあるかという問題を検討する必要が生まれてきます。そこに、氏原さんが提示した生産力の発達にともなう熟練の変化、知的熟練への転化、労働手段そのものの本性が呼び起こす協業を通じての労働の社会化がどう絡んでくるかということを考えてみる必要があると思いました。

修士論文提出

大学院二年目の一二月に提出した修士論文は、「日本における労働市場の展開——金属機械工業における労働市場構造について——」というタイトルで、二〇〇字詰原稿用紙で二八〇枚弱のものでした。これは要するに労働市場構造の変化を主眼にしたもので、大学院入学志願論文で扱ったような管理組織にかかわる問題にはあまり触れていません。明治期の金属機械工業では、企業に雇われた未熟練労働者が手工的熟練を身に着けるにつれ同じ職種の範囲で企業を渡り歩く横断的市場が形成された。ところが明治末期から大企業は熟練労働力の企業内養成、福利施設の充実によるそのつなぎ止めに力を注ぐようになった。その結果、大企業では第一次大戦後における過剰人口の圧力を利して企業縦断的な本工労働市場が形成され、それから弾き出された臨時工、中小企業労働者は本工労働市場とは別の労働市場をつくることになった。修士論文では、こういう階層的市場構造が生み出されるプロセスを明らかにすることに主眼を置いた。第一次大戦後の不況期における市場のあり方との関連で労働市場の構造変化を解こうとしたわけです。そういう見方に立つことによって氏原理論から少し離れる形になりました。

野村：修士論文について大河内さんや氏原さん、隅谷さんからコメントがあったのですか。

いま名前が挙がった人はみんな審査委員でしょ。だから事前には見せてないんですよ。大河内さんには、こういうテーマで修論を書きたいとは言いました。相談に行ったとき大河内さんは、そういうことをやるならこんな資料があるよ、というようなことは言われたけど、途中で見てあげるというようなことは言わなかった。

野村：審査が終わった後でのコメントはあったのですか。

それもなかったと思いますね。修士論文は面接があるんですが、その時に大内さんから質問された記憶があります。大内さんは怖いんだよ。質問したのに対し気に食わない答えが返ってくると、ぷいっと横向いちゃうんだよ。そういう時に大河内さんが助け舟を出してくれた記憶があります。後で特別に呼ばれて、あの論文についてこうこうこう思うというようなことはなかった。

上井：先生は、そもそも事前に見せるべきではないと考えていたのですか。僕自身は論文執筆の途中では見せない。共同研究や調査の時にはボスに見せなきゃいけないのですが。野村はそういうことをしなかったが、院生のなかには事前に複数の教員に見てもらってコメントをもらい、それを全部取り入れて最終的に書きあげるという人もいました。後で誰からも批判を受けることがないようにと考えてのことなんでしょうが、オリジナリティが問われる論文でこういうことをやるのはフェアとは思えないですね。

いつごろからかは知らないけど、僕が助教授になってからそういうことがあると耳にしました。経済史の方ではそういうことがあったらしいね。

上井：そういう院生が多くて、あの先生と別の先生とはコメントの筋が違っているので、どう調整しようか困っている、というような相談を持ちかけられたことがあって、思わずバカたれーと言った覚えがあります。

2　明治期以降の労資関係の再検討へ

ノーマン賞をもらう

僕の修士論文に関しては、後に二村（一夫）君が『日本における労資関係の展開』に対する書評のなかで言及しているような問題が発生しました。

手短に言えば、一九五九年四月に発刊された『日本労働協会雑誌』の創刊号に大河内さんが「日本的労使関係の特質とその変遷」と題する論文を発表され、日本においても横断的労働市場から封鎖的な企業縦断的労働市場への歴史的変化があったことを認め、あたかも出稼型の論理が歴史貫通的に作動してきたという自説を撤回されるかのごとき発言をされたことです。なお、大河内さんは、その翌月に発刊された『労働運動史研究』（一五号）に「企業別組合の歴史的検討」と題した論文を発表され、明治期には横断的な労働市場の形成と結びついて横断的な職能別組合が生成したことを認められました。

これは僕の修士論文が未発表の段階での出来事ですから、僕としては自分のレゾンデートルをどこに見出していくかをあらためて問われることになりました。博士課程に進学した僕は、もう一回明治以降の歴史をフォローし直す仕事に着手し、博士課程の三年目に経済学部の助手募集に応じて執筆した論文「産業資本段階におけるわが国熟練労働力の再生産構造」（一九六一年一二月）を仕上げ、学部に提出しました。

この論文の要点は、明治期に現われた鉄工組合のごとき組合は横断的労働組合と言えるものではあるが、一九世紀イギリスに現われたクラフト・ユニオンとは著しい相違があることを主張することにありました。つまり、鉄工組合はひとまず職能別組合と言いうるにしても、徒弟制度による入職規制を欠いており、そこに熟練労働力の日本に特殊な再生産構造を認めなければならないのではないかということです。この論文は、改稿して一九六六年に「鉄工組合の成立とその崩壊」というタイトルで『経済学論集』（第三二巻第四号、第三三巻二、三号）に発表しました。

こういう作業をしていたころを振り返ってみると、大学院を終わって就職するためには四〇〇字の原稿用紙で二〇〇枚くらいの手書きの論文が一本あればよかった時代です。近経は違うでしょうけど、経済史やマル経の応用経済はそうだった。活字論文でなくてもよかった。しかも一本でよかった。これが当時の大学院生の勉強の仕方に大きな影響を与えたと思います。マスターからドクターまで一つのテーマを追いかけて一つの論文にまとめるというやり方で過ごして就職口を探し、応募することができる時代だった。何時頃からでしょうか、その後活字論文が五点くらいなければいけないという時代が来る。そういう時代になると、活字論文をつくるために書きやすいものを選ぶことになるから、テーマとしての一貫性が失われることがしばしば起こる。大学院生の勉強の仕方としてはうまくなくなってきたのではないでしょうか。

博士課程でこういう作業をしている途次にはからずもノーマン賞をもらうことになりました。日本生まれのカナダ人ハーバート・ノーマンは、『日本における近代国家の成立』をはじめとして岩波書店から四冊ほどの著書を出版した日本研究者として知られている人です。カナダの駐エジプト大使として在勤していた一九五〇年代半ば、アメリカで赤狩りが行われていた頃ソ連のスパイではないかという疑惑をかけられ、カイロで飛び降り自殺しました。ノーマンが亡くなった後、ノーマンの日本研究への志を生かしたいという奥さんの気持ちにこたえて、印税をもって若い研究者に対する奨励賞としてノーマン賞が設けられた。ノーマン賞は、ノーマン自身が研究のために出入りした東大法学部の明治新聞雑誌文庫の掛長であった西田長寿さん、この人は明治期の下層社会の研究者でもあったが、毎年文庫に出入りする助手や院生のなかから候補者を選んで岩波書店に設けられている選考委員会に推薦されていたようです。

僕は博士課程に進学してからかな、明治期の鉄工組合を追っかけている頃、新聞や雑誌を渉猟するために明治新聞雑誌文庫に半年かそこら通いました。一九六〇年だったかと思いますが、僕がノーマン賞の候補者に推薦された。何か書いたものを提出したわけではありませんで、西田さんのおメガネにかなっただけです。審査委員会のメンバーは、羽仁五郎、都留重人、丸山真男、史料編纂所の松島栄一、文学部の渡辺一夫、そういった人たちで、岩波書店の近くのレストランで御馳走になり、話をさせられた。中身は覚えておりませんが、羽仁五郎さんから痛くやっつけられました。

上井：その頃かと思いますが、先生は中小企業の調査をやっていますね。なぜこの調査に参加されたのですか。

マスター・コースの二年目は修士論文を書かなければいけないので、戦前の勉強に血道を上げていたわけです。それが終わったところで、氏原さんから「兵藤君、これを手伝ってくれないか」と中小企業の調査グループへの参加を誘われ、断りづらい（笑）。中小企業調査は、大河内さんがシャッポになって神奈川県からお金をもらって始められたものです。大河内さんは一九五〇年代からずっと神奈川県の調査委託の窓口になっていたので、その一環として行なわれたものです。大河内さんは調査グループの会合にはほとんど出てこられなかったけど、氏原さん、高梨さんと僕の三人で合宿をしたりして議論しました。それにちょうど社研に機械集計のソーターという新兵器が入ったばかりだったので、それを使って集計作業をしました。この調査には結構時間は食ってますが、氏原さんにはよく面倒見てもらってました。

上井：というと、自分がやっている研究とは完全に別のものとして調査をしたのですか。

ええ、まったく別のものですね。でも、あれをやったことによって調査というものについて修練になったでしょうね。それに、中村秀一郎さんとか、清成忠男さんなんかが中小企業論について新たな議論、例の「中堅企業論」を展開しはじめていて、そういうものが流行りはじめた頃でけっこう勉強になりました。

文献研究会のこと

もう一つ、この頃に始まった「労働問題文献研究会」のことについて付け加えておきたい。これは氏原さんを中心とした研究会で、僕がドクターコースに進学した一九五九年に始まった。これも相当勉強になりました。最初は東大の院生だけが参加しており、二村君などが参加するようになったのは少し後になってからではないかと思います。赤門から本郷三丁目に行く途中に「みやた」という花屋があります。その先の路地を入ると左側に飲み屋があった。六〇代か七〇代くらいの爺さんとかみさんの二人でやっている小さな店で、十人も入ればいっぱいになるような店だった。研究会のあと氏原さんと連れ立って三、四人でよく行き、テーブルを囲んで飲み食いしながら話をした。僕がどこで一番勉強したかというと、氏原さんとの関係では、あの酒場はけっこう勉強の場だった。大河内さんはもう雲の上の人だから、ざっくばらんにしゃべれないですよ。隅谷さんはにこにこしているけど怖い人でしょ、だいたいクリスチャンだから一緒に飲んだ記憶がない。そこへいくと、氏原さんは酒は好きだし、懐が深い。一番議論しやすいのは氏原さん。

藤田（若雄）さんは、僕はそんなに付き合いはないけど、あの人もクリスチャンだからまた怖いんです。文献研究会の初めのころ藤田さんが報告されたことがある。三〇分くらいしゃべって、二、三の質問に答えてから、これ以上俺は答えないと宣言するんだよ。お前らは俺の書いたものを読んで勉強せよ、というわけです。

氏原さんは戦争中特別研究生で兵役を免れていたから、二〇代の頃ものすごく広く勉強していて、オールラウンド・プレーヤーですよ。氏原さんは自分で本を作らない人で、誰かが氏原さんの論文を集めて編集するというやり方を取ってきた。『日本労働問題研究』（東京大学出版会、一九六六年）はご承知のように山本（潔）君が編集したけど、その内容は労働問題だけでなく社会保障も含めてオールラウンドにできている。酒を飲みながら、氏原さんはこういうことをおっしゃっているけど、これはおかしいじゃないですか、と言うと、君は僕がこういう文章を書いているのを知らないね、と別の論文を引き合いに出してくるんですよ。

上井：経済学部の図書室で本を探していると、氏原さんのあの独特の字で書き込みのある本にぶつかります。こんなものまで読んでいたのか、と思いました。

野村：文献研究会はどういう形で開かれていたのですか。

月一回くらい、誰かが報告するんです。大体は、読書会というよりも、自分のやっている仕事の経過報告がメインだった。特定の本を取り上げてそれを紹介することもあったんでしょうけど。

野村：労働問題文献研究会の名前で『文献研究　日本の労働問題』（総合労働研究所、一九六六年）が出ています。労働時間なら労働時間についてこういう研究があります、というような内容です。文献研究会では、そういう報告がなされていたのではないのですか。

研究会でそういう報告があり、それを収録したというのではなく、研究会の副産物として、たとえば労働時間ならばお前が一番労働時間問題にくわしいんじゃないの、という形で割り振られて原稿を書いたんです。

上井：文献研究会が労働問題研究会になったあと、一九八〇年代に入ってからのことですが、文献研究会の本をモデルにして新しく文献紹介をする企画をやれと、戸塚さんだったか山本さんだったかから言われました。たしか、文献研究会の本が出版されて二〇年後の、一九八六年の出版を考えていたと思います。そこで研究会活動とは別にそういう企画を立て、執筆分担の大枠も決めました。でも、途中段階で文献研究会の本ほど面白くなりそうにないと思い、山本さんに相談して本にすることはやめることにしました。執筆予定者のなかには不満な人もいたと思いますが…。文献研究会の本がモデルというのは、少しきつかったですね。

僕はたまたま助手終了論文を書く時期にあたっていたので、文献研究会での本の取りまとめには動員されませんでした。

本業への復帰

上井：そうすると先生は論文の作成プロセスでは文献研究会で報告されていたのですか。

そういうこともあったでしょうね。こういうテーマで報告した、というような定かな記憶はよみがえってこないんだけど。

中小企業調査のような寄り道もありましたが、助手に採用されて二年のうちに助手終了論文をまとめなければならないことになっていたので、本業に戻り大正期から昭和初期にかけての重工業労資関係の様相について「第一次大戦後の労資関係とその基礎構造」（一九六三年一一月）を取りまとめ、学部に提出しました。この論文は、改稿して一年後に「第一次大戦後の労資関係―重工業大経営を中心として―」というタイトルで、『経済学論集』（第三〇巻第四号、第三一巻第一号）に発表しました。

この論文は、大づかみに言えば、第一次大戦末から戦後にかけて戦争中に拡大した重工業大経営で争議が多発し、友愛会とその周辺に結成された労働組合が協調的な職能別組合主義から戦闘的な産業別組合主義へと転換し団体交渉権獲得運動を展開したのに対し、重工業大経営は一九二一年の三菱・川崎争議に際し労働組合を排除した工場委員会制度の導入で対応し、僕流の言葉で言うと工場委員会体制を構築することによって乗り切った。こういう体制の下で、重工業大経営では企業内昇進による封鎖的な労働市場の形成を通じて寡占体制を利し従業員の相対的高賃金を実現し、下層社会からの離脱を可能ならしめた。こうした基礎構造のありようが逆に団体交渉を排除した工場委員会体制の維持を可能ならしめた、そういう特異な労資関係の様相を明らかにすることに主眼を置いたものです。

このような形で「第一次大戦後の労資関係と基礎構造」を取りまとめ、助手終了論文として学部に提出し、幸いにして僕は六四年四月から助教授に任用されることになりました。、この年の暮れ東京大学の総長選挙があり大河内さんが総長に選出され、明くる六五年一月には還暦を迎えられることになりましたので、大河内演習同窓会のメンバー、そのほか先生にご指導をいただいた人びとが集い還暦記念論文集を刊行することとなり、六六年一月から八月にかけて三冊の論文集（有斐閣）が刊行されました。僕は、この頃、大河内還暦記念論文集第一集に収録された「労働問題研究と主体性論」を書いたほか、翌年に日本評論社から刊行された『講座労働経済』の第四巻に「日本資本主義と労使関係」を書きました。

上井：大河内還暦で「労働問題研究と主体性論」を書かれる際、記念論文集で方法論をやろうという申し合わせがあったのですか。

大河内還暦記念なので、誰しも大河内さんについて何か書くということは考えていたでしょうね。しかし何を書くかを決められていたということではありません。また、第一巻に書くか、第三巻に書くかということについても、取り決めがされたわけではない。僕は大河内還暦記念論文集の作成プロセスで雑用はさせられたけど、巻別編成についてはタッチしていない。どういう編成にするかは氏原さんとか年配の人でやっていた。なんで僕の論文が『社会政策学の基本問題』というタイトルの付いた第一集に入っているのか、僕自身も「へー」と思ったくらいです。僕は社会政策論の問題を書こうとしたのではないから。

野村：兵藤さんの主体性論と具体的な労資関係の分析は…

結びついてないよね。僕がこの時期に考えていた問題は、出口がどういう風に見つけられるかということだった。労働問題研究をやる以上は、研究者のやるべき仕事として、資本主義のなかでの運動としての労働運動からの出口はどういう風にして準備されるのか、資本の運動とのかかわりのなかである程度めどをつけておかなければいけないのではないか、そういう思いがあった。

野村：出口というのは革命ですか。

究極的には、そういってもいいね。そんなことはこの論稿のなかで論ずべき問題でもないのですが。氏原さんの「大工場労働者の性格」と題する論稿も、第一次大戦に至る産業発展にともなう技術の変化によって古い職人的組織が弛緩し、伝統的労使関係が解体の危機に瀕したことを論じながらも、結局は第一次大戦後の合理化、さらには戦時の生産力増強の時代にかけて労使関係は「再編成」されたのだ、と記述しています。つまり、現実には「出口」にはならなかったということです。

いくらか楽屋をさらすような話になりますが、こういう仕事をする過程で読んだ本を二、三挙げておきます。平井俊彦訳のG・ルカーチ『歴史と階級意識』（未来社、一九六二年）、この元になった本は一九二三年三〇代後半のルカーチが著した書物で、後に城塚登・古田光によって全訳され『ルカーチ著作集』第九巻（白水社、一九六八年）として刊行されました。平井訳の本は「物象化とプロレタリアートの意識」、「階級意識」という二つの論文で構成されていた。これを一生懸命読んだ記憶があります。これとの関連でマルクス『経済学・哲学草稿』（岩波書店）を読み直しました。また、「労働問題研究と主体性論」を書くときに梅本克己『マルクス主義における思想と科学』（三一書房、一九六四年）を読んだ。梅本克己はこの本を出した後、雑誌『思想』誌上で「社会科学と弁証法」（『思想』一九六六年二月号）など、数回にわたって宇野（弘蔵）さんと対談をやっています。

ルカーチは、後年自分のこの著作を振り返って「極左的主観主義的行動主義」と混じり合っていたと述懐しています。それにしても難解な書物で、どこまでルカーチが格闘していた問題を正しく把握しえたかどうか自信はありません。ルカーチのこの著作は、歴史過程は模写説に陥ることなく主体と客体の相互作用として把握しなければならないことを教えてくれたと思っています。

梅本さんはいつのころから宇野理論に関心を持つようになり、自分の哲学のなかに生かそうとしたかは知りませんが、それでもなお宇野さんについていけないなと思う部分が残っていて、それがどういう問題かをめぐって宇野さんとの対談を行なっています。梅本さんの本を読んで感じた僕の関心事は、梅本さんの言葉を借りて言うと、宇野さんは『資本論と社会主義』（岩波書店、一九五八年）という書物のなかで、労働力は資本の生産物ではない唯一の商品だ、労働力の商品化は純粋の資本主義社会を確立するものであると同時にそれを否定するものに転化しうるものといってよい、と書いています。そこまでおっしゃるなら、資本主義の自己運動の原動力としての矛盾と資本主義の没落を根拠づける矛盾というものに内的関連があるのではないか、宇野さんはあえてそこを避けて書いているのではないか、ということです。つまり、経済学体系の内と外との関係というもののつかみ方に問題が残されているのではないか、ということだと思うんです。

さらに梅本さんは、労働力の商品化に含まれている問題は何かという場合、宇野さんは、資本によってはつくりえない、生産されえない唯一の商品という点に軸心を置いて考えているけど、そのこと自体に誤りがあるというわけではないが、梅本さんとしては、人間主体と切り離せない商品であることを重視したいというわけです。僕は梅本さんのそういう考えに共感を覚えた。ルカーチの議論もそういう問題と関係があったと思うんです。

マルクスが『経済学・哲学草稿』で書いていることはちょっと性質の違う問題を主題にしているかもしれないけど、しかし、労働というものはどういうものであるのかということに関して、対象的世界の実践的産出は本来人間が類的存在であることを確認する行為であるが、資本の下における疎外された労働は、人間から人間の生産の対象を奪い取ることによって人間的本質が疎外されるという問題が発生してくるのだ、と言っていると思います。マルクスはまた、ヘーゲルの『現象学』の偉大なところは、そこでは人間はただ精神という姿で現われているにすぎないとはいえ、人間の自己産出を一つの過程として、意識された生成行為たる外化のプロセスとしてとらえながら、しかも、それはさしあたり、疎外の形態においてのみ可能であると考えていたことにあると述べています。

こういう労働の本性は、労働が資本の生産過程に包摂されたからといって、まったくなくなってしまうわけではない。現に、『資本論』第一篇の資本の生産過程を見てみると、第五章が労働過程と価値増殖過程となっていて、マルクスは、第一節の労働過程で、すべての社会形態に共通したものとして現われてくる労働というものについて書いた後、第二節の価値増殖過程で、それが資本の下に包摂されることによってどういう姿をとるかということについて論じています。こういう論述の構成からすれば、マルクスは、労働過程が資本に包摂されるからといって、そこで人間の本来的な活動としての側面がゼロになってしまうというわけではないということを説いているのだと思います。

僕が隅谷さんの議論についていけないのも、こういう問題とかかわりがあります。資本と労働の問題はこういう風に入り組んでいるのであって、それを切り離してはまずいんではないか。「資本の理論」と切り離して「賃労働の理論」を提起したところに問題があるのではないかと思ったわけです。

大河内さんの場合はどこに問題があると思ったかと言うと、『資本論』では、資本の生産過程における労働者は機械体系の「自己意識ある付属物」だと書かれていますが、大河内さんは機械体系の「生ける付属物」と書いています。労働者の自己意識はどこかにふっとんじゃった。その辺に大河内さんのとらえ方の問題があったのではないでしょうか。それは明治期から大正期、昭和期にかけての歴史の理解に直結するわけではないけれど、こういう問題を労働問題研究のベースに置きながら、労働者がどのようにして変わってゆくか、労働者が変革主体として生成する契機はどこにあるかということについて、具体的な歴史の問題としてというよりも哲学的問題として詰めて考える必要がある、というのがこの時期の僕の問題意識であった。しかし結果としてみると、大学院での研究プロセスがジグザグしていて、どうも問題がうまく整理できていなかったと言わざるを得ないと思っています。

ついでに申し上げておくと、この頃比較的よく仕事にかかわる話をした友人は社会科学研究所の助手をしていた馬場（宏二）です。馬場は同学年だけど、専門が違うということもあって話しやすいので、時おり意見を交換する仲でした。労働力の商品化と資本主義の危機をめぐる問題も話題の一つでした。馬場は一九六七年に「資本と国家」（『商経論叢』第三巻第一号）という論稿を書いていますが、これはそういう話題に対する馬場の応対でもあったと思います。

そこで馬場は、原理論のなかで積極的に論証しうるのは資本主義体制の永続性にかかわる側面であって、資本主義の歴史的限界性は直接的積極的に論証すべくもないといかにも宇野派らしい言い方をしています。だが、歴史上資本主義がもっとも純化して現われた一九世紀中葉のイギリスにおいてですら、安上がりの「夜警国家」としてであるにせよ、国家なしにはすまなかったという事実は、資本主義の歴史的限界性にかかわって生じるものではないだろうかと言っています。そして、端的に、資本主義の唯一の内的制限をなす恐慌により発生する失業者はどう生存するのかと自問し、資本がせいぜいなしうることは景気の一循環を通じて労働者階級全員が辛うじて生存しうる賃金を支払うというところまでで、労働力を直ちに売りうる状態に失業者が絶えず維持されうるかどうかは資本の決定力が直接に及ぶところではない。それは、労働者階級の連帯感にでも期待しておくくらいしかないと述べています。資本主義は、外囲を間接的に維持しつつ、そこへ自らの矛盾をおしつけえてはじめて成立しえたものというのが馬場の精一杯の応えだったように思います。

野村：その頃、岩田弘『世界資本主義』（未來社、一九六四年）が出て、内面的模写説を説く人が増えてきましたね。あれは理解できますか。私は読んだ時、これは何なんだろうと思いました。観念論ですよ。

上井：いや、あれは好きな人にとっては、ああいうふうに言われるとわかる、ということだ。

氏原「社会政策から労働問題へ」の含意

前にお話ししたように、僕らが大学院に入ったころ、宇野系のゼミでは金融資本論がはやりだった。宇野さんが『経済政策論』でドイツ・アメリカ・イギリスという三つのタイプ論を説いたこともあって、国別タイプをどう説くかということが論点の一つになっていた。資本主義の発展はどの国も似たようなプロセスをたどるのじゃないかという伝統的な一国資本主義的考え方がまだ強かったころだったものだから、岩田さんの本が出たとき、こういう見方がありうるのだと蒙をひらかれ、皆そうとう影響を受けた。宇野系のゼミでは岩田＝マルクス、降旗（節雄）＝エンゲルス、などと言われたりしてね。

あのころ、一国資本主義的な扱いからもうちょっと変わった扱いに行かなくちゃいかんじゃないかという意識が出はじめたんです。資本の運動そのものを対象にしていているんであればそういう扱いがすぐ表に出たかもしれないけど、労働の問題はいわば裏側ですから、まわり道があって気づきにくいわけですよ。第一次大戦後の団体交渉権要求が工場委員会制度の導入に入れ替わっていくプロセスの意味もすとんとは理解しにくいわけですね。

野村：氏原さんは「社会政策から労働問題へ」と言いました。しかし研究対象を何とか問題というように問題と呼ぶのは、労働問題と農業問題くらいではないでしょうか。「労働問題研究」という時に兵藤さんはどうお考えでしたか。

九〇年代になってからでしょうか、野村君たちが労働にかかわる研究は「労働研究」という用語で呼ぼうと言い出したとき、それはどうかと僕は文句をつけた。大内力さんは東大出版会から『日本資本主義の農業問題』（一九四八年）を出したのに続いて、岩波全書で『農業問題』（一九五一年）を出しておられ、両方とも「農業問題」という用語を使っておられます。岩波全書版のはしがきで、その所以について次のように書いています。本書は「日本資本主義がいかなる農業問題をもっているか」ということに答えることを直接の課題としているが、「農業問題」は「資本主義の種々な発展段階におうじて、また各国の資本主義の異った構造的特質におうじて、それぞれ異った形態をとりつつ発生してくるからである。なかんずくここでは、多くの国において農業が完全に資本家的生産によって支配されるようにはならないで、むしろ中間段階たる小農民が数多く残存していることが注目されなければならないのである。そしてこのような小農民が資本主義の発達につれていかに変質してゆくかを明かにすることにこそ農業問題研究のキイポイントがあるわけである」と。農業は資本家的生産の普通の形では包摂しがたいところに、問題たる所以があると説いたのです。これには、僕はなるほどと思いました。

野村：氏原さんが書いた「社会政策から労働問題へ」という有名な短文、あれは弘文堂から出た大河内先生の『労働問題』という本に挟まれた栞だった。氏原さんは、本のタイトルが『労働問題』だったので、本が売れるようにと思って「社会政策から労働問題へ」を書いたんだが、それがすごく大きな反響を呼んでね、と言っていました。

それは半分は本音かも知れないけど、半分は社会政策ではもうだめだと思っていたのでしょう。自分のやりたいと思っていたことは労働問題研究なのだ、労働時間や賃金はどういう風にして決まるかということで、社会政策学の教科書からはほとんど学ぶところがなかった、と氏原さんは書いていましたね。氏原さんは大河内さんの社会政策論についてまともに批評を書いたことはほとんどない。だけど、社会政策を労働力の再生産にかかわるものととらえるのでは狭いのではないか。現にドイツの社会政策には農業問題も入れれば中小企業問題も入っている。そういう広い社会問題をいかにして解決していくかということに社会政策の課題があったのではないかと書いているよね。大河内さんの限定の仕方にはそうとう不満を持っていたのではないか。それで「社会政策の社会理論のために」というような論稿を書いたのではないでしょうか。そういうアプローチで行くと社会政策論というものは大河内さんとはそうとう違ったものになるかもしれないと僕は思いました。だけど、前にお話したように、いまや社会政策ではだめだ、労働問題研究だと脅かされてしまったので、フォローはしないままになりました。

それはそうと、日本評論社から出た『講座　労働経済』第四巻（一九六七年）に書いた「日本資本主義と労使関係」という論稿は、明治期から昭和初期にいたる労使関係の歴史的な展開に関して代表的な先行研究の批判的検討をめざしたもので、山田盛太郎、大河内一男、隅谷三喜男という三人の議論をレビューしました。大河内さん、隅谷さんについては、「鉄工組合の成立と崩壊」、「第一次大戦後の労資関係」という論稿で部分的に論じたことはあるんですが、ここでは戦前に関する自分の研究を一本に取りまとめるときの序論になりうるようなものを書こうという気持ちでご三方を取り上げたわけです。一九七一年に『日本における労資関係の展開』を公にしたとき、「序章　主題と方法」の第三節にこれを横滑りさせましたので、論述の内容についてはそれを参照してください。

3 『日本における労資関係の展開』の刊行

刊行をめぐる思い

野村：それでは兵藤さんのメインワークである『日本における労資関係の展開』（東京大学出版会、一九七一年）の刊行にかかわる件について伺います。

日本評論社から出た『講座　労働経済』の第四巻に「日本資本主義と労使関係」という論稿を公にしてから半年ほど経ったところで、東大紛争が勃発しました。この紛争に僕がどういう形でかかわったかは後でお話しするとして、紛争の進展につれ研究生活など二の次、三の次になるに及んで、大学院進学以来追い続けてきた戦前に関する研究をどういう形で締めくくりをつけるか思い悩みました。『展開』のはしがきにも記したように、戦前の研究に手を染めてからもう一〇年も経っており、歳も三〇代後半に差しかかっているからには、自分が生きている時代に対して発言していくことが問われているのではないか。これまでは労働組合からこれこういう話をしてほしいと依頼が来ても、戦前の勉強をしているのでそういう話はできませんと断ってきたが、俺も今の日本を生きているのだから、何か自分なりに責任を果たすべきではないか。これを機に戦前の勉強からは足を洗おう、と思った。

だが、自分の仕事を振り返ってみると、労資関係の話をしようとしているのか、労働組合・労働運動の話をしようとしているのか、行きつ戻りつしていて腰が据わっていない。日清戦争後については、当初「産業資本段階におけるわが国熟練労働力の再生産構造」というタイトルで書いたものを活字にする段階で「鉄工組合の成立とその崩壊」というタイトルに変え、第一次大戦後について書いたときにも「第一次大戦後の労資関係とその基礎構造」というタイトルで書いたものを活字にする段階で「第一次大戦後の労資関係」と変えて発表している。両方とも活字にする段階でタイトルのつけ方にベクトルの変化が生じている。もちろん、労使関係と労働組合、労働運動は表と裏の関係にあるわけだから、まったく平仄《つじつま》が合ってないというわけではないが、このベクトルの変化には詰め切れていない問題が残されているなという思いがしていました。

それに近年は、日本にクラフト・ユニオンが根づかなかったのはもともとイギリスのようなクラフト・ギルドの伝統が欠如していたからではないかという声も聞かれ始めた。そのあたりのことを確かめた上で本をまとめようとなると、また一〇年そこいらかかるのではないか。いっそ思い切って取りまとめることをやめにしようかという誘惑にとりつかれもしたが、反面、自分の仕事を客観化しておかねば自分自身の前進もありえないのではないかという思いも断ち切れず、東京大学出版会から刊行してもらうこととしました。

出版するにあたっては、第一章「間接的管理体制の成立とその変容」、第三章「直接的管理体制の強化と工場委員会制度の成立」は既発表の論稿に構成上の変更を加え、新たに未発表原稿をもとに第二章「直接的管理体制への転換と企業内福利施設の展開」を取りまとめ、ほぼ一八九〇年から一九三〇年にいたる重工業大経営の労資関係の展開をフォローしうるものとしました。

野村：兵藤さんは『日本における労資関係の展開』の「はしがき」で、「大学院博士課程に進み、修士論文を再吟味する過程で、その余りにもシェマティッシュな把握と、さらには歴史過程に登場する主体、とりわけ先の論文に即していえば、労務政策の対極をなすはずの労働者を運動の分析を欠いた歴史へのアプローチの視角の限界性を自覚するようになった」と書いています。つまり『展開』をまとめるプロセスで、修士論文の「余りにもシェマティッシュな把握」を反省していました。しかし、二〇〇三年に弘文堂から発行された『日本史文献事典』で、『展開』について自ら解説の筆をとり、『展開』は「歴史の主体に対して伝統が及ぼす制約の追求に執拗さを欠き、あるいは段階論的歴史理解に惹かれシェマティッシュな把握に陥っている」と書いています。「余りにもシェマティッシュな把握」の反省の上に書かれたはずの『展開』もまた「シェマティッシュな把握に陥っている」ということは、兵藤さんは本当は「シェマティッシュな把握」が好きなのではありませんか。

『日本史文献事典』は、著作の重要度に応じてA・B・Cの三段階に分け、A・Bは著者が自分の本の紹介を書くという方式を取っていて、Aは四千字、Bは二千字以内ということになっていたと思います。自分の本について評価も含めて書くというのは、やりにくいもんですよ。とにかくやりにくい。

でもまあ、『展開』もシェマティッシュだったという反省を書いたんですね。大河内さんも隅谷さんも、一九五〇年代の末頃から、明治期には日本にもクラフト・ユニオン的なものがあった、と言うようになった。鉄工組合はクラフト・ユニオンだ、という考えを表明したわけです。僕は、『展開』の元稿となった「鉄工組合の成立とその崩壊」で、鉄工組合はひとまず職業別組合と言いうるにしても、イギリスのクラフト・ユニオンと比べると、徒弟制度による入職規制を欠いていることなど同列に扱うのはいかがなものかということを書いた。だが、封建社会の職人組織は徒弟制度を備えていたということを暗黙の前提にしているところがあった。また、第一次大戦以後の労働運動の把握にも、職業別組合主義から産業別組合主義への転換、それに次ぐ団体交渉権をめぐる攻防に焦点を絞り込んだ記述など、一国的に見れば労働者の組織は職業別の組織から産業別の組織へ推転していくものという発展シェーマに引きずられていたと思いますね。

野村：『日本史文献事典』で兵藤さんは「〈出稼型論〉を超えうる変化の契機を見出そうとするあまりに歴史の主体に対して伝統が及ぼす制約の追求に執拗さを欠き、あるいは段階論的歴史理解に惹かれシェマティッシュな把握に陥っていることなど、憾みがなかったわけではない」と書いています。この文章の中の「歴史の主体に対して伝統が及ぼす制約」というのは、どういうことを指しているのでしょうか。

二村（一夫）君がその後「日本における同職集団の比較史的特質」（『経済学雑誌』二〇〇一年九月号）などを通じて強調したことですが、イギリスの中世のクラフト・ギルドは自由都市における自治の担い手の一員だったので同職集団の利害を守る自律的規制として徒弟規制が社会的に容認されていたのに対して、日本近世の同職集団たる仲間は技能伝習の制度として徒弟制度が容認されていたとはいえ、それをもって入職規制を行なうなどということは幕藩権力から認められてはいなかった。僕の場合には資本主義の下で労働者の自主的組織が生成する契機がどのようにして準備されるかということに関心が向いていたので、伝統的社会における同職集団の性格の違いがその後の展開に対してどういう相違を生み出すかという問題の追及がおろそかになったということです。二村君はそういう問題を自分の研究を通じて実証分析の課題としたわけではないけど、さすがに歴史家だけあってそういう問題があることを強調した。

上井：二村さんはそこまで遡って研究したわけではない。兵藤先生はそこには触れないで、入職規制を行なういうる条件がすでになかった、という言い方をしていますね。

そう。遅く出発した資本主義の条件ということでそう書いた。僕は明治期の日本の同職集団にもある種違ったものが存在していることを意識していなかったわけではない。『展開』のなかでも、鉄工組合の成立について記述した際、横浜や東京にあった船大工組合の結成、つまり木造船をつくっていた伝来の職人の組合が明治二〇年代に生まれ、鉄工組合とはちょっと違った組織体制を持っていたことに触れたが、この組合でも徒弟規制などがはっきりしていたわけではない。何か史料がないかと思って探したんですけど、ないんですよ。あればもうちょっと追求して書けたかも知れませんが。でも僕の問題としては労働運動にとっての出口をどういうふうにして見つけていくかということに気持ちが向いていた。そういうことからすると、出稼型から脱却する契機がどのような形で与えられるかという氏原さん的な問題をもう少し詰めてみたいという気持ちが強かった。だからなぜ日本の同職組織がクラフト・ギルドとはちがうものになったのかという問題の追求に執拗さを欠いた。それをやろうということになると、仕事としてはどんどん時代を遡らなければならなくなる。

上井：先生は出口問題をやりたかったといわれるけれど、『展開』の章立てを見ると、出口を問題とするようにはなっていません。先生の仕事はこの本に限らず、出口で終わるのではなく、問題が収まったところで終わるようになっています。先生の問題意識と本の構成とのあいだにずれがあるように思うのですが。

それはそうなんです。出口はもっと先の話です。来ないかもしれない。本としての一貫性をもたせようとすると、労資関係がどう変わってきたかという話の方が筋が通るかなと思っていた。本のタイトルをつける段階で悩んだことの一つは、担当編集者が『日本における労資関係の発展』というのはどうですかと提案してきた。『発展』ねえ、『発展』は困る（笑）。それで『展開』というタイトルにしたわけです。出口の話はいわば哲学論みたいな話で、この本の章立てのなかに具体的に生きているとは言いがたい部分があると思っていた。

二村君などの評価

野村：兵藤さんの仕事の出発点は大河内さんの出稼型論への批判ですよね。

そう。それは間違いない。

野村：出稼型論への批判ということですと、一九五〇年代にすでに並木正吉さんの出稼型論批判が出ています。大河内さんは不況期には労働者が都市から農村に還流すると主張するけれども、統計を見れば農村に還流していない。農村は余剰人口を一方的に都市に送り出しているだけである、という批判です。兵藤さんは『展開』のなかで並木さんに言及していません。それはどうしてですか。

並木さんの論文は読みました。もっともだと思いました。だけど並木さんは出稼型がどうなるか、どういう性質を持っているかということについて追求しようとしているわけではないから、並木さんが提起した問題の詮索はパスした。

野村：並木さんの批判に対して大河内さんは何も書いていませんが、個人的には何か言っていたのですか。

いやー、記憶ないな。

野村：『展開』に対してはいくつかの書評が出ています。津田（眞澂）さんは「本書の史料の中には、私が武蔵大学に在職していたころ、何回も足を運んでは手きびしく閲覧を拒絶された思い出のある八幡製鉄の原資料も入っており、まことに感慨を禁じえないものがある」と書いています（『社会経済史学』第三七巻第二号）。『展開』が高く評価された一つの大きな理由は実証密度にあります。あれだけの資料をどうやって閲覧したり集めたりすることができたのですか。

古いことを調べようというんだから大変なことは分かっていました。東京大学の図書館、経済学部はもとより大図書館、法学部の明治新聞雑誌文庫など、古い歴史を有する大学、三田の慶応大学、一橋大学などの図書館、上野公園の中にあった国立上野図書館、協調会の資料を引き継いだ法政大学社会学部・大原社会問題研究所、三菱経済研究所などを調べ回った。東京の石川島造船所、神戸の川崎造船所・三菱神戸造船所などの会社資料の探索にも手を伸ばしましたが、戦災にあったせいか目ぼしい収穫はなかった。八幡製鉄所については、在職していた大河内ゼミの先輩の伝手を頼りに閲覧ができましたが、聞くところによれば製鉄所はその後も一貫して外部に門戸を開いていたわけではないということです。

海軍工廠や東京・大阪にあった陸軍の砲兵工廠はなかには跡を引き受けた会社はあっても組織はなくなってしまっているわけですから図書館などに残っている史料を探るしか手がありません。一九六〇年代半ばごろまで僕は神田の古本屋街によく出かけました。いまはもうなくなってしまった篠村書店のおやじさんと顔見知りになり、海軍の戦史マニアのコレクターを紹介され、『横須賀海軍船廠史』（全三巻）の後を引き継いだ『横須賀海軍工廠史』四〜七巻のうち三冊を借用できるという僥倖に恵まれました。これにはおまけがついていて、『展開』が出てからだったでしょうか、欠けていた一冊がアメリカで見つかったということで、ＮＨＫから声がかかり夜九時台のニュース番組で一、二分中身の紹介をさせられました。

野村：上井も私も、二村さんと中西さんが書いた『展開』に対する書評を兵藤さんがどう考えているのか知りたいと思っています。

まずは、二村一夫「一九六〇年代における日本労働問題研究の到達点――兵藤釗『日本における労資関係の展開』に寄せて」（『季刊労働法』第八〇号）から行きましょう。二村君は、この書評のなかで、久しぶりに「ずっしりとした手ごたえ」を感じさせてくれた実証的研究だ、と褒めてくれています。

二村君は、まず、一九五九年に見せた大河内理論の新展開と僕の仕事との関連について述べています。大河内さんは一九五九年に「企業別組合の歴史的検討」（『労働運動史研究』一五号）と「日本的労使関係の特質とその変遷」（『日本労働協会雑誌』創刊号）という二つの論文を発表しています。『労働運動史研究』に掲載された論文は、活字になったのは『日本労働協会雑誌』の創刊号より一カ月遅いけれども、二村君によると、一九五九年三月の労働運動史研究会の例会における話を文章化したものだそうだ。二つの論文で大河内さんは、大企業の労働市場は大正末期から昭和初期を画期として横断的な労働市場から企業別に封鎖された縦断的な市場へと展開したと述べ、労働組合も明治期から大正初期にかけては横断的な労働市場と結びついて企業別組合ではなく横断的な組合が存在したと書いています。労働運動史研究会の例会では、これは「思いつき」であるがということで話されたそうですが、僕が修士論文を提出したのは一九五八年一二月で、当然に大河内さんは僕の修士論文を読んでいるわけです。二村君もこういう事実を知っていて、「大河内氏が兵藤論文を剽窃したなどと誣《し》いるつもりはない」が、大河内さんは労働市場の歴史的変化についての事実認識を兵藤の修士論文に負っているのではないかという「思いつき」を記しています。未発表論文のことでもあり、それ以上どう思ってもしょうがないことだと僕は思いました。二村君も書いていることですが、こういう経緯が僕の仕事の前進の糧にもなったわけです。

　この書評のなかで二村君は二、三の問題点を提起しています。その一つは明治末期を画期とする重工業大経営の管理体制の転換を「間接的管理体制」から「直接的管理体制」への転化というネーミングでくくっているが、これは適切とは言えないのではないかと言っています。それから、先ほども問題になったように、序章で述べている「主題と方法」と実証的歴史分析との間に落差があるというか、一致していないのではないかと言っています。この点は、中西君も書いていることだけど、運動の追究が不十分である。とりわけ第一次大戦直後、重工業大経営で組合結成と密接に結びついて争議が勃発しているが、こういう争議の分析をしなければ労資関係の実相あるいは労働運動のありようを究めることはむずかしいのではないか、というようなことを書いています。先ほども言ったことだけど、争議の問題についてはもっともだと思うんですよ。ただ、何でそういうふうになったかと考えてみると、出口をどういうふうに探すかということが頭にあったということと関係がある。争議であるとか、暴動であるとか、そういうものの分析を通じて出口の問題に近づくのはなかなかむずかしいのではないか。どういう組織的運動があり、何を目的として動いていたか、というようなことが重要なのではないかという問題意識があった。そういう意識があって、組織、たとえば友愛会がどういうふうに変わっていったのか、そういう話を書く必要がある、と思った。二村君は、「労働争議は、日本労働運動史の特質を解明するための最も豊かな鉱脈として我々の前に残されている」とか、「研究を前進させるためには、各時期における代表的な争議についての徹底した事例研究による他はない」と書いています。それはそうでしょう、僕もそれは認めますが、その先に何が起こりうるかということが気になっていたわけです

野村：間接的管理体制から直接的管理体制へ、というとらえ方に関わる問題についてはどうですか。二村さんは、「兵藤氏は間接的管理体制と直接的管理体制という規定によって各段階を特徴づけておられる。……私には、この規定は適切とは思えない」と書いて、こういう段階規定は問題だとしています。

それは問題だと言うのは分かりますよ。それは意識に上ってはいたんだけど、いいネーミングがあるかということですよ。「直接的管理体制」という言葉では限定された特定の歴史的時期を表しにくい、だからこういう用語はよろしくない。それはその時もそうは思ったんだけど、うまいネーミングが見つからなかったもんだから、やむを得ないかなと思った。

野村：ネーミングについてほかに案はあったのですか。

親方請負制度という用語に対比しうる、親方請負制度の廃止後に登場してきた技術者による管理の仕組みを表示する適切な用語を発見できればよかったんですが、うまいネーミングが出てこなかった。何かいい案がありますかね。

野村：二村さんもネーミングの代案を出しているわけではない。むずかしいでしょうね。

中西君の書評をめぐって

それでは、中西君が『経済学論集』（第三七巻第四号）の「論壇」を借りて書いた「日本における労資関係発達史の研究状況―兵藤釗『日本における労資関係の展開』を素材として―」という長い書評に移りましょうか。

この書評は、さしあたり、大理論の明確化という原点から労資関係の日本的特質の解明という終点までを自己の研究対象とするほかはないという「日本の労資関係」研究が置かれている状況のなかで、この課題に挑戦する「無謀に近い試み」が「確かな手ごたえをもつ実体に結実」しえた最初の記念すべき労作と褒められているんだけど、中身はいろいろ厳しい批判が書かれています。実証部分にもコメントのついているところがありますが、細部にわたるのでそれについてはパスすることとします。

そこで方法的問題にかかわるコメントですが、資本分析が極めて希薄なものに止まっているとし、その証左として、官営企業と民間企業とが質的に区別を要するものであることが「ほとんど自覚されていない」と書かれています。結果的に区別が明確化されているかというと問題はあるけど、区別の必要が自覚化されていないというのは事実に反する立言だと言わざるを得ない。この点は、『展開』の序章「主題と方法（1）」で、「労資関係」という用語は当該の資本主義総体にかかわる労資関係を扱う際に用いることとし、経営主体が直接には利潤動機によって拘束されるものではない国家企業、公共企業体などにおける雇主と労働者の特殊な局面を問題とする場合は、「労資関係」の下位概念として「労使関係」という用語を用いると断ったところです。

だが、これは言うは易く行なうはむずかしい問題です。僕が『展開』のなかで扱った官営企業には、八幡製鉄のような鉄鋼経営、海軍工廠のような軍艦の建造にあたる経営、それから陸軍砲兵工廠のような銃砲の製造を主とする経営などがある。海軍工廠については『横須賀海軍船廠史』が三冊あって、幕末から明治三〇年までかなり詳細な記載があります。明治三〇年以降については船廠史の続きという形で、『横須賀海軍工廠史』の第四巻以降が昭和に至るまで残っていますが、記載内容はかなり簡略化されています。だが、砲兵工廠については、東京も大阪も、空襲があったせいだと思うけど、ほとんど史料が残ってないんですよ。国会図書館に陸軍省、海軍省の規定類に関する史料が残されていたんですが、海軍と陸軍とでは記載のレベルがかなり違う。海軍工廠に関してはかなり細部にわたる規定が海軍省の出している文書に記載されているんですが、陸軍砲兵工廠については同じレベルの規定が陸軍省の出している文書に記載されていない。同じく工廠といっても造っている物が違うということもあるでしょうが、海軍と陸軍とでは、体質が違うと思わせられるような記載の違いがある。そんなわけで詰めきれてないものだから、こういうことはどこどこで最初に現れたというように拾いえた事実を書く以外になかったというのが実情です。民営企業でも親方請負制度が廃止される時期に企業によって随分違いがある。それこそ中西君のいう経営史的方法によってフォローできれば面白い発見もあるでしょうけど、その違いの由って来る所以を言い切るには史料的な制約があって、出来なかったということです。

方法的な問題として二番目に挙げられているのは、労働運動の分析が労働組合運動の分析になってしまっていることが問題とされ、もっと労働争議に注目する必要があると言われていることです。この点については、二村君の書評にかかわってお話した通りです。

方法的な問題にかかわってもう一つむずかしいのは、歴史過程のうちに展開する労資関係の分析にどういう方法を以て臨むかということです。僕は、『展開』の「主題と方法（1）」に、労資の対抗過程を洗うためには資本なり労働なりの「行動」とそれを支える「理念」を追跡することが重要ではないか、そして、両者の対抗が国家の政策的介入によって処理されるほかなくなった場合には、国家の介入によって推転していく様相を明らかにするする必要があると述べました。中西君は、大河内還暦記念論文集に「『社会政策の経済理論』の遺したもの」という論稿を寄せ、続いて日本評論社から刊行された『講座　労働経済』第四巻に「いわゆる『日本的労務管理』について——労務管理と労資関係——」を執筆し、経営史的方法の必要を説いた。僕はこの二つの論稿は面白いなと思い、『展開』のなかで「示唆深い提言」と記した。

それ以上の言及はしていないけど、なぜ僕がここで資本家の「行動」とそれを支える「理念」、労働者の「行動」とそれを支える「理念」と書いたかというと、中西君が言っているように政策と理念が明示的に認識できればそれに越したことはないと思う。しかし、資本の方はまだそういう判別が可能なケースも多いかなという気もするが、労働者の方についていうと、そういう判別はそう簡単にはできないんじゃないか。何か事が起こされた場合、我々はこういうことのために行動するんだ、こういう目的を持ってやるんだ、というふうな明示的なものを見つけにくい場合がある。行動として余儀なくそうさせられるケースがあるからです。何かを意図して事を起こすんだけれど、負け戦に終わる場合が多いものだから、余儀なくそうさせられたというような場面も多々生ずるのではないか。そういう場合にはその行動をもってある理念を支えとする政策として措定しがたいということになる。したがって現実にとられた行動を積極的意図したものと止むを得ず選択したものとに腑分けしていかなければならないのではないか。資本がどういう行動をとったか、とりわけ労働者がどういう行動をとったかフォローし腑分けする作業を通じて、その行動のなかで何が想われていたのか、どういう手段でやろうとしたのか、というようなことを追究しなければならない。事はそう簡単にはいかないんじゃないかという思いのなかでこう書いたわけです。

直接的にはそういう思いがあって「行動」という言葉を使ったわけですが、つらつら考えてみると、労働者の自主的な連帯組織への契機はどういう風にして与えられるかということが僕にとって一つの問題であったこととかかわりがあるかもしれません。中西君の立論のなかではそういう問題はある意味で生じないのかもしれない、という気もします。中西君の文章を追っていくと、労働者の組織的抵抗というものは最初からあるんですよ。僕が気にしていた自主的な連帯組織への契機というものは探す必要がない。歴史の過程をフォローすれば、最初は中世のクラフト・ギルドの伝統を引いた組織的な抵抗が出てくる。僕にとっての問題は、技術の変化もあるけれども、それ以前に商品経済の浸透のなかで雇用関係が進展するにつれ古いギルド的な伝統がゆるみ労働者は孤立化することとなり、いかにして連帯組織に再結集しうるか問われてくる。資本主義の歴史のなかで考えると、そういう新しい局面があるんじゃないかというのが、その頃の僕の意識でした。こういう問題について、後年、高橋克嘉君が「労働問題研究における国家論と主体性論」（『日本労働協会雑誌』一九八一年一〇〜一一月号）という論稿のなかで、本来社会的存在である労働者が「古き共同体の解体」によって失われた「共同性＝集団性」をみずからの手にどうとりもどすか、そういうことが探るべき問題としてあるのではないかと書いていています。そういうことは中西君の方法のなかでは必ずしも問題にならないのだよね。認識の違いというか哲学の違いというか、そういうものがあるのかなという気がしています。

僕が『展開』を公にしてしばらくして、経済学部の先輩である小宮隆太郎さんが「兵藤君は意外と海外で名前を知られているんですね」と僕に囁いた。思い出すと、一つはロナルド・ドーア『イギリスの工場・日本の工場——労使関係の比較社会学——』（筑摩書房、一九八七年）

の第一四章には『展開』からの引用がかなりあります。また、そこにお前の本のことが書いてあるぞと人に言われ、気がついたたんですが、トマス・スミスの著作があります。この人はもう亡くなったアメリカの日本研究者で、『日本社会史における伝統と創造――工業化の内在的諸要因 1750-1920年――』(一九九五年) のなかに、「古典的かつ高度に学術的業績」として『展開』が紹介されています。ああ、そうか、日本語の読める外国の日本研究者のなかには注目してくれた人もいるんだと思って元気づけられました。直接つき合った外国人研究者には、アンドリュー・ゴードンがいます。彼が博士論文提出志願者として日本に留学していたときアドバイザー役を引き受けましたが、ゴードンの著書『日本労使関係史』(岩波書店、二〇一二年) のなかで二村君と僕に謝辞が述べられています。

野村：二村さんの書評について言うと、兵藤さんは二村さんの指摘を承認しているのですね。

僕の意図するところが伝わっていない点がありますが、コメント自体は大体承認しているね。

野村：逆に、兵藤さんは二村さんの仕事、主として足尾暴動と企業別組合の成立になりますが、二村さんの仕事をどのように評価しているのでしょうか。

足尾暴動の仕事が本になった段階では、目前に展開する同時代の運動をフォローする仕事に追われていて、この本を批評しうるような読み方はしていないのでコメントするのはむずかしい。その昔法政大学の『法学志林』という紀要に掲載された「足尾暴動の基礎過程」という論稿は、僕と同じ方向を向いていたこともあり、注目して読みました。出稼型論批判の意図を込めて書かれたもので、暴動は飯場制度が崩れていくプロセスで起きたという見方は氏原さんのシェーマと共通なものを持っていたと思いますね。

二村君のことにかかわってついでに言うと、僕は先ほどお話ししたように『展開』を書くことで戦前の研究をやめようと思っていて、その出版後、経済学部の諸井基金の支援を受けて留学する機会に恵まれ、一九七四年からイギリスに行きました。ちょうどその頃隅谷さんが還暦を迎えられるということで還暦記念論文集を刊行する計画が進行中だった。僕も寄稿しなければならないということもあり、イギリス滞在を一年で切り上げ帰って来ました。その直後岩波書店から電話があり、日本歴史の新しいシリーズを出そうという計画があるので、その一冊に明治末から大正期にかけての労働運動について書いてくれないかという話がありました。大石嘉一郎さんがその巻の編集委員だというんで、大石さんに電話して、僕はこれこれの事情で戦前の事からは手を洗いたい、この話は二村君に頼むのが一番いいんじゃないか、そういうことで勘弁してもらいたいと頼みました。それでこの巻については二村君が書いたのです。その頃僕は戦前の労働運動については二村君がもっとも卓越した研究者だと思っていました。

隅谷還暦記念論文集には、僕は「昭和恐慌下の争議」というタイトルで、協調的な従業員団体からストライキ・ユニオンとでも言うべきものに転化した東交（東京交通労働組合）によって推進された東京市電の争議について書いたのですが、これはいわば『展開』の裏側に何があったかに照明を当てようとしたものです。これだけは戦前の話をやるか、と思ってやり、それ以後は戦前の話はやっていません。

上井：二村さんの企業別組合に関する主張には、直観的な思いつき的なものがかなりあると思うのですが、それを支えているものは戦後の混乱状況ですよね。そのなかだったらそう言えるでしょう。

そりゃそうです。戦前の労働組合はブルーカラーの組織だった、戦後は工職混淆だ。これも敗戦直後の混乱状況のなかでブルーカラーもホワイトカラーもある意味では似たような境遇に置かれたんですから。

野村：私は二村さんが言っていることに全面的に賛成です。しかし二村さんは長いタイムスパンの通史を書くことができないのではないでしょうか。

もし通史風のものを書いているとすれば、岩波書店の『日本歴史』でしょうけど、それもたかが二〇年程度のスパンにわたる話ですからね。

野村：中西さんは兵藤さんの本について資本の分析が弱いと指摘しています。それは主体性論と関係していると思いますが、マルクス主義の一部には主体性論イコール労働者の主体性論ととらえる考えがあります。しかし資本家も主体であり、資本家あるいは資本家階級の主体性も論じる必要があると思います。兵藤さんの主体性論には資本家が登場しません。それはどうしてですか。

それは、たとえば大原美術館、ああいうものがなぜできるのか。それは倉敷紡績をやっていた資本家個人のあり方を考えないといけない。そういうことはいくつかあるんだよね。資本家階級といっても全部が一緒ではないから、どういうふうな想念のもとで経営をするか、美術館をつくるがこっちの方は全部ほかの資本家と同じということはありえない。そういう資本家だったらどういうことが起こるのか、考えないといけない。そういうことは書いていないではないかと言われれば、その通りです。

上井：兵藤さんが主体性論でこだわってきたのは、革命主体となる労働者の主体形成じゃないですか。しかし、労働運動史を書くのではなく、『日本における労資関係の展開』として歴史過程を描くとすると、問題となるのは労資関係の主体であり、労資両主体の主体性如何を論じる必要がありますよね。兵藤先生がもともと主体形成ということで考えていたことと、労資関係の展開というテーマとは少しずれがある。

それはそうだね。

「主体」と「客体」

野村：兵藤さんのいう主体と客体ですが、「客体」とはどういう意味でしょうか。

古い時代について書く歴史家はこういう問題を問われないかもしれないが、同時代史を書こうとすると、観察する人間は主体でありかつ客体なんですね。ある事柄を書こうとすると、観察している自分も多かれ少なかれその事柄のうちに規定されている客体なわけです。その客体をどう受け取り、もう一度サルトル風に言えばどうアンガージュするか、そういう連関にあるものとしてとらえないと主体と客体の交互作用としての歴史はとらえられないのではないか、そういう風に考えたいという気分でした。僕の本がそういうふうにできているかどうかは別として。

野村：主体と客体について、同時代史についてはわかりますが、歴史家として歴史プロセスを見るときは、主体と客体はどうなるのですか。

それは別に革命状況でなくともいいんです。新しい状況を切り開くような局面があるとして、そこでどういう主体形成が行なわれたのか、どういう主体と客体との交互作用が起こっているか、ということを解く仕方はあるのではないか。歴史のある局面ですべての人が同じ選択をする、あるいはすべての集団や組織が同じ選択をするということは起こりえないでしょうから、その違いが由って来る所以をひもとければ、その局面の推転の具合を説明できるのではないでしょうか。

野村：中西さんについていうと、代表作に長崎造船所を対象に据えて書いた『日本近代化の基礎過程——長崎造船所とその労資関係 1855-1903年——』（上中下、東京大学出版会、一九八三年、二〇〇三年）があります。私は「書評　中西洋『日本近代化の基礎過程』」（『社会経済史学』七〇巻五号）を書いて中西さんに送りました。中西さんから返事が来て、君は予告されていた「結語　日本資本主義の特質」が下巻の終わりに書かれていないので本の主張が分からないというが、本文で僕は日本資本主義の特質を書いている、というものでした。私にはそうは思えませんでした。日本資本主義の特質について本文で明確に書いているのであれば、「結語」を書けばよいのであって、「結語」を省略する必要はないと思うのです。

中西さんは方法論として経営史的分析方法と政策論的分析方法を提唱しました。兵藤さんは中西さんの提唱から何らかの影響を受けたのですか。

いや、なるほどとは思ったけど、それによって自分の考えを変えるほどの影響を受けたとは思わない。経営史的分析方法は重要だと思うんです。因果関係を追うためにはね。だけど一国の労資関係について、たとえば長崎造船所をやれば解けるのかというと、それはむずかしい問題をはらんでいる。人の人生が長くて何十年かかってもやれるのであれば問題はないが、結局、いくつかの経営の歴史を追いながら、国家の政策に影響を及ぼす重要な事件を拾いあげないと、一国の労資関係の解明にはつながっていかないのではないでしょうか。だからと言って経営史的分析方法それ自体に意味がないかといえば、そんなことはないと思います。

野村：政策論的分析方法についてはどうですか。

政策は目的と手段の体系ですよ。目的は政策主体が抱懐する理念と結びついているが、手段の体系としては、それがどういう帰結をもたらすか、ということが問われるわけです。それは大河内さんが「想はれた意味」と「想はれざる効果」に分別して論じようとした問題に通じています。大河内さんは、成功したかどうかは別として、それによって歴史を解こうとした。そういう分析は政策を取り扱う上では必須なことだと思いますが、僕にとっての問題は、目的と手段の体系というけれど、目的は常に明示的に示される格好になっているか、ということです。どうもそうとは思い難いので、資本家にしても労働者にしてもどういう「行動」をとったのか、それは、どういう状況のなかで、どういう因果関係があって選択されたものなのか、積極的に選択したものか余儀なくさせられたものなのか、腑分けして探していくほかないんじゃないか。最初から目的と手段の体系なんて取り出そうとしても難しい状況があるのではないか、ということで「行動」という言葉を使ったわけです。

野村：私がこういう質問をしたのは、『展開』の序章「主題と方法」の(二)で、「対象選択とその意味」について記述した際、「一国の労資関係は、結局のところ国家において総括される以外にないとすれば、国家の労働政策はその国における労資関係の編成原理を示すものといってよい」と書かれています。そうだとすれば、兵藤さんは中西さんと同じ考えではないかと思いました。

中西君を含めて大学院のジョイント・ゼミでイギリス政策史の勉強したことがあります。一九七〇年代の初め、東大紛争が終わった直後で、戸塚さんも山本さんも一緒だった。一六世紀以降のイギリスの労働にかかわる法律をコピーし、救貧法を初めとして主従法、団結法、工場法などの展開を追ったわけです。歴史の区切りをなす時点において、労働政策だけがと言えないにしても、労働にかかわる政策がその区切りの表象をなすものとして登場してくるというのは事実だと思います。救貧法を追っても、主従法・団結法を追っても、歴史の区切りになるような時点で立法のあり方に変化が起こるわけです。

野村：労働政策あるいは労働立法が時期区分のメルクマールになることもあるということですと私も納得できるのですが、労働政策あるいは労働立法が時期区分のメルクマールであるというふうに言われると、納得できません。たとえば今の日本を見ればよくわかるように、実に思いつき的に立法がなされています。

ただ、時により重大な政策があり、長く残るものがある。

野村：そういうものがあるということは認めます。しかし労働政策すべてについてそういうことが言えるというのは違うのではないかと思っています。中西さんの言葉をすべて真に受けて悩んでしまったのがここにいる上井ですよ（笑）。

先ほどの話ですと、中西さんの「日本における『社会政策』＝『労働問題研究』の現地点」という一連の論文は、救貧法や主従法などを議論していますが、その勉強会で学んだことが基礎になっているのですか。

中西君が紛争前にそういう勉強をしていたとは思えない。大河内還暦記念論文集に書いた『「社会政策の経済理論』の遺したもの」に関連する限りではあるでしょうけど、それは救貧法がどういう展開をとげたかとか、主従法や団結法がどういう展開をしたかとかというようなものではない。上井君が中西ゼミや何かでそういう勉強について記憶があれば別だけど。

野村：兵藤さんは『展開』をまとめる前に隅谷さん、小林（謙一）さんとの共著として『日本資本主義と労働問題』（東京大学出版会、一九六七年）を出しています。この本は兵藤さんにとってどのような意味があったのですか。

あれの元になったのはユネスコの企画で一九六三年に出た*Social Impact of Industrialization in Japan*で、編者を務めた隅谷さんから頼まれた仕事でした。元の本は英語版で出たものです。僕はもちろん英語では書けないから、日本語で原稿を書いて翻訳してもらった。原稿料より翻訳料の方が高かった（笑）。大学院時代以来の習作を書いていた最中で、僕は明治の三〇年頃から第二次大戦中までの労使関係に関わる部分を書きました。日本に関する研究が外国ではまだほとんど紹介されていない時期で、この頃日本に来ることになっていたＩＬＯの調査団のための参考資料として提供を求められたものだと聞いています。当時は明治期以来の労働問題に関する通史的文献は皆無といってもいい状況でしたので、英語版のままで終わらせるのはもったいないのではないかという話になり、執筆者の担当部分は英語版の割り振りを引き継ぎ、日本の読者の要望に応えうるよう大幅に改稿した上で『日本資本主義と労働問題』というタイトルで日本語版を刊行することになりました。

野村：この本の「はしがき」にどのように時代区分をするのかについて隅谷案と小林案が提出されています。兵藤案というものがないのですが。

ああ、そうでしたね。どういうやり取りがあったか覚えていませんが、日本語版の作成にあたっては英語版の時期区分を引き継ぎ、執筆内容の事後調整は行なわないということで進められたから、こまかく詮索しなくてもいいかなという気分だったんじゃないかと思います。

野村：兵藤さんが『展開』を出した後、大河内さんや隅谷さんから何らかのレスポンスがあったのですか。

何か言われたという定かな記憶はありません。

野村：兵藤さんは『展開』を出して戦前の研究はこれで終わり、ということですが、もう少し後につなげて、戦時経済における変容を追うというような問題意識はなかったのですか。

これで戦前の勉強は終わり、ということを僕はわりと他人に言っていました。小池（和男）さんだったかな、「兵藤君、折角あそこまでやったんだから産業報国会のことをやれよ」と言われました。それに手をつけるとなると、戦後のことに対して自分なりの責任を果たしたいという気持ちはどこか遠くへ飛んで行ってしまうなあと思ったので、思い切ってやめることにしたわけです。

野村：『展開』は一九二〇年代で終わっているものですから、あたかも一九二〇年代の大企業においていわゆる日本的労使関係・労働慣行が成立し、それが戦後につながっているという印象を与えています。しかし一九三〇年代から戦時経済の時期にかけて、日本的労使関係は大きく変容しました。戦時経済で時局に適応した大企業では従業員数が五倍、一〇倍に増え、通常の労務管理は不可能となりました。そして敗戦後、そうした大企業はいったん崩壊しました。そうしたプロセスを抜きにして一九二〇年代から戦後につながっているというイメージを生じさせたのは、兵藤さんの罪ではないかと思ってるんですけど（笑）。

後に『労働の戦後史』を書くときに、ちょこちょこっと戦争中の勉強をしました。だけど新しく史料を発掘してどうこうしようというのではなく、『展開』にどうやって接ぎ木するのかということでやっているもんだから、もともと『展開』を一九三〇年で区切りとしたことがいいのかどうかという問題意識は頭のどこかにあったんですが、決着をつけるというような仕事はできなかった。『展開』を書くとき一九三〇年で以て区切りとしたのには、大内さんの国家独占資本主義論が影響を与えているところもあるでしょうね。管理通貨制度への移行を時期区分のメルクマールとしようという考えね。満州事変で事態が動いていくということもあり、一九三〇年でいいのかなと思ったんでしょう。

文体について

野村：最後に『展開』を読んでいて伺っておきたいと思ったのは、兵藤さんの文章は宇野さんから影響されたのかどうかということです。

影響を受けてああなったとは言えないけど、宇野さんもこういう書き方をしているな、と安心した面はあるかもね。「であるが」というような言い切らない表現ね。もともと優柔不断なせいか、言い切ってしまうと問題が逃げて行ってしまうような気分がしたんですね。

野村：私が活字論文を書き始めたころ、本多勝一の『日本語の作文技術』が出ました。読んで、なるほどと思いました。文章は短く書けとか、「が」は使うなとか。日本語の「が」は and なのか or なのか分からない。だから使うな、というのです。それで私は「が」をできるだけ使わないようにしています。どうしても判断がクリアにならない時にのみ意識的に「が」を使っています。兵藤さんの時代には文章を書くための参考文献があったのですか。

僕はそういう勉強をしなかったせいもあるけど、そういう類の本があったかどうか気がついてない。七〇年代になって労働運動研究者集団の仕事をするようになったとき、日本評論社の渡辺勉さんから「兵藤さん、文章を変えて下さい」と言われ、僕にしては革命的に変わったんだから。

野村：そう言われるまで、自分の文章は悪文だとは思っていなかったのですか。

悪文というか、一つの文章が長いということは自覚していたよ。短くても四〇〇字くらいあるのはざらで、長いと八〇〇字ほどもあった。長いということは認識していたのだけど、短く切ってしまうと問題がどこかへ逃げて行ってしまう気がしたんですよ。

野村：兵藤さんがこういう長い文章を書いて、中西さんがやたらと括弧の多い文章を書きました。なぜあれだけいろいろな括弧を使ったのか、よく理解できないところがありました。戸塚さんはセンチメンタルな文章で、戸塚さんに、女学生風の文章ですね、と言って、嫌われました（笑）。

中西君はある時期から文章に番号が入るようになった。［5］の次に［6］とか。ああいう書き方の最初は、僕の記憶では大内（力）さんの『日本経済論』で、番号が入っています。こういう書き方は、ここ何番かのパラグラフで書いていることと次の番号のパラグラフで書くこととの関連というか、つなぎを説かなくてすむんで、書く技術としてはある種の逃げとして使える。ひとつづきの文章にしようとすると、接続をはかる説明が要るからね。

Ⅳ　大学紛争のなかで

1　経済学部の教官として

助手のころ

野村：兵藤さんは一九六二年の四月東京大学助手に採用され、経済学部に勤務されることになりました。今回はそこでの教官としての生活についてお伺いすることにしたいと思います。

六二年四月から経済学部に助手として勤めることになり、助教授に昇任してから六八年には大学紛争に直面することになりました。こういう部分は雑用部分として省いてしまってもいいのかなという気もしたんですが、私自身のありようを考えるとそういう部分を抜きにしては分かってもらえないかなという気もします。そこで、私の日記などはありませんから、いろいろ材料にあたって思い出したことのなかから大事かなと思うことをお話しすることにします。

経済学部では五〇年代に助手、特研生の人事問題をめぐって教授会と職員組合の間に「助研会紛争」が発生し、職員組合が潰れてしまうということがありました。そのため、しばらく助手を採用していませんでしたが、助研生としての在籍者がいなくなった六〇年から助手採用を再開することになりました。この新しい助手は、大学院博士課程修了者から採用し、任期二年ということになっておりました。初年度は加藤三郎、関口尚志、それに同志社大学に行った藤村幸雄の三人、その次の年次が統計の竹内啓と会計の津曲直躬の二人。この頃はいわゆる「直結型」助手で、特別なことがなければ助教授に昇進させるシステムになっていました。藤村さんは、どういう訳かは知りませんが、論文を出したけれど助教授に任用されませんでした。

私は、助手応募論文の作成途次、六一年一一月に親父が脳卒中で倒れました。論文提出の締め切りは一二月二〇日だったと思います。論文はまだ書き終えていない段階で、葬式とかいろいろあるだろうから、完成は無理かもしれない、あきらめようと思ったが、幸いにして父はその場では死ななかった。四、五日田舎にいて東京に戻り、お終いまで書きあげて提出しました。母親親父はそれから五年間くらい寝たままで寝返りもできない状況で息をつないでいました。母親が面倒をみたんですが、これは大変でしたでしょうね。

実のところ助手には中西君とコンピートして応募したのですが、どういうわけか私が採用されることになりました。中西君は、一年後に新設の産経研（日本産業経済研究施設）の助手に採用されました。隅谷さんがそこのボスでした。ついでに言うと、相談してそうしたわけではないのですが、明治大学の経営学部が助手募集をしていましたので、ここにも中西君とコンピートして応募したんです。明治の方がどういう雲行きだったかは、途中で論文を取り下げましたから分かりません。

僕は新しい助手制度になって三期目の助手です。同期生はいませんでした。助手の仕事というのは雑用がほとんどありません。雑用らしきものは、学期末の定期試験の監督と入学試験の監督、それ以外では経済学部図書館の図書選定です。日本語の文献は図書館職員が選定していましたが、外国語の文献は、紀伊国屋や丸善、極東書店が見計らいで持ってくるもののなかから買った方がいいと思われるものを選ぶのが助手の役目でした。助手の雑用と言えるものはそれくらいで、後はフリーに勉強できるいい身分でした。そして、助手の任期が終わる時に論文を書いて提出して、それ如何によって昇進する、そういう仕組みになっていました。

助手時代のことで記録に残しておいた方がいいと思っていることは、一九六二年から六四年にかけて大河内さんが社会政策学会の代表幹事を引き受けられることになり、僕はその事務局を務めることになりました。あなた方は学会員だからご存じの通り、いまは名簿の付録に会則はもちろん、そのほかに内規的なものがたくさん掲載されているでしょう。あれを始めたのは僕なんです。学会の幹事会などがあっても、皆さん記憶を争って、そんなことはなかったとか、こういうことがあったよ、となるものだから、運営内規の類も全部オープンにした方がいいのではないかということで、名簿の後ろに掲載することを考えました。それを大河内さんに言ったところ、「ま、いいだろう」となったのです。その後、今日まで社会政策学会はそういう慣例になっています。

そういうことで二年間助手として過ごし、助手終了論文は第一次大戦前後の労資関係というか、川崎造船・三菱神戸造船所の団体交渉権をめぐる争議を焦点にすえて書いた「第一次大戦後の労資関係とその基礎構造」を提出して、助教授に任用されることになりました。

講義のこと

六四年四月に助教授に昇進しました。私の助手時代の六三年、経済学部教授会でカリキュラムの編成替えが論議されました。社会政策だけでなく、全体的に講座名の整備が必要じゃないかという議論があって、六四年から名称が一新されることになりました。たとえば山田盛太郎さんがかつてやっていた「農政学」は「農業経済」にというように、「政策」という用語は全部取ることになりました。政策という言葉が残ったのは「経済政策」だけでした。「社会政策」については名称が「労働経済」になりました。『社会政策四十年』のなかで話になっているように、大河内先生はこの名称変更に反対でした。変える方の先鋒役は隅谷さんで、労働経済に変えましょうと主張した。隅谷さんは、その頃、アメリカの労働経済学や産業組織論の勉強をしておられましたからね。

上井：大河内さんが学部長の時でしたね。

私は六四年から助教授ということになりましたから、担当は労働経済になったわけです。しかし助教授になってすぐさま労働経済の講義をすることになったかというと、そうではありません。六四・六五年度は隅谷さん、六六・六七年度は氏原（社研）さんが労働経済担当となったんです。私は別に恨みごとを言ってるのじゃなくて、講義をするのは大変だろうという温情のせいだと思っています。そういうことで、四年間講義をしないで済んだ。その代わりに外国書講読をやってくれ、特殊講義でもやったらどうかということになって、六四年度から六七年度まで外書講読を担当し、モーリス・ドッブの賃金論をやりました。特殊講義は六五年度に「日本資本主義と労働問題」、六七年度に「労働市場論」、自分の書いたものをベースにしてやりました。

それで一九六八年度から労働経済の担当となりました。経済学部は、労働経済になる前、社会政策と呼んでいた時代、大河内さんが担当者だったんですが、法学部の社会政策と経済学部の社会政策を同じコマでやっていました。経済学部で労働経済と名前が変わった段階で、法学部の社会政策との関係をどうするかという問題が当然起こるわけです。前任者の隅谷さんや氏原さんがどういうつもりでそうされたか知りませんが、同じコマを使い、二枚看板でやっておられました。経済学部の労働経済の講義がそのまま法学部の社会政策の講義となるわけです。

僕はどうしようかと考えました、二枚看板のままでいいんじゃないか、と考えた。もともと労働経済という名称はあまり好きじゃなかったこともあります。講座名称を全部「政策」をとって「○○経済」に変えるというのは、高度成長のせいでちょっと調子が良くなったから経済でいいというようなことなんだろうが、とりわけ労働に関しては経済学だけで解けるというものではない。やはり、社会政策にかかわることも労働に関する重要なことであるから、二枚看板でやった方が全体像に迫りやすいと思い、二枚看板で行こうということに決めました。このことについて特段に文句も出ませんでした。

この講義は、法経一緒の講義ということで聴講者が多いということもあって、東大出版会の教材部からプリントを出すことになりました。プリントを出すかどうかについては教材部と話し合い、校閲するとなると大変な時間をとられるから学生のノートを素にして海賊版で出すならということで許諾しました。

講義の構成についてお話しすると、初年度は、第一部『労働問題』の社会科学」という表題で序説的に方法論を述べた後、「労働政策と資本主義の展開」というタイトルで歴史的に本論を述べる形をとっていましたが、いわゆる古典的帝国主義段階で終わっています。第二部は「日本資本主義と労働問題」という表題ですが、これも産業報国会あたりで終わっています。私の勉強が追いつかないものですから、一所懸命勉強してもここまでしかできなかったということです。ただ、第一部は世界を見渡した形でやろうと考えました。だが、全世界について勉強できるわけもありませんので、具体には「資本主義の形成と初期労働立法」はイギリス、続く「産業資本の確立と『労働の自由』」もイギリス、その後「金融資本の成立と『労資協調』」はアメリカ、ドイツ、イギリスの三国をやることにしました。

それ以後の年度も編成の基本的考え方は変わっていませんが、六九年度からやっと現代までをカバーできるような形になりました。七八年度からは編成を若干変更することとし、第一部は方法的序説だけとし、第二部は「資本主義の展開と労働政策」と題して、日本のことも取り混ぜて編成をすることにしました。第二部で取り上げた国はイギリス、ドイツ、アメリカ、日本で、各国比較というより、考え方としては岩田弘的な世界資本主義論の見方に惹かれていたこともあって、世界における先進諸国の対抗と労資関係がどういう関係にあるのかということを念頭に置きながら、一つの歴史を語れたらいいなということでやりました。具体的には、資本主義の形成・成立期を「営業の自由」を軸点にしてイギリス、古典的帝国主義の時代は「産業民主制」を軸点にしてイギリス、ドイツ、アメリカを取り上げることにしました。第一次大戦以降の国家独占資本主義の時代はドイツ、イギリス、アメリカ、日本を取り上げて論ずることにしました。ただ、七〇年代以降の資本主義の今日的問題については、「スタグフレーションと『参加』問題」と題してイギリス、日本を素材にして議論することにしました。

一九七四年イギリスに留学する時、労働経済の代講を戸塚さんに頼みました。戸塚さんは「イヤだな」と言っていましたけれども、イギリスに寄こした手紙では嬉しそうでした（笑）。あの人は講義が好きだから。

野村：戸塚さんに「なぜ講義が好きなんですか」と聞いたことがあります。戸塚さんは「俺は学生運動をやっていた時に、アジテーションを誰も聞いてくれなかった。講義だと、百人とかそれ以上が素直に聞いている。あれはいいよ。俺は好きだよ」と言っていました（笑）。

増補されたプリント

先ほどお話ししたように、僕の講義はプリントが東大出版会の教材部から出ていたのですが、イギリス留学から帰ってきた年の講義プリントを見ると、僕がしゃべってないことがたくさん書いてある。そのプリントの最初に、これは経済学部学生のOさんのノートを素にして作成したものですと印刷してあるんです。

上井：大澤真理ですね。

そうでした。大澤君はG・D・H・コール『イギリス労働運動史』を主たる材料とし、ほかのものも使って、僕の講義が簡略に過ぎるところに勝手に書き加えているんです。

上井：僕は学部では兵藤先生の授業に出ずに試験だけ受けました。大学院時代に大澤がノートを素につくったあのプリントを見て、兵藤先生はこんなことをやっていたのかと思いました。彼女は随所にわかりやすい解説を加えています。大澤はあのノートをつくる時に労働の勉強を相当していますね。

そう。彼女が近経からマル経、それも労働に変わる時期ですからね。ひょっとして前年度僕の代講として行なわれた戸塚さんの講義も聞いているかもしれない。

上井：彼女は戸塚さんの講義を聞いて労働を強く意識するようになったらしいです。

教材部に行ってこれ誰のノートと聞くと、大澤という女子学生さんですという返事でした。びっくり仰天しましたね。ああいう勉強家は前代未聞です。

それはともかく、僕は講義をやっていて思ったことは研究所にいるよりも学部にいる方がいいかもしれないということです。研究所にいれば、自分が特別に関心のある問題について研究をすれば研究所スタッフとしての任務は果たせます。講義なんて嫌だと思うなら引き受けなくていいんです。まあ、東大社研の先生のなかには、何人か講義が好きで他所の大学まで行って講義をしている人もいましたよ。岡田与好さんなんかもずいぶん講義が好きだったと思います。経済学部にも授業の好きな先生がいたんです。停年で授業をできなくなるのは悲しい、と言う人もいましたね。僕の知る限りでは宮沢光一さんという統計学の先生もその一人です。

上井：学生運動をやっていた人に授業の好きな人が多いですね。たとえば社研にいた渡辺治。

ああそうだね、。渡辺君は授業をしたいから一橋大学に移ったんだよね。戸塚さんも本音は授業が好きだったと思うね。

上井：そうですよ。戸塚さんは大学院の授業でもがっちりした講義ノートを作って、自分の授業をテープで録音していましたから。授業の嫌いな人は、自分の授業をテープに取らないですよ。僕は、この人は授業が好きなんだな、と思いました。

僕が研究所にいるよりも学部の方がいいかもしれないと思ったのは、要するに授業をやっていると、自分が特段の関心のないことでも、重要だと思われる事柄についてはしゃべらなくてはならないという義務感というか圧迫感に襲われるのです。ここは知らないから飛ばしていこうとはならない。いくらかでも勉強する気風にはなりえたとは思っています。

僕は、自分の知っているある先生が他の大学でやった講義を自分の本の一部に使っているのを見たことがある。そういう自分の好きなことばかりやっているという感じの人もいますからね。そういうことを回避できるという意味では学部というのは悪くない。研究所にもいいところはあると思いますけれどもね。

学内行政とのかかわり

僕は一九六四年に助教授になってから一〇年くらい、学内委員はいわば労務担当みたいなものしかやっていないのです。最初にやったのは、経済学部の学生委員、つまり学生との交渉役です。大学院（経済学研究科）の学生委員もやりました。全学の学生委員、あるいは大学院の学生委員もやりましたが、そういう時は学部あるいは研究科のことも分かってた方がいいということで、学部の学生委員、あるいは研究科の学生委員と兼任のことが多かった。

七〇年代には学寮委員（全学）もやらされました。それに、一九六八年一一月大河内総長が辞職し加藤一郎さんが総長代行になった時、文学部の福武直さんが「総長代行特別補佐」という職名をもらって補佐役を務めました。その年の暮れ紛争収拾のため学生組織をはじめ学内諸団体との交渉が準備された際、僕は理学部の野上耀三さんとともに東京大学職員組合との交渉役を命ぜられました。その頃はまだ「総長補佐」という職名はなかったが、総長からの委嘱ということで一年ほどその任に就きました。また、経済の大学院は遅くまでもめていましたから、そういう時の交渉委員を含めると、助教授に昇任した六四年から七三年まで一〇年間くらいの間に、兼職でやっていた年限を二年分として計算すると、助教授としての勤続年数を優に超えて一三年分くらい労務担当みたいな役職をやったことになります。その間に図書委員を二年くらいやったことがありますが、それ以外は要するに労務担当なんです。担当講義が労働経済だというせいもあるかもしれないが、しようがないなと思ってやっていました。労担一〇年で東京大学に十分尽くしたということです。

野村：担当講義でいえば中西さんは労務管理を担当していましたから、中西さんが任命されてもおかしくないと思うのですが。

中西君は紛争のころに処分問題に関する再審査委員会の委員に任命されましたが、学部、大学院の労担はやってないと思います。

上井：労担は紛争を収めなければならないが、中西さんだと対立をあえて見えるようにしてしまうから（笑）。

経済学部職員組合の再建

助手時代からそう思っていたんですが、特に助教授になって労担まがいのことをやりながら、経済学部の職員組合の再建が必要だと思うようになりました。中西君も産経研の助手から学部の助教授になりましたので、彼と力を合わせて経済学部の職員組合再建の手助けをしました。

経済学部の職員組合について僕は発端のころから知っているわけではありません。『東京大学百年史』によれば、一九五一年一一月にそのころの助手だった人あるいは特研生だった人が中心になって結成されたということです。先ほどちょっとお話ししたように職員組合は、翌五二年から五三年にかけて「助研会紛争」、つまり組合の中枢を担っていた助手・特研生の人事問題をめぐって教授会と対立し、そのあおりを食って五三年に解散となり、代って親和会という親睦組織が設立されたということです。その後一〇年間以上にわたって、経済学部に職員組合はありませんでした。その五三年七月に高島忠雄さんが経済学部事務長として着任しました。この人は六八年四月に日本女子大の事務局長に引っこ抜かれて異動しました。学部の事務長は普通は三年くらいで交代するところ、高島さんは組合不在のまま一五年の長きにわたって事務長を続けました。それには、高島さんが有能な人だったというにとどまらず、下情に通じた物わかりの良さもあって、歴代学部長が手放したくないと思ってきたからでしょう。

高島さんのそういう人柄の故に、組合がない状態でもあまり陰湿な紛争にならずに済んだのではないでしょうか。僕と中西君がバックアップして、六八年三月に加盟人員四一名で組合が再建されました。高島さんはその年の四月一日から日本女子大の事務局長に転出しました。この事実は、高島さんという人の存在と職員組合の再建との関係について何事かを語っていると思います。

僕と中西君は職員組合のメンバーにはなりませんでした。それは、組合というものに対する経済学部教授会特有の風潮を思い、僕らが組合員になるとまたもめ事が増えるという気持ちがあったので、なりませんでした。『東京大学百年史』の部局史に、経済学部の職員組合は東京大学の組合のなかでも教官の加入してない「ユニークな存在」と書かれています。ただ、中西君もそうでしたが、時おり相談に乗ったりしたことはありますし、六〇年代前半くらいまでは職員組合再建に結集した人たちと一緒にメーデーに出かけるということをしてきました。

上井：五三年に経済学部の職員組合が解散になるまでは、助手、特研生以外、たとえば助教授は組合に入っていなかったんですか。

入っていなかったと思います。社研なんかはちょっと違うんですね。社研は左の人が多かったせいもあるんでしょうが、助教授以上のスタッフに組合員がけっこういました。

2　東大紛争のなかで

紛争の発端・総長への進言

六八年三月から始まった東大紛争、学生の言い方にならえば「東大闘争」のことは、僕が東京大学に勤めていた時代のなかでも大きな出来事でしたので、割とよく覚えています。六八年一月から一二月まで学内で出された文書・ビラなどを集めた『東大紛争の記録』という新聞研究所の記録集もあります。

紛争の発端は、大学全体としてみると、六八年三月の卒業式ができなくなったということにあります。医学部全学闘と称する学生団体が医学部処分反対を叫んで三月二八日に安田講堂の玄関を占拠し、卒業式が中止されることになったのです。一月に医学部学生自治会が卒後研修制度の改善を求めて無期限ストに突入し、その途次二月に上田内科の春見医局長を学生が缶詰めにしたということで医学部学生一二名が処分されました。評議会がそれを承認したことに抗議してこの占拠が行なわれました。被処分者の一人である粒良君という学生はその場にいなかったという話が持ち上がり、粒良処分を含めて不当な処分だという声が学生から上がっていました。

三月に開かれた大学の評議会が医学部学生の処分を承認したものですから、安田講堂事件が起こったわけです。

評議会が処分を承認した時点で、この医学部処分はかなりむずかしい問題を含んでいるなと感じていたものですから、三月二四日か二五日だったかに大河内総長に医学部に差し戻すことが必要ではないかという進言をしに行きました。

戸塚さん、中西君、それに僕の三人で行ったと思います。ですが、大河内さんは、東京大学には伝統的に学部の自治というものが存在しており、そういう慣行を崩すのはよくないんじゃないか、あるいはむずかしいんじゃないか、どういう言葉を使われたかは正確には覚えていませんが、要するに学部の自治をすっ飛ばして総長の権限を楯に何かをすることはできない、というお話でした。

どうしようかと中西君と相談、もう一度我々の思うところを大河内さんに伝えた方がいいんじゃないかという話になり、中西君と僕、二人の名前で文書を書き三月二七日に総長のところへ提出しました。その文書は僕の手元には残ってはいませせん。これに対し大河内さんは前言をひるがえすことはありませんでした。

その後、大きな転機になったのは六月一五日の事件です。この日、医学部全学闘が時計台を占拠し、大学は機動隊を導入してそれを排除するという挙に出ました。それで全学的に学生が怒り出し、総長団交を要求するに至りました。二八日、団交要求に応える形で安田講堂で「総長会見」が行なわれ、総長は医学部処分差し戻しを表明しました。総長は途中で退席したのかな。学生の方は満足せず、七月二日に本部封鎖実行委員会を結成した。これは学生部分の各党派、大学院生、青医連の共闘会議として結成されたもので、要するに東大全共闘がここで誕生したということです。議長には理学系研究科の大学院生山本義隆が就いた。七月八日、経済学部教授会（学部長・武田隆夫）は医学部処分は処分前の状態に戻すことが必要であるという「見解」を取りまとめ、大河内総長に提出しました。

七月一五日、全共闘は医学部処分撤回を始めとするいわゆる七項目要求を大学当局に突きつけ全学無期限ストを呼びかけました。これに対して、大河内総長は「八・一〇告示」と称されるものに評議会の承認を取りつけ、発表しました。これには色んな事が書いてありますが、メインは医学部処分について再審査委員会を設置するということにありました。これで収まるのではないかという見方もあったのですが、大学管理機関の責任と反省を明示することなく評議会の決定を以て紛争解決の最終方針となそうとする告示ではそうもいかず、紛争は一層拡大していきました。

経済学部では、六月一九日の臨時学生大会でスト突入が決議されてから九月になってもストが続いていましたから、授業はしなくともよかったのですが、九月中旬頃から紛争対策が忙しくなり、僕は何も勉強できない、研究は放擲という状況になりました。筑紫哲也が編集長をやっていた『朝日ジャーナル』を読むくらいが精一杯という生活に陥りました。

それで、一〇月になるといままでストに入っていなかった法学部でも、一一日に学生大会でスト決議がされましたので、これで全学部無期限ストとなりました。こういう状況になってきて、経済学部教授会は、一〇月一六日、八・一〇告示廃止を骨子とする「見解」を取りまとめ、総長に提出することにしました。ところが、この「見解」がどこからか朝日新聞にリークされ、翌日の朝刊に「東大紛争　経済学部教授会が収拾案」という記事が掲載されました。経済学部ではどういうルートでリークされたかを調べる長老教授を委員長とする調査委員会が設置され、僕もメンバーの一人に指名されました。困ったですね、二、三日やって、この人かもしれないと見当がついたのですが、もう詮索はやめという命令が下って、結局不明ということで調査中止となりました。

そこで、どうすれば大学紛争の解決が可能かということで、一〇月一八日、経済学部の教官一二名で「東京大学紛争解決のための提案—全学の教授・助教授へ—」と題するパンフレットを発表しました。名前を連ねたのは、石井寛治、関口尚志、宇沢弘文、土屋守章、岡野行秀、中西洋、岡本康雄、中村貢、小宮隆太郎、兵藤釗、鈴木雪夫、宮下藤太郎です。ちょっと長い文章で、「八・一〇告示」の廃止、医学部処分の白紙還元、総長・評議員の辞任、大学新執行部の選出などが必要ではないか、という内容でした。兵藤や中西は何だ、と大河内さんは怒ったろうね。

野村：その頃に大河内さんとコンタクトはあったんですか。

三月段階に進言した後は接触はありません。

この提案と同じ日に、「われわれの提案」という全学教官有志一〇一名の声明を出し、赤門の前で配りました。医学部処分の取り消し、総長はじめ大学管理機関の責任の明確化などを謳ったビラです。僕も発起人の一人でした。紛争のプロセスで考えてみると、この声明は部局の枠を超えて教官が連名で出した最初のものかもしれないですね。東京大学では部局の枠を超えて教官が一緒にビラを出すということは、それまではほとんどなかった。この時が初めてかもしれません。

そういう状況のなかで、一〇月二五日に「東大紛争収拾へ大河内試案、八・一〇告示を拡張解釈」という記事が『朝日新聞』に載りました。この収拾案には、医学部処分の撤回、大河内総長・医学部処分を承認した三月の評議会メンバーの辞任などが謳われていましたが、反面、八・一〇告示は撤回しない、大衆団交は理性の府としての大学にはふさわしくないので応じない、スト戦術なども認めないとする大学の強い態度も織り込められていると報じていました。

そこで翌日、新聞研の荒瀬豊・高木教典、経済学部の中西洋・兵藤釗、社研の戸塚秀夫・馬場宏二・藤田勇・和田春樹という八教官の連名で「『収拾案』についての意見」というビラを学生に向けて配った。これは、八・一〇告示の拡大解釈によって紛争の収拾をはかろうとする大河内試案では紛争の解決に役立たないどころか、なおいっそうの混乱をもたらすのではないかという意見を表明したものでした。

こうしたなか、一一月一日評議会が開催され、医学部処分取り消し、総長・部局長は責任を取って評議員も辞任することが決定されました。この決定を受けて総長代行に加藤一郎法学部長が就くことになりました。経済学部では、学部長選挙の結果舘龍一郎教授が選ばれたのですが、難局に処する自信がないということで拒絶されたので、再選挙が行なわれ大内力教授が学部長に就任することになりました。大内さんは、学部長会議の話し合いの結果総長代行の代行に就くことになりました。加藤さんは体も大きいんですが、学生の前に出ることを怖がらない人です。大河内さんはそういう点でちょっと弱いよね、こんなことを言っては失礼ですけど。加藤さんは、太った豚より痩せたソクラテスであれというような箴言は吐かないけれども、学生との会見を恐れないという点ではなかなかのものだと思いました。紛争時の総長代行、責任者としては結構向いていたんじゃないでしょうか。

こうして大学執行部の交代ということはあったんですが、紛争は収まる気配がなく、経済学部では一一月三日に大学院自治会が学部長室・教官研究室の封鎖を敢行しました。経済学部は仕方がないから、東洋文化研究所の荷解室を間借りして会議をする羽目になりました。

一一月中旬頃から、加藤総長代行は収拾に向けていろんな工作を始めました。全共闘系へ「全学集会」開催を呼びかけ、続いて日共系学生との「全学集会」開催に関する話し合い。一八日には、全共闘との間で「全学集会のための公開予備折衝」を安田講堂で行ない、八・一〇告示の撤回、七項目要求の承認を打ち出したが、もの別れに終わりました。翌日、加藤代行は日共系と「全学集会のための公開予備折衝」を行なった。全共闘相手では収まらないので、日共系の自治会との間で全学集会を開こうという方向に動こうとしたのです。

この頃から全共闘というものの考え方というか、性格というものがかなり変わってきたようです。一一月二二日に「東大・日大闘争勝利全国総決起集会」が安田講堂前で開かれ、いろんな大学から万を超える学生が集まりました。教養学部に最首悟という全共闘派の助手がいましたが、最首が書いているところによると、この時以後セクトは六すくみ状況に陥り、ノンセクト・ラディカルの発言力が強まったようです。しかも、「自己否定」とか「大学解体」とかいうような言葉を全共闘が発するようになり、東大闘争のシンボル的な言葉になりました（小熊英二『１９６８』上）。全共闘議長を務めた山本義隆が書いた『私の一九六〇年代』（二〇一五年）

には、ＭＬ派の活動家だった今井澄が亡くなった時、山本は弔辞で「六八年一一月段階で君たちのグループから提起された帝国主義大学解体のスローガンは東大闘争を確実に一歩高めるものであった」と記されています。この一〇月から一一月は、学内でゲバ戦争がかなり起こってくる時期でもありました。そういうなかで全共闘派の力が衰えてきて、一般学生が違った方向で動き出した。一一月二六日、経済学部の学生大会で全共闘系ストライキ実行委員会が不信任され、一般学生グループがヘゲモニーを掌握するということが起こった。そして月末までに医学部、文学部、教養学部を除く七学部で早期妥結をめざして「全学集会のための代表団」を選出するという動きが発生しました。そこで加藤総長代行は、一二月二日、「学生諸君への提案――今後の討議のために」を配布しました。これは、文学部処分問題を除き七項目要求はほぼ受諾するという大学側の態度を盛り込んだもので、これを全学集会で確認し紛争の解決に資したいというものでした。全共闘は、この提案を拒否するという態度を表明しました。一二月に入り、文部省サイドで東大入試の中止が論議され始めるなか、全学集会の開催によって紛争の早期妥結をはかりたいとする七学部代表団の側は全学集会のための予備折衝を大学側に申し入れ、その会合が全共闘の介入で中止されるという事態が一度ならず発生しました。

そういうあわただしい動きのなかで、一二月一七日、荒瀬豊、香内三郎、柴垣和夫、戸塚秀夫、中西洋、馬場宏二、兵藤釗、和田春樹の八教官で「東京大学の危機に際して」というタイトルのビラを出しました。これは、紛争の両当事者に対して、いまこそ、「無節操な収拾策動」に走るのではなく、当事者としての主体性を確立し大学にふさわしい「論理的対決の場」を通して解決をはかるべき秋であると訴えたものでした。

戸塚さんと調停工作へ

このような状況のなかで、戸塚さんから時計台が全共闘に占拠されている状況が続けば機動隊導入が見えているんで、この際、時計台から撤退する方が賢明ではないかと全共闘派に説得してみたらどうか、という話がありました。総長代行の了解をとった上でインフォーマルな調停に動いてみようというアイデアを受け入れ、僕は戸塚さんのアシスタントのような格好で同行することにしました。誰と誰にあったか正確な記憶はありませんが、全共闘議長の山本義隆、共産同ML派の今井澄など、主だった党派の代表格に会いました。戸塚さんが停年退官の時に社研の紀要に載った座談会で話しているように、結局、あなた方（僕たちのこと）が学内紛争をいかに収めるかというところで、ぎりぎり良心的なことを言っていることは認めるが、われわれは東大紛争を七〇年安保闘争の前哨戦として位置づけており、もはや政治闘争の一環となっているので、各党派とも機動隊導入は迎え撃つという体制で固まっているということでした。それで調停は失敗に終わりました。党派のなかにはいくらか柔軟な態度を示すグループもあったが、ノンセクトは強硬に撤収拒否という姿勢でした。
僕らが会ったリーダー格の人物のなかでは、共産同ML派の今井澄は医学部の青医連のメンバーで、歳も若干上（調べてみると一九三九年生まれ）ということもあるが、他のリーダーに比べて器が大きいなと感じました。

上井：そうだと思います。党派は政治判断をやるけれども、ノンセクトはラジカルで、それに応えることを言わなければ党派は支持を失う。そういうことでエスカレートするという構造になっていました。

僕らの調停はそういうことで失敗に終わりました。年の暮れに坂田文部大臣と加藤総長代行の会談があった。二人とも旧制成城高校の出身で話が通じる間柄、どういう裏話があったかは知りませんが、入試は中止しようということで一致しました。加藤さんは入試をやりたかったと思いますが、坂田さんがこういう状況ではそれは無理だよというような話をしたんだと思います。
年の暮れが押し詰まった一二月三〇日に経済学部の教授会がありました。教授会が終わってから、学部長の大内さん（総長代行の代行でもある）から加藤さんがこう言っていると告げられました。先ほどちょっとお話ししたことですが、年明けの一月一〇日に七学部代表団と全学集会を行なうことに決まった、そちらは学生委員会が取り仕切るけれども、学生だけと折衝してOKを取れば済むというわけにはいかない。東大職員組合にも了解を取らなければならない。ついては、職員組合との交渉役を兵藤君にやってもらいたい、兵藤君一人ではなく、理学部の野上耀三さんと二人でやってくれ、という話でした。まあやむを得ないと思い、その場で引き受けました。今日でいう「総長補佐」ですが、この頃はそういう職名はまだありませんでした。

紛争終結に関する確認書の交渉が終わってから、職員組合が給与問題などについても交渉に応じてくれと言ってきました。東職との交渉範囲が待遇問題等を含めて広がる気配を示したので、僕は「それは困る。学内行政をめぐる問題は総長代行から委任されたからやるけれども、給与など待遇問題はそういう方面に責任を有する事務局長とか経理部長とやってもらいたい」と言いました。野上さんは真面目な人ですから給与問題などに関する折衝にも当たられました。そんなことで一年間、今日でいう総長補佐のような仕事をしました。

年明けの一月九日には、民青の立てこもる経済学部棟が全共闘の襲撃を受け、機動隊が導入されました。そのプロセスでなるほどと思ったことがあります。大内さんが学部長で、隅谷さんが評議員でした。大内さんは総長代行の代行ですので、この時は学部にいませんでした。襲撃が起こった時、建物内にいた教官が全部集められ、どうするか協議が行なわれました。もう一人の評議員だったある教授は意思決定の経済学をやっている人でしたが、意思決定できない。そこへいくと、さすがに隅谷さんは腹がすわっていた。責任は自分がとる、このまま放っておくと、けが人が出たり死人が出たりということになる恐れがあるので、機動隊導入を総長代行に頼む、と宣告しました。隅谷さんが亡くなる直前に著作集が刊行され、僕も栞に何か書いてくれと頼まれて、「稀有なる人」というタイトルで一月九日の襲撃事件を通じて感じた隅谷さん、この人はなかなかのものだと書きました。その著作集の刊行記念パーティーがあった時、奥さんが「兵藤さん、いいこと書いてくれたわね」とおっしゃった。その後、隅谷さんは成田空港問題の調停役を引き受けられたことを見ても、七〇歳代の隅谷さんは大河内さんとくらべて立派だったのではないかという気がします。

明くる一月一〇日、秩父宮ラグビー場で開かれた七学部集会で「確認書」の調印に進みました。そして一月一八、一九日、機動隊導入によって安田講堂の封鎖が解除されました。

島倉千代子に現場を見せる

この安田講堂封鎖解除の一〇日ほど前に、戸塚さんと私で歌手の島倉千代子さんを東大に連れてきました。正月に氏原さんのところに行ったとき、氏原夫人の患者である島倉千代子も来ていて、東大紛争の話になり「私ちょっと行ってみたい」と彼女が言ったんです。そういうこともありました。
安田講堂が落城するということがあって、経済学部も封鎖されていた教官研究室も利用できるようになりました。僕の仕事であった東大職員組合との交渉は、三月に「確認書」の交換が行なわれました。これは大学の公式記録には出てきません。やったという記録は出ているんですが、どういう中身であったかは載っていません。そして四月に総長選挙があり、加藤さんが代行から総長になりました。

野村：研究室封鎖の時、丸山眞男さんの研究室が荒らされていたというのは有名な話です。経済の研究室は大丈夫だったのですか。

研究室の鍵穴にセメダインが詰め込まれていた。僕の部屋はセメダインが入っていなかった。でも、多くの人はやられていました。でも、中が荒らされるということはなかったようです。

上井：全共闘は教授会敵論に立って一律に研究室封鎖をしたのではなく、個々の教員ごとに対応を変えていた。

全共闘学生による追及集会

一九六八年後半数度にわたって学生向けのビラを連名で出したこともあって、時計台占拠排除後、全共闘系学生の追及には厳しいものがありました。ビラではこういっていたけど、今のお前はどうなんだ、という追及でした。個人的には、紛争最中より精神的には苦しいものがありました。

野村：追及したのは経済の学生ですか。

いや、主体は、学生というよりも院生、助手などで、経済だけじゃありません。

上井：経済学部の自治会は右派の日学同（日本学生同盟）だった。工学部に日学同の親分がいて、東大を仕切っていたようです。

追及の際、教養学部の折原（浩）君の行動が引き合いに出されました。折原君は三月の段階で授業拒否に出た。彼がどういう理由で授業拒否をしたのか知らなかったので、社研の和田（春樹）君に尋ねました。その時に聞いてメモしたものが見つからないので、折原君が一九六九年七月に出した書物『大学の頽廃の淵にて』によると、次のような三つの理由が挙げられています。①七項目要求を「正面から受け止め」、これと論理的に対決することをしなかった、②一・一八～一九の機動隊導入に対する自己批判がなされていない、③主体的責任をウヤムヤにしたまま授業再開になだれこもうとしている。

僕は、確認書をかわして授業再開が決まった段階で、大学当局が学生側の要求と論理的に対決しなかったという理由で授業拒否することは百年河清を俟つようなものだ、と思いました。折原君は授業拒否をしながら給料をもらいに行っているという話でした。彼は、教員には授業を拒否する権利がある、と言っているのです。授業をする義務だけではなく、授業を拒否する権利もあるというのです。これは僕には理解できません。造反教官の一人であった藤堂明保教授（文学部）は退職しました。漢文の先生で、辞書の編纂などで食っていけるということでした。潔く退職するというなら格好いいが、辞めないで、しかも授業拒否するというのにはとても同調しがたいと考えました。ただ、折原君は土曜日に自主講義を行なっていました。自分の属する学部であれば普通は教務掛に行って空いてる教室を貸してくれるように言えば済むところ、通常の手続きに従って教室借用願いを出して講義をしていたようで、それは授業拒否をしている教官としては節度ある行動だと思いました。

僕についていうと、四月一一日 経済学部・社会科学研究所の助手有志主催による「討論集会」、四月二二日、三〇日の経闘委（経済大学院闘争委員会）による「追求集会」へ出席を求められました。お前は授業再開・問題提起者の圧殺に加担しているではないかという弾劾でした。「帝国主義大学解体」「自己否定」という思想には共感する部分もあるが、実際に大学をつぶすことを含意する「大学解体」というスローガンは短絡的で、違和感があるというのが僕の考えでした。

その当時に読んで実相を知ることができるなと思ったものに、毎日新聞の内藤国夫が書いた『東大紛争――ドキュメント』（一九六九年四月）があります。追及にどう対応するかということにかかわって教えられたのは、国学院大学の竹内芳郎「大学闘争をどう受けとめるか」（『展望』一九六九年五月号）という文章です。なるほどと思い、それを支えにしようと思いました。竹内さんは、大学闘争は全体革命としての文化革命だとした上で、次のように書いていました。「全体革命は、現実の地平にある機構改革にあたかもその辺釁のようにたえず随伴し、随伴することによってそれをたえず方向づけ革新しつづけるものとしてはじめて意義をもち得るのであって、それが己れの非現実性を忘却してそれ自身一つの現実となりかわるとき、それはたちまちにして無意味なものに転化するのだ」と。

さらに竹内さんは自己否定について、こう書いています。「自殺しないでこのスローガンを掲げ得るとすれば、そうする者自身が、このブルジョア社会のなかでブルジョア的尻尾をくっつけて、やはり何ほどかの〈自己肯定〉と〈日常性〉とを残しているからである。」要するに何も食わないで生きるわけにはいかない。大学を辞めないとすれば、どうすればいくらかでも新しいものに向かって行くことができるのかを考える必要があるというのです。そういうことを、和田君が発行していたタイプ刷りの『発言』第二号（一九六九年五月）に「『東大闘争』と私」というタイトルで書きました。

東大紛争が収まってから、『週刊現代』六九年七月二四日号に「極秘に進む東大の三派支持教授追放計画」という記事が出ました。出た当初、僕はこの記事のことは知りませんでした。社会科学研究所の岡田（与好）さんから教えられました。記事は、「『全共闘』の数々の犯罪行為を黙認し、誘発してきた学内『進歩』派への批判、その打倒こそがわれわれの主目標」とする「反・造反教官」集団、「東大教官共闘会議」なる秘密組織が結成されたと報じていました。記者がこの組織に接近を試みたところ、メンバーだと称する者から電話があり、この共闘会議は文、経、工、教養の各学部にまたがっていると述べたということです。共闘会議の存在を垂れ込んだのは「さる経済学部教官」だと記されており、そのせいか記者が経済学部長の大石泰彦教授に尋ねたところ、大石さんは「教官共闘会議のような物の考え方に近い諸君が経済学部の若手教官のなかにいるということは聞いたことがありますね。…まあ、経済学部若手の右派勢力というと、中西洋助教授、兵藤釗助教授といったあたりですがネ」と述べたとある。なんで中西・兵藤が右派になるのかわかりません。岡田さんは正義感の強い人だから、君たちは大学執行部批判のビラを出したことはあるにしても、門の張り番など大学当局が決めた行動を拒否しているわけではない。「造反教官」というのはひどすぎると憤慨して、大石さんに発言取り消しを談じ込みました。岡田さんは社研の人ですが大学院経済学研究科のメンバーであり、大石さんは経済学部長ですが同時に大学院経済学研究科の研究科長ですから、それで岡田さんが話に行ったわけです。二週間後くらいだったか、たった一行の訂正記事が載ったのを見た記憶があります。しかし今回それを確認しようとしたけれど、訂正記事を発見できませんでした。

野村：なんで中西さんと兵藤さんが右派として言及されるんですか。

上井：造反教官として名前が挙がるのなら、それなりにわかるけど。

野村：ここで言及されている「反・造反教官」集団、「東大教官共闘会議」なる秘密組織は本当に存在したのですか。

わからない。

野村：お前は辞めろ、と言われたことがあるのですか。

いや、一度もない。この記事で造反教官としてアプローチされているのは、折原、藤堂、それにもう一人いました。誰が造反教官を追放しようとしていたかについては、大石さんの発言を除いては書かれていません。

上井：大石さんは学部長でありながらよくもまあ個人名をぺらぺらしゃべるものですね。

野村：大石さんは原理研究会と関係があると聞きましたが。

そう。関係があったようです。学部長のとき大石さんが学生に追及されることがあった。僕はそのころ夜の七時半か八時頃まで研究室に残っていましたから、学部内放送で大石さんがいまどこどこでつかまっているので応援に来てほしいと連絡が入ることがありました。最初は大学や学部のことについて追及されるのですが、そのうちに原理研の話しになるのです（笑）。そんなのには付き合っていられない。もう聞いているだけです。

後日譚

「東大闘争」と称されるものについてもう少しだけつけ加えておきます。教養学部の助手だった最首悟は「玉砕する狂人といわれようと」（『朝日ジャーナル』六九年一月一九日号）という文章で、六九年九月頃から「東大闘争は質的に飛躍を遂げた」と書いています。当初の「学生の自治弾圧に対する抗議」から「大学が現実に果たしている社会的機能」の糾弾へ、「そのような大学にいる自分自身」に対する「告発」へ、つまり「自己否定」へと発展して行った、というのです。

その頃からでしょうか、全共闘系の学生の口から教官に対して「専門バカ」という蔑みの言葉が聞かれるようになりました。それは、この大学紛争のなかで大学というものの雰囲気が大きな変化を遂げたことを示しているように思います。

第一次安保の頃、僕は大学院生でしたが、ご承知のように六〇年六月一五日国会デモのなかで東大の学生でブントの活動家であった樺美知子さんが死亡するという事件がありました。当時の『東京大学新聞』（六月九日号）を引っ張り出してみると、「総長さんから小使まで　九日全学研究集会」開かるという記事が載っています。その報道によると、助手会の提唱で全学集会の準備会がつくられたということで、提唱者の個人名もあがっています。あなた方もよく知っている社研の古島敏雄助教授、東大紛争のとき僕と一緒に東職担当の交渉委員を務めた理学部の野上燿三助教授、この人は小説家の野上弥生子の息子さんです。それから、法学部の福田歓一助教授、文学部の福武直教授、それにどの学部かは書いてありませんが助手会、学生では法学部の緑会も提唱者に名前を連ねていた。

僕自身の記憶に鮮明に残っているのは、樺さんが死んだ直後だったか、東大から国会に向け企画されたデモの風景です。教官・学生が一緒に隊伍を組んで正門から出発したのですが、足の悪い大塚久雄教授も松葉杖をついてその隊伍に正門まで同行しました。そういう雰囲気の中で、安保闘争が闘われたのです。この頃までは、教官・学生が一緒に行動するというような雰囲気がどこかにあった。しかし、そういう時代はあれで終わりになったという気がします。『東京大学新聞』は樺美知子が死んだ直後、二一日付けの東大教授団の声明を載せています。そこには、「原理にたって現実の事態を批判することは、そもそも大学の本質的使命の一環」であるとおごそかに言われています。こういう形で闘われた安保闘争から東大紛争に至る六〇年代を振り返ってみると、大学は大きく変わってきたなと思います。

六八年に発生した東大紛争は、先ほど示した最首悟の言説にもあるように、この年秋さらに質的な変化を遂げた。小熊英二も、『１９６８』というタイトルの上下二冊からなる大著のなかで、六八年秋「東大闘争」は「思想運動」となり、終わりなき闘いへと展開して行ったと述べています。そして、この若者たちの反乱は高度経済成長にたいする「集団摩擦反応」であり、古色蒼然としたマルクス主義理論とラディカリズムをともなうセクトとの結合であったが、その背景には、革新組織の保守化・形骸化があったと述べています。この頃、東大で全共闘系の集会があった時、生協食堂でテーブルの上に残されていた日大全共闘のビラを見たことがありますが、言っていることが東大全共闘とは全然違うなという感じを受けました。我々は大学を卒業してもそこらへんの職工みたいなものになるのがオチだ、だから云々というような内容で、東大全共闘流の「自己否定」などという発想とはまったく別物でして、その違いに驚かされました。

この頃は全共闘運動のなかに新左翼諸党派の影響が強まりつつあった時期です。評論家の上野昂志は、新左翼諸党派の運動を支えていたのは、べ平連・反戦青年委員会・全共闘で、六八年一〇月二一日がそのエネルギーの発散のピークだった、と述べています。革マル派以外のセクトは大学闘争の「泥沼化」をはかり、七〇年安保の闘いへ登りつめようという発想で運動を領導しようとしていたが、革マルは全共闘に「小ブル急進主義」という批判を投げかけていました（小熊英二『１９６８』上）。

東大全共闘の議長だった山本義隆は、先ほどちょっと触れた『私の一九六〇年代』という著書のなかで、次のように述懐しています。「この時点で、わたしは、あるいは私たちは、一方では六〇年安保と六七年以来のベトナム反戦闘争の延長線上に七〇年安保闘争を見据えていたのであり、それゆえ中心的課題が政治に集約されるのは、ある意味では必然でした。ただし誤解のないように付け加えますが、だからといって私たちは、東大のバリケードを学内闘争と無関係になにがなんでも七〇年まで維持するべしと考えていたわけではありません。…七〇年安保闘争は、現実的には、六九年秋の佐藤訪米阻止闘争を中心として闘われました（が）、敗北です。…そして、…反戦闘争を闘った新左翼は、内ゲバという形の内部対立で、大衆の支持を失い、自ら傷つき、自壊してゆきました」と。

経院紛争

東大紛争は、六九年一月の七学部集会での確認書の交換を以て終息に向かいましたが、経済の大学院（経済学研究科）では、その後も紛争が続きました。

院生自治会は、六八年一二月、「大学院五ケ年一貫研究体制」の保障という目標を掲げて、修士論文の廃止、指導教官制の撤廃、現行単位制の撤廃などを含む新七項目要求の実現を求めて無期限ストを宣言した。この要求は具体的な大学院改革の方向を打ち出している点で注目に値するものでしたが、七学部集会での確認書交換による紛争収束をめざす動きが進むなかで院生自治会による教官研究室の封鎖も解除され、この要求を巡る折衝は物別れのままとなりました。

そして、六九年四月大石泰彦教授が研究科委員長についてから、八月一日に院生自治会から「団交」の申し入れがあり、数度に及ぶ交渉の末一一月一七日、自治会と経院当局との間で「一一・一七文書」が交換されました。そこには、修士論文の廃止、院生自治会は毎学年度「自主的カリキュラム」を研究科委員会に提出し、研究科委員会はできうるかぎり研究科のカリキュラムに組み込む、「自主的カリキュラム」のうち五か年間に二〇単位を「原則」として「自由研究」を認める、指導教官制の廃止などの条項が含まれていた。このうち、指導教官制の廃止は、従来院生の講義履修については指導教官の認可印が必要で、教官のなかには認可印制度を楯に、気に入らない受講プランには認可印を捺さない人もいました。自治会はそれを不満として指導教官制の廃止を求めていたわけです。この文書の交換によって一二月一一日に経院自治会は無期限ストを解除し、翌年一月二六日から授業が再開されることになりました。

しかし、七二年二月、研究科（委員長は遠藤湘吉教授）が大学院入試に関して学内外の応募者を問わず第一次には筆記試験を課すこととし、第二次には論文にもとづく口述試験を課すこととしたのに対し、院生自治会は論文にもとづく口述試験の導入に反対し、再びストに入るとともに教官研究室を封鎖しました。そこで、研究科は二月二三日の口述試験場を検見川総合運動場管理棟に移すこととし、上野公園に受験生を集めバスで検見川に連れて行くことにしました。

その際、集合場所の警備にあたった私服警官に東京大学のマーク入り腕章を貸与し腕に巻かせました。これが「腕章事件」と呼ばれるもので、院生自治会の強い反発を招きました。

この事件の後始末は、武田（隆夫）研究科主任と私が担当することになりました。私はこの当時学部の学生委員で、大学院の研究科委員ではありませんでした。どういういきさつでそうなったか定かな記憶はありませんが、武田さんに頼まれて二人で院生との交渉にあたりました。私は、腕章貸与の非は非として認めつつ、方針で交渉に臨みました。誰が腕章の貸与に関与していたかは分かっていたので、私はその人からどういう経緯でこういうことになったのか聴取しました。院生自治会から、腕章を貸与した教官を交渉の場に出せという要求があり、出せないとは言えないものですから出席してもらうことにしました。ところが、交渉の場で追及にあい、その教官は私に話していないことをしゃべってしまったのです。これには困りました、弁護のしようがありませんから。そういう折衝を経て、結局「腕章事件」は三月遠藤研究科委員長が責任を負って辞任するということで幕引きになりました。

その年の六月、「一一・一七文書」に含まれていた修士論文廃止にかかわる措置および自由研究単位問題をめぐり院生自治会がストに入り、またもや教官研究室を封鎖しました。とりわけ厳しい対立点となったのは自由研究問題で、「一一・一七文書」は、先ほどお話ししたように、「自主的カリキュラム」のうち五ケ年間に二〇単位を原則として「自由研究」を認めると謳っていました。研究科委員会は、この文書で自由研究は五カ年間に二〇単位を「原則」とするとしたのは六八・六九年の紛争過程で指導教官との感情的対立等により単位の認定に困難が生じた院生に対する救済措置として例外を認めるという含みであると考えていた。これに対し、現行単位制の撤廃を要求の一つに掲げていた院生自治会は、七〇年度以降の入学者にも自由研究の単位に制限をつけず院生側の申請に応じて認めよと主張したので、激しい対立を生み出すことになったわけです。そして、院生自治会は、この要求を貫こうとして一一月一〇日に無期限ストに突入しました。

こうして年度末を迎えて対立は膠着状態に陥り、院生側も自由研究の無制限の単位認定は無理だと考え、妥結の道を探りはじめているかに見えました。こういう時点で関口助教授と私が院生につかまってしまい、自由研究問題での話し合いになりました。この情報が経済の教官に伝わり、学内に残っていた研究科の教官は学部長（研究科委員長）などを含め学士会館に集まって待機していました。私たちと院生自治会の交渉は夜遅くまで続きました。どういう問題であったか定かな記憶がありませんが、ある事柄について回答を求められました。もう夜一一時を過ぎていましたが、それは私たちだけで回答することはできない、教官が学士会館に集まっているので相談したい、と言ったところ、院生たちも承諾しました。

学士会館に行って情況を告げ相談したところ、関口・兵藤はもう院生との交渉の場に戻るな、という話になりました。しかし、私たちは院生に対して戻ってくるからと約束して出てきた以上、たとえ院生側の満足は得られない返答であっても、戻らないわけにはいかないと言って交渉の場に戻りました。こういう一件があって、この問題をめぐる紛争は七三年三月末「自主研究単位制限に断乎抗議しつつ、痛恨こめてストライキを解除する」という院生自治会執行部提案を院生総会が可決し、終わりを告げました。

野村：私は一九七一年四月、上井は七二年四月に大学院に進学しました。つまり「一一・一七文書」後の新体制の下で院生生活を送りました。それで、新体制についていくつか質問があります。まず、教授会は「一一・一七文書」をすんなりと承認したのですか。内部で議論はなかったのですか。

いや、まず大石さんが学部長（研究科委員長）だった時、修士論文廃止については修論に代わるものとして「研究の概要とそれについての学問的反省ならびに将来の研究計画」を四百字三〇枚程度にまとめ提出するという取り決めがされました。ところが、院生は紙一枚程度のものしか提出しなかった。研究科委員会はこれでは困るということだったのですが、院生側の力に抗しえず、これを修士論文に代わるものとして認めてしまいました。力に屈したのです。教官の間では、これでは非常に困るという声が強かったと思います。ものを書くという習慣が身につかないからです。修士論文が事実上ないのですから、五年間何も書かないで大学院修了となってしまうわけです。

野村：指導教官制の廃止についてはどうだったのですか。

研究科委員会のなかに、ああいう指導の仕方は問題だと見られるような教官がいるという認識がありましたので、指導教官制の廃止はもっての外だという雰囲気ではありませんでした。問題はむしろ修士論文の廃止にありました。

野村：兵藤さんのレジュメには「自由研究」と書かれていますが、われわれ院生は「自主研究」といっていました。

研究科委員会は、『東京大学百年史』の部局史に記述されているように、六八・六九年度に在籍していた者については例外的に二〇単位を越える「自由研究」が認められるケースがありうると理解していましたが、院生の方は単位制の廃止に向けて「自主的カリキュラム」の認定を求めていたから、「自由研究」問題も「自主カリ」の一環と位置づけようとしていたわけでしょう。だから、七〇年度以降の入学者についても、二〇単位を超える単位数を認めろと主張したわけではないでしょうか。

上井：無制限に認めろ、という提案が自治会執行部からなされた。僕は院生総会で、そういう要求はナンセンスだと言って、やりあった記憶があります。自主研究については院生に二つのタイプがありました。一つは後に埼玉大学に就職することになった山下（正明）さんのように、非常にきっちりと自主ゼミをやるタイプです。ところが自主研究という名前だけで、実際には何もやっていない院生がいました。腐敗現象がひどかった。

野村：私も腐敗していました（笑）。

上井：新しく大学院に入ってきた者から見ると、この現状は何だ、という気持ちが強かった。それでストライキの継続は支持を得られなかった。

野村：兵藤さん個人は修論廃止、指導教官制廃止、自主研究をどう思っていたのですか。

修論の廃止はよくないと思っていました。研究科委員長の大石さんだって三〇枚は書け、と言っていたのです。それが力で押し切られ、紙一枚で通るようになっちゃったんだから。大学院生時代の論文執筆について言うと、僕らが院生の頃には、マル経の分野では博士課程を終わるときに、四百字二〇〇枚の手書き論文が一本あれば就職試験は受けられた。いまは五〇枚ぐらいの活字論文を四、五本持っていなければいけないという感じになっている。そういう状況のなかで、書きやすいテーマでものを書いて、一貫性のない論文を揃えてよしとする風潮が広がっている。これでは困るんですよ。

上井：僕が就職で最初にアプライしようとしたのは金沢大学でした。僕は活字論文の本数が少なかったので、金沢大学の人に聞いたところ、言われたのは、なぜ東大の人は本数が少なくて長い論文を提出するのですか、ということでした。五〇枚の論文を四本くらい揃えてもらわないとだめです、と。東大ではそういう指導を受けないのですか、と言われました。

野村：それは、私が岡山大学に就職する時とは全然違っています。私は活字論文のほかにかなり長い手書き論文を持っていました。岡山大学の人から、就職すれば手書き論文はすぐに紀要に発表できるので、活字論文と同じに扱う、と言われました。僕らの時には手書き論文でＯＫでした。

上井：結局私は金沢大学には応募しませんでした。埼玉大学に就職したとき、同時に着任した大阪市大出身者の話では、大阪市大では四〇枚で一本の活字論文にするという指導がなされている、とのことでした。

野村：あの当時、二年で修士論文を書くのはつらいという声が院生の間にありました。それはそうでしょうね。教官のなかにも、三年ぐらい必要ではないかという意見がありました。

野村：近経の方では、修士課程の二年間はスクーリングの時期だ、という意見でした。近経はそういうやり方でした。マル経とは違っていましたね。

野村：大学院に入る時、専攻領域が理論、応用、経済史などと区分されていました。しかし入ってしまうとそんな区分はまったく何の意味もありませんでした。どうしてそんな無意味な区分をしていたのですか。

それは前からそういう区分になっていたので、そのまま続けていたということでしょう。

野村：東大経院で修士論文がないということは文部省との関係で問題になったのですか。

文部省との間で問題になっていたのは、修士課程で定員いっぱい取っていなかったことと、それに、新制大学院では大学院修了者が三年以内に論文を提出して博士となるいわゆる課程博士の制度が設けられていたのですが、経済の大学院では課程博士となった者がほとんどいなかったことです。僕らが院生の時には修士課程の定員は五〇人くらいでしたが、毎年の入学者は多くて二〇人ぐらいで、そういう状況がずっと続いていました。

紛争後の学部ゼミ

紛争後数年間は、学部ゼミの雰囲気が以前と大分変ってきました。ゼミに入ってくる学生のカラーが年度ごとに同じ色になる傾向が生まれました。僕のゼミについて言うと、授業再開後、最初の年は全共闘系、その連中が卒業すると社青同、その次の年は民青というふうに変わりました。同じ系統の者でないと話ができないというような雰囲気でした。

紛争以前、僕のゼミを希望する学生には、志望理由書の提出を求め、そのなかに社会科学の本としてはどのようなものを読んだか、記述を求めていました。紛争以前は、どういうものを読んでいるのか、人によって非常に違いがありました。こんなものまで読んでいるのか、という学生もいて、驚かされたものです。紛争後はそういう質問はやめにしました。個々人の思想に対する介入と見なされても困るなと思ったからです。ただ、七〇年代、八〇年代と時代が下がるにしたがって、自分で何かを探して読もうとする学生が減ってきたように思います。教師がこれはいい本ですよと勧めたものしか読まない。自分で探して読むという学生は、ゼロとは言わないけど非常に少なくなってきた。とりわけ、共通一次試験が課されるようになってから東大生の気質も大分変ってきました。小さいころから塾に通わないと東大に入れないというふわりますよね。

うになってきて、東大の学生の親の所得水準も、慶応大学を抜くようになりました。学生も変

大河内さんとの関係

前にお話ししたように、紛争末期、大河内総長をはじめ評議員は責任をとって辞めて下さいと書いたビラを全学の教官に向けて配りました。大河内先生は怒っているだろうなと思いました。大河内さんは総長を辞任した後、六八年暮れから六九年にかけて青林書院新社から五巻編成の著作集を刊行されました。

その第五巻の栞に「著作集の刊行をおわって」という一文を書いておられます。そのなかに東大紛争に触れてこう記しておられます。「大学の外の政治闘争、それも偏狭な派閥的な対立を、大学の中にもち込み、そこに大学外の政治闘争の橋頭堡を構築することは、結果において大学が戦前の何十年かを通して辛うじて護ってきた『自治』を自ら打ち毀すことになるのだが、今日では、教師も学生も、それこそが大学の自治だと思い違えてしまっている風にみえる。戦後の大学にはさまざまな欠陥があることは私は百も承知だが、それは極くスローにしか改善の途をすすみ得ないし、またスローながら進んで来ているのに、それを短時日の間に、大学改革が出来あがるなどと思いこむことは、また人々に思い込ますことは、紛争処理と大学改革とを

引き替えにした取引きのようにみえるし、結局『学問の府』としての大学とは無縁の態度である。…ゲバ棒学生と造反教師から何も生まれないだろう。自分はゲバ棒を思う存分ふるっておいて、さて要領よく卒業だけはしようというのではないか。また自分は権力に対する造反宣言を派手にしたりはするが、やはり今の地位は棄てたくない、と考えているのではないか。体制内的存在であることの制約を自覚しながらその約束の中でおおいに論ずるなら話は判るが、自ら体制外的存在であることを自負するなら、むしろ丸腰になって闘う方が立派だと思う。」

私は著作集第五巻が出た時、この文章をすぐ読みました。そこには、私がなぜ授業拒否をしないのかという論理と共通したものもありますが、私はこの文章にいう「造反教師」と見なされているのではないか、という気がしてきました。私は、大河内さんが総長になった時から大河内演習同窓会の幹事をしていましたので、これはうまくないなと思って、大河内演習第一期生で、事実上の同窓会の会長役である尾崎重毅さんにこの際幹事をやめたいと思うがどうでしょうかと相談をかけました。尾崎さんは、幹事は大河内先生に指名されたものではない、同窓会の皆の声で決めたもの、と慰留してくれました。それでその後九四年東大の停年を迎えるまで宮川隆泰さんと二人で続けました。

しかし時計台陥落後、三年ほど大河内さんとの連絡はすべて宮川さんを通じて行ないました。いわば事実上の破門状況だったのです。東大に在籍する大河内門下生はだいたいが造反的だったので、戸塚さんから申し出て、大河内さんと僕らの手打ち式のような酒を飲む会が持たれました。どこでどういう会になったのか記憶はありませんが、酒が出る場で手打ちとなりました。

3　紛争時代の調査―『日本における「新左翼」の労働運動』

野村：兵藤さんは紛争終末期に戸塚さんなどと一緒にニューレフト諸党派の調査をやっておられますよね。これはどういう気持ちで始められたのですか。

お前は革マルシンパか

それではこの調査についてお話ししておきます。上下二冊から成るこの書物の序論に、戸塚（秀夫）さんは、一九六四年春闘における「四・一七スト問題」の発生を契機に、七名の同憂の士でもってこの年八月「社会主義研究会」を発足させた、と書いています。そのうちの四人は、この本の執筆者、戸塚秀夫、山本潔、中西洋、兵藤釗ですが、残り三人が誰であったか思い出せません。この研究会は、「日本の社会主義へむけての革命の諸条件の研究」を企図しながら、大学紛争で中断となりましたが、その経緯についても定かな記憶がありません。中断後、あらためて戸塚、山本、中西と私の四名で「社会主義研究会」を再開し、新左翼諸党派の理論と実践の跡を吟味することを通じて、所期の目的に迫ることとしました。再開の経緯も定かに覚えてはいませんが、言い出しっぺが戸塚さんだったことは間違いありません。

戸塚さんは、この研究会の問題関心のありようについて、労働組合の成熟にともなって現存の交渉・協議の枠組では処理されがたい不満・欲求がどのような形で堆積されてくるかという現段階的問題への関心にあると述べています。そしてまた、現在という時点は、「世界の戦後体制が経済的にも行き詰まり、全体として揺らぎ、危機に瀕しているという事態が誰の目にも明らかになってきた時期」であると述べていました（「戸塚秀夫教授を囲む座談会」『社会科学研究』第四一巻第四号）。この調査研究は、六九年一〇月から新左翼諸党派のリーダーのヒアリングを以て始まり、共産同（大阪中電マッセンスト）、革共同革マル派（動労）、革共同中核派（街頭闘争）、社青同解放派（東交・東水労）を調査対象に選んで、参加者四人で分担して調査研究を進め、七五年一月に一応のピリオドを打つにいたりました。

なお、この調査を始めてから、共産党のメンバーであった戸塚さんが「トロツキスト」を敵視していた党本部の査問を受けるという事件が起こりました。結局、七〇年になってから戸塚さんは離党することになりました。この当時私もまだ党籍を有していました。戸塚さんが代表のような格好で査問の対象になりましたので、私には呼び出しはかかりませんでした。ですが私も、戸塚さんが離党した直後に離党することにしました。

この調査研究への私のかかわり方について言えば、戦後研究を始めようと考えていた時期で、この当時、一九五〇年代後半から六〇年代にかけての職場闘争、なかでも国鉄における反合理化闘争に関心を持っていました。それで、調査研究の分担を決める際私が革共同革マル派・動労を担当するのがいいということになったのだと思います。革マル派に特別のシンパシーを抱いていたというわけではありません。私は、革マル派・動労についての研究を進めるとともに、戸塚さんの求めに応じて大阪中電でマッセンストを敢行したブント系活動家のヒアリングに同行しました。この本が出てから「お前は革マル派のシンパか」というような声を聞くこともありましたが、そういうことはありません。当時、革マル派と中核派ははげしいゲバ戦争状態にあり、記述には神経を使わねばなりませんでした。私的な感想を端的に書くことにはばかりを感じておりましたから、そうしたことも革マル派シンパじゃないかというイメージを与えることになったかも知れません。

この調査研究が始まった頃、革マル派の書記長は森茂で、彼は僕と同じく東京大学一九五三年入学、文Ⅱ（いまの文Ⅲ）九組で、駒場の頃から旧知の男でした。本名は鈴木啓一と言い、東海銀行の頭取の息子で、駒場の頃はセクトのリーダー格を担う活動家になるとは思えなかった。ちなみに弟は農学部出身で、中核派幹部の陶山健一です。東大紛争後、森茂に調査への協力を頼み了解を取りつけました。しかし、森茂は七〇年四月にリーダー・インタビューに応じてくれたのを最後として失脚し、軟禁状態に陥いりました。それを知らなかったものですから、連絡を取ろうとして奥さんに電話したところ、ちょっと病気でお会いできませんと言われました。そこで彼の親父さんのところに電話し、連絡を取りたいのですが、どこに連絡したらいいのか教えていただきたいと申しました。「あいつは勘当したから知らん」という返事でした。

森茂がなぜ失脚したのか、定かにはわかりません。中核派とのゲバ戦争をやれというタイプの男ではないと思いますから、それで失脚したのかも知れません。また、東大紛争の収束時点での六九年一月一八・一九日、機動隊導入による時計台攻防がありましたが、革マル派はその前日の夜守備を任されていた法文二号館から自派部隊を撤退させてしまいました。森茂は撤退に反対したので失脚したという説もあります。どれが本当かはわかりませんが、とにかく失脚してしまいました。それで革マル派に関するインタビューはできなくなり、市販されている資料を通じてアプローチするほかなくなりました。

上井：弟が中核派の陶山だったことが関係していたのではないですか。

さあ。後に陶山は革マル派に襲撃されてはいますけど…。

上井：陶山はニューレフトの研究会でインタビューに応じていますよね。

応じています。研究会でインタビューしたリーダーのなかでは、陶山がもっとも大衆運動家的な感じでした。

僕が書いた革マル派の章は、先ほど言った事情で公開されている文書にもとづいています。しかし、革マル派が出している資料をできる限りあたったので、その当時出ていた革マル派の紹介としては、僕が書いたものがもっとも正確だという気がしています。

評判と本音

あの本は何であったかという問いに一口で答えるのは、むずかしい。あの当時我々が日本における社会主義革命の道筋を問題としていたことはたしかでしょう。あの本の末尾に付された「意見」の部分に、私は『新左翼』に問われたもの」という文章を書いていますが、そこで述べたように、いわゆる新左翼諸党派の共通認識は、日本における革命は世界革命の一環であり、ソヴェト革命として遂行されるだろうということだった。つまり、ロシア革命に結晶した伝統的構想を受け継ぎ、労働組合の枠を越えた生産点を基礎とする労働者の地区的結集の現代版をつくり出そうとするもので、諸党派は六〇年代後半に台頭してきた地区反戦を軸とする反戦青年委員会をそれぞれの流儀で党派軍団化しようとしていた。そういう意味では、新左翼と呼ばれたけれども、オールド・レフトの母斑を残した古色蒼然たる運動といえるのではないでしょうか。もっとも、革マル派は、革命主体が未成熟であるという認識に立っており、労働組合の運動を実力闘争として左翼的に展開せしめることを通じて党づくりを推進しようと企図していました。こうした新左翼諸党派と鋭く対立していた日本共産党は、かつて一九五〇年代に武装闘争を通じて革命へという発想に立っていたことがありますが、ご承知のように六全協で方向転換をはかった。その意味では六全協後の共産党の方がむしろニューレフトと言えるのではないでしょうか。

ともあれ、第一次大戦後から議会制度による国民統合が追求され、かつまた労働組合を通じた労働者統合が制度化されてきた現代資本主義国家において、国家権力との実力的対決の推進が現代における革命構想たりうるかが問われていたというべきでしょう。この点で、日本の新左翼諸党派が新しいものを打ち出したとは言えないように思います。そして、諸党派は内ゲバ戦争に陥ることによって大衆的支持を失っていった。

この本が出てしばらくたってから、氏原さんが次のような感想を書いています（「日本の新左翼考」『戦後三十年の労使関係のあゆみ』一九八〇）。この本を読んでみても、「日本の新左翼運動は、日本の社会思想上、社会運動史上いかなる意味を持ったのか、私には理解できなかった」。「諸党派の中核部分の周辺に、かくも多数の学生、青年労働者が蝟集し、行動したという事実、その連鎖反応で、どの党派にも属さない無党派の学生、青年労働者、市民が行動に参加し、巨大なエネルギーを爆発させたという事実」が存在するが、そういう事実がなぜ発生したか、この本のなかには書かれていない。氏原さんのこうした感想は、われわれが党派の動きに眼を集中したせいであるにしても、この著作の限界を指摘しているといえます。この本を出した後、執筆者四人は「東大の四バカ」と言われたことがあります（笑）。

上井：氏原さんはそう書いていますが、兵藤さんたちは、そうした大衆運動が存在することを前提として、そのうえで革命には前衛政党が必要である、と考えたのではないですか。だから党派の戦略などに集中したのであって、なぜ大衆運動が存在したのかという問題設定をしようがなかった。氏原さんだって、その文章を書いたのは一九八〇年です。七〇年代前半に氏原さんがどう考えていたのかは別だと思います。東大闘争の最中、氏原さんは、時計台に立てこもった彼氏に差し入れに行けと女子学生を嬉々としてけしかけていたと聞いています（笑）。

世界的に運動が起こっていたしね。戸塚さんは、先ほど紹介したように、この書物の序論で、この調査研究を始めた頃の時代認識として、いまや「世界の戦後体制が経済的にも行き詰まり、全体として揺らぎ、危機に瀕しているという事態が誰の目にも明らかになってきた」と書いていました。一九七七年労働運動研究者集団が発足した時点では、「誰の目にも明らか」な現状認識として、いまや資本主義は危機に陥っているとは言えませんでした。

V　戦後研究へ

1　「『社会政策の経済理論』の生成」

『東京大学経済学部五十年史』への執筆

野村：兵藤さんは、『日本における労資関係の展開』の出版を機として研究態勢の切り替えを図ろうとされたと聞いていますが、今回はどんな具合に切り替えが進んだかお伺いしたいと思います。

『日本における労資関係の展開』を出したのは一九七一年ですが、この本をまとめるとき、これからは研究対象を戦後の時期に切り替えようと思っていました。しかし、七四年から七五年にかけてイギリスに留学した頃までは、六〇年代後半にセットされていたプロジェクトがいくつかあって、それをこなすのに時間を取られました。まずそのなかの一つ、大河内さんのいわゆる「社会政策の経済理論」がいつどこで生成したかについて、私が勉強したところをお話しします。

経済学部は、一九七六年に『東京大学経済学部五十年史』という書物を刊行しました。経済学部は一九一九年に法学部より分離独立して成立した学部ですから、六九年に創立五〇年を迎えるということで、六六年一〇月に五十年史編集委員会が設置され企画立案が始まりました。その結果、『五十年史』では、第一部に学部概史、第三部に名誉教授の座談会・対談を置き、スタッフの思想問題により学部がつぎつぎと襲い来る試練の嵐にさらされ、ついには平賀粛学を招いた波乱万丈の時代であった前期に重点を置いて振り返り、中心をなす第二部では学部における経済学・経営学各分野の発展の跡をたどることになりました。しかし、東大紛争に遭遇し作業は大幅に遅れ、原稿は七二年七月にでき上がったものの、刊行は七六年三月となりました。

経済学各分野の発展史については、原則として、各講座に所属する助教授がその講座史の執筆を担当することとされたので、私は「労働経済」の担当となったわけです。「労働経済」は、一九六四年度に「社会政策」を廃して新設された講義で、六八年度から私が担当することとなりましたので、私は新設されてからまだ日の浅い「労働経済」の時代は割愛して、それ以前の「社会政策」について記述することにしようと考えました。そこで、平賀粛学による河合教授の休職処分の後を受けて臨時に講座担当となった北岡寿逸教授を除いて、東京大学経済学部における社会政策講座を担当してきた主要教授三人、すなわち法科大学時代から担当であった金井延（一九一九～二四）、それを継いだ河合栄治郎（一九二五～三八、金井延の女婿）、大河内一男（一九四四～六三）というご三方の学問の成り立ちをたどってみようということで準備を始めました。ついでに言っておくと、大河内さんは助教授になってもなかなか社会政策論を担当させてもらえませんでした。

金井延については河合栄治郎の書いた『金井延の生涯と学蹟』（一九三九年）という分厚い本があります。そこに、金井延の書いたものが収録されていますから、その歩みについてはだいたい理解できました。河合さんは農商務省を辞して東京帝大経済学部に助教授として戻られた後、トーマス・ヒル・グリーンに傾倒し「社会政策学原理」を公にされました。なぜ河合さんがトーマス・ヒル・グリーンに傾倒していったのか、農商務省をやめたいきさつがどういうものであったのか、今なら探る手立てがあるのかも知れないけれど、この当時その手立てが見つからなかったものだから、河合さんのところは書けないなという思いになりました。金井さんについて書く、河合さんは書かない、そして大河内さんについて書く、というのでは格好がつきません。

そこで大河内教授一人に絞ることとし、「社会政策の経済理論」と自称された社会政策理論の生成の軌跡を追うこととしました。そういうわけで、この論稿は講座名を取って「労働経済」というタイトルになっているけれども、『「社会政策の経済理論」の生成』とでもいうべきタイトルがふさわしいと思います。大河内さんの社会政策論の形成史については、隅谷、氏原、田添（京二）、高梨（昌）、兵藤による大河内さんからのヒアリングの形で一九七〇年に東京大学出版会から出版された『社会政策四十年　追憶と意見』があります。私自身についていえば、この段階では、大河内先生が戦前に執筆された作品については、手を加えられて戦後に再版されたものを読んでいただけで、戦前に発表された当時のオリジナル・テキストはほとんど読んでいませんでした。そこで『東京大学経済学部五十年史』に執筆する際、再版される都度オリジナル・テキストにいかなる変更が加えられてきたのかをチェックし、それによって大河内理論の展開の跡をたどることとしました。オリジナル・テキストと変更されたテキストをそれぞれ右の行と左の行で対比させればわかりやすいのですが、原稿枚数が限られていたためそれはできませんでした。そこで括弧をつけて修正された用語を表示する方式を取らざるをえないケースが生じたものですから、非常に読みにくいものになりました。しかし、一生懸命やったことは間違いないのです。少し長くなるが、あらためてその概略をたどってみることとします。

［一］「概念構成を通じて見たる社会政策の変遷」（『経済学論集』第一巻第九号、第二巻第一号、一九三一〜三二年）：この論稿は、講壇社会主義の徒や社会民主主義的理論家たちによる社会政策論の概念構成の批判的整理を試みたものです。社会政策は、経済のうちに根ざす階級対立への対症療法であり、資本主義社会の体制保持の方策としてとらえることによって、いわば社会政策の「社会学的必然性」を解明しようとするものでした。

［二］「労働保護立法の理論に就て」（『経済学論集』第三巻第一一号、一九三三年）：社会政策の「社会学的必然性」から旋回を始めたのがこの論稿です。工場法、大河内さんはこの時は工場立法と呼んでいましたが、工場立法は自然的存在としての労働力の順当な保存を職能とする国民経済的合理主義の表現であるととらえることによって、社会政策の「経済的必然性」を説こうとするものでした。工場立法の成立にとって労働運動は「刺激」剤としての役割はあったにしても、労働運動の結果として成立したとか、労働運動によって必然化したとか、そういうものではないと主張されました。労働運動は労働保護立法のための要求を提起するものではなかった。工場立法の成立によって労働者の自然的存在から社会的存在への転化が起こり、それによって「階級的運動の余地」が開かれたのだと言われています。『資本論』は工場立法は「隠蔽された内乱の産物」であると見なしていますが、大河内さんは労働者の存在のありようについてマルクスに依拠しながらも、ちょっと違ったとらえ方をしています。すなわち、工場立法

は労働運動がなくても成立しうるものとしてとらえようとしているのですから、この論稿は経済理論へのワンステップをなしたものと言えるかと思います。

［三］「労働保護立法の理論に就て」を踏まえてその次に書かれた論稿が「社会政策の形而上学――エドヴァルト・ハイマンの社会政策論を評す」（『経済学論集』第七巻第五、一〇、一二号、一九三七年）です。この論稿を通じて大河内さんは自分の社会政策論を「社会政策の経済理論並びに社会学」と名づけることとなりました。ハイマンは保守的であると同時に革命的であるという社会政策の持つ「二重性」を説いていたわけですが、大河内さんは、ウェーバー政策論を踏襲して、政策には「意欲された結果」と「意欲されないのに生じてきた結果」があると考え、ハイマンが革命的性格だと考えたものは、「想はれた目的」ではなくて「想はれざる結果」である、という理解を示されたわけです。

社会政策の主体は「総体としての資本」であって、労働力は資本主義経済にとっての必須の制度的条件であるがゆえにそれを保全する。労働力は自然的存在であるにもかかわらず、自然的存在であるからこそ、それをどう消費するかについて限界を持たざるを得ない。その限界を画するものこそ工場立法である。このようなものとして、工場立法は労働者運動の存在を予定することなくしても、経済そのものの内部から機構的必然的に生み出されてくる合理的配慮なのだ、というのが大河内さんの考えでした。こうして大河内さんは「労働保護立法の理論に就て」を踏襲し社会政策の経済理論を説いたのです。

次いで、工場立法が成立した結果労働者の社会的存在への転化が促され、組織的反抗としての労働者が準備される。そこに登場するのが労働組合の法的承認と統制を内容とする解放立法であり、それは産業平和策、つまり労働者階級への政治的譲歩としての社会政策であり、これはいわば政治的な意味での生産政策であるとし、労働者階級の社会的理念の実現のための槓桿をなすものととらえられました。こうして、大河内さんの社会政策論は「社会政策の経済理論並びに社会学」へと脱皮を遂げたわけです。

［四］大河内さんの社会政策論がさらに展開をとげるのは、戦争経済、すなわち日中戦争から太平洋戦争にいたる戦時経済の進展のなかで、社会政策論はどのように展開すれば生きていけるのか、そういう非常にむずかしい課題を負った時代です。その思索の産物が『社会政策の基本問題』（一九四〇年）です。この書物には「社会政策の形而上学」という論稿が加筆された上で再録されています。その加筆に至る経緯は次のようなものでした。

『社会政策の基本問題』の刊行にいたる過程で、大河内さんは「統制経済に於ける倫理と論理」（『改造』一九四〇年七月号）と題する論考を書いています。統制経済の進展によって経済の構造変革が必至となり、「営利的な経済精神に代る新しい経済観」が必要とされてきた。大河内さんは、戦時経済の進展によって時代が変わりつつあり、いわば国家資本主義というものに変化を遂げつつあるととらえられました。こうした立論を受けて、『社会政策の基本問題』では、「旧き経済の秩序とその裡に蹰躇する生産力との対抗的な関係」が成熟しつつあり、理論もまたそうした対抗関係を踏まえて再構成されなければならない。そして自分の理論のうちにも「死すべきものと共に生くべきものを持ってゐることを信じて疑わない」と書いています。つまり、「死すべきものと共に生くべきもの」を整序し、「社会政策の政治経済学」を打ち建てねばならないというのがこの時点における大河内さんの考えでした。

大河内さんは一九四〇年に『社会政策の基本問題』を上梓した時に上述のように自覚されていたのですから、「死すべきもの」を思い定め、どう修正していくのかということが次の課題とならざるを得ません。一九四三年早春に『社会政策の基本問題』増訂版が出されます。増訂版の序文には、「旧版を殆んど全面にわたって訂正」したと記されており、大河内さんの社会政策論におけるいくつかの重要なタームについて修正がなされています。それは戦時を生きる奴隷の言葉に近いかもしれません。そこにむずかしい問題が秘められています。いま増訂版に収録されている「社会政策の形而上学」と題する例のハイマン批判の論稿に加えられた修正の要点を示せば、次の通りです。

まず注意すべきは、社会政策は資本制経済の下において「経済の総体的循環」を保持しようとする視点に立って「生産要素たる労働力」の保全をなす政策であるとされたことであります。

かつては商品としての労働力の保全を目的とするものとされていたものがこう言い換えられたわけです。ただ、この場合、社会的総資本の立場を代表するものは国家であり、資本制経済は社会政策を生み出す「母胎」であるとされたことに伺われるごとく、国家を前面に出し政策主体という見方になっている点は注目すべきかと思います。

第二に注意すべきは、工場立法の想われた意味と想われざる効果、したがってまた「社会的存在」としての労働者の内容把握に加えられた修正です。工場立法の思われた意味は、かつて「機械体系の付属物」としての労働力の確保を内容とするものととらえられていましたが、いまや「技術および機械の体系の主体的把持者」としての労働力の確保に修正されることとなりました。そしてまた、工場立法の想われざる効果として生まれてくる「社会的存在」としての労働者は、かつて「資本に対する意識的反抗物」、「組織的反抗者」とされていましたが、いまや、「現存の経済機構に対する意識的批判者」、「浪漫的な空想」や「猪突的な破壊主義」に陥らないような「組織的能力」と「革新的精力」を持った「勤労者」と記されることとなりました。ここで「組織的能力」を有するというのは、「経済人を脱却した生産者」としての人格にふさわしい特性の担い手と限定されることとなりました。こうした修正を踏まえて、産業平和策としての社会政策を以て階級闘争の直接の産物とみなす立場は「正当」であると記述されていた章句は削除され、その後に、産業平和というのは政治上の協調や妥協を意味するのではなく、高められた生産要素としての労働力を保持培養することを通じて労働能率と創意を支え高い生産力を発揮せしめんとするものと記述されました。

こうして端緒的社会政策としての工場立法のみならず産業平和策としての社会政策をも「経済の循環確保のための高度な『生産政策』」として理解しようとする立場に立つことによって、大河内さんはその社会政策論を以て「社会政策の経済理論」と自称されることになりました。

［五］敗戦後の一九四九年に『社会政策（総論）』（有斐閣）と題する教科書が出版されました。この書物では、いくつかのタームの表記において「社会政策の形而上学」初稿以前への復元がなされているとはいえ、その立論のありようを「社会政策の経済理論」と自称されていることに伺われるごとく、論理の基本骨格は『社会政策の基本問題』増訂版のフレーム・ワークを継承していると言っていいかと思います。

ここでは、「増訂版」を引き継いで、社会政策は経済政策の一部であり、生産要素の一つたる労働力をめぐる政策であるとされ、主体は総体としての資本の意思の執行人である国家と記述されています。そしてまた、社会政策の目的は、生産要素たる労働力を産業社会総体として確保することにあり、労働力の摩滅の防止・高度化をはかることにあるとされています。

もっとも、社会的存在に転化した労働力に対する産業平和策の登場にかかわって、「資本に対する労働者階級の闘争」は「資本制生産の一定の段階に於いては明らかに社会政策を成立せしめる直接の契機」とされ、「社会政策の形而上学」以前のとらえかたが復元されています。だがこの場合にも、「労働者組織が全面化し労働者運動が表面化した後に於いても、社会政策に於ける基幹的部分は依然として総資本にとっての『労働力』の確保と培養といふ経済上の根拠におかれるものであって、労働者運動の存在は、右の最低量の経済社会の自己保全的要請以上に出て、労働階級の自主性や彼等の社会的存在に対応する要求の実現に関連するものである」として、社会政策の想われた意味における「経済上の根拠」に注目を求められています。

大河内さんの社会政策論の転変をどのように理解するかということは、なかなかむずかしい問題です。自分がもしこの時代を生きていたとしたらどういう道筋をたどることになったろうかと考えてみると、それは簡単に批評できるものとは思われません。しかし、「社会政策の経済理論並びに社会学」が「社会政策の経済理論」へと純化せしめられていくプロセスをそのままそうですかと言ってしまうには忍び難いものがあります。それでいいのかという気持ちに襲われる部分があります。社会政策の政治経済学を提起しようとした大河内さんには、文字に表われたものとは違った面があるのではないか、というのがこれらの論稿を読んだ時の私の理解の仕方でした。

大河内さんは、一九六九年に青林書院新社から全五巻から成る「著作集」を刊行されています。その第四巻『戦時社会政策論：国民生活の理論』に寄せた「著作集のための序」において、「戦後の今日から考えると、昭和十二年の日華事変から十六年の太平洋戦争開始の間の数年間において、戦時経済と社会政策との関係を論ずることがどれ程困難であったかは、殆んど想像できないことである。それは、社会政策が一方ではいよいよ白眼視されて行きながら、而も経済社会の総体としての循環にとって結局それを尊重することがいかに避けられないことかを示した時期であったが、この両面の交錯する関係を戦時社会政策論としてとりまとめることは、当時にあってはきわめて困難な仕事であり、少なからぬ勇気を要する作業であった」と述懐されています。

そしてまた、一九四八年勁草書房から刊行された論文集『社会科学と知識層』に再録された「ウェーバーとマルクス」（『季刊 大学』一九四八年九月）において、戦時中マルクス的立場の闡明が禁圧されていたとき一応社会科学的な訓練を身につけたほどの者にとっては、没価値的方法からするウェーバーの「技術的批判」の態度をとることが実質的には戦争批判の最も有力な形態であり、「ウェーバーの線を守れ、或は、ウェーバーの線まで出ろ、と言うのが社会科学に従うものの合言葉であった」と述べられています。また、『暗い谷間の自伝』（中央公論社、一九七九年）において、昭和一二〜一六年は「すさまじい赤狩り」の時期であり、「そのころ私はあれこれ模索しつつマックス・ウェーバーに行き着きました。……彼の社会科学における

『没価値』的な『客観性』の主張を武器にして発言することにしよう、そんな風に考えました。」「マックス・ウェーバーの線まで進出しよう、そう私はひそかにそう思ったのです」と記されています。

話があちこちしますが、一九六五年総長に選ばれた直後に停年を迎えられた大河内さんは経済学部で告別講義をされました。その頃、経済学部の告別講義は、儀式の一部として弟子筋にあたる者が先生に対する感謝も含めて短い挨拶をし、次にその先生の理論と学問について年配の先生が話をする、その後ご本人が告別講義をするというやりかたでした。大河内さんの告別講義の際には、私が弟子筋の人間として挨拶をし、その後隅谷さんが大河内さんの学問と業績について話をされました。

私の挨拶は経済学部の同窓会誌『経友』第三五号に載っています。この時私は、その昔大河内さんが『経友』(一九四〇年一二月)に書いたエッセイのなかに自分の好きな短歌として木下利玄の一首を挙げているのを見つけ、大河内さんがこの頃の自分の心境をこの一首に託したものと受け止め、その歌を紹介しました。それは、

牡丹花は咲き定まりて静かなり花の占めたる位置のたしかさ

という短歌です。これは、当日告別講義を聴きに集まった大河内ゼミの先輩たちにいたく感銘を与えたようでした。大河内さんがこのエッセイを書かれた時期は『社会政策の基本問題』を

上梓し、増訂版をどういう形でまとめるか苦慮されていた時期に重なっています。「花の占めたる位置のたしかさ」というのは、そういう心境に達したいという願望なのでしょうか、それともそういう地点に達したという自足の思いなのでしょうか。

高畠通敏さんは、思想の科学研究会の共同研究『転向』（中巻、一九六〇年）に寄せた「生産力理論―大河内一男・風早八十二」と題する論稿において、戦時過程における大河内さんの著作について、戦後の大河内さん自身による回想に従ってウェーバーの「技術的批判」への「進出」と見なし、そのいわば「想われざる結果としての理論の変容」が起こったと説いています。また、戸塚秀夫さんは、「戦時社会政策論の一回顧」（『社会科学研究』第二一巻第一号、一九六九年）と題する論稿で、大河内さんのこの転回を「技術的批判」への「迂回」ととらえ直し、そもそも戦時経済体制の下で労働力の保全の必要が充足され得るものかという問題の吟味を欠いた結果として、この「迂回」は体制協力的な政策提案の学へと推転していくこととなったと述べています。いずれにせよ、この大河内理論の転回は、戦時体制、これを国家資本主義と名づけたことにはとやかく言うべき問題はないと思いますが、その体制の現実のありようを不問にして、自らの理論の内で社会の存立要件として構想された社会政策のありようを現実の国家に求めることによって、抵抗のレゾンデートルの証を立てようとされたのですが、その想わざる帰結として、大河内理論が体制協力的な学へと推転していくこととなったのではないか、と思います。

学部主催の『五十年史』の出版記念会が、赤門横のもうなくなってしまった学士会館分館でありました。何人かの先生が話をされ、大河内さんも話をされました。大河内さんから、『五十年史』の自分に関する部分には悪口しか書いてないというお叱りを受けました。

野村：兵藤さんは大河内理論の変遷を跡づけたのであって、悪口というものではなかったと思います。

戦時体制に対するスタンスの取り方を焦点に据えて議論しようとしたのですが…。

上井：戸塚さんの論文がその前に出ていますよね。それに重ねて受け取られたんではないでしょうか。それで逆鱗に触れた（笑）。

「昭和恐慌下の労働争議」

六〇年代から引きついだもう一つのプロジェクトは、隅谷さんの還暦記念論文集です。私は一九七四年九月にイギリス留学に出かけることになりましたが、出発前の五月、七七年四月一日をもって停年を迎えられる隅谷さんの還暦記念論文集に関するプロジェクトが建てられました。明治末期から第二次大戦期にいたる労使関係の実証的研究論文を集め、隅谷三喜男編で『日本労使関係史論』を東京大学出版会から刊行しようという計画です。イギリス留学はせめて二年くらい滞在しないとものの役に立つような英語も身につかないなと思っていましたが、隅谷還暦記念論文集への寄稿スケジュールを考えるとそういうわけにはいかないないということで、イギリス滞在は一年で切り上げて帰国することにしました。

私は、帰国後しばらく資料集めをした末、「昭和恐慌下の労働争議」というタイトルで東京市電の争議について執筆しました。昭和恐慌期には争議が多発しましたが、中小企業の争議が多く、大企業の争議はそれほど多くはなかった。大企業では第一次大戦後に家族主義的労使関係が形成され、協調的な企業内組合が主流をなしていたからです。それでも住友製鋼所、芝浦製作所で争議が発生しています。こういう事例に関する資料があれば昭和恐慌の意味を考える上でもよかったと思うのですが、争議の経過や後始末をフォローしうるに足る資料が見つかりません。困ったなということになって、止むを得ず東京市電の争議を取り上げることにした次第です。東京市電の労働団体は、当初労働組合というよりは協調的な従業員団体として出発しました。それが途中から労働組合に転化し、東京市電気局の更正案に抵抗して争議を起こしたという特異なケースです。労働争議調停法の対象にもなりました。いわば『日本における労資関係の展開』で考察した歴史の裏側をなすものであったと言えるかと思います。

これが何か記憶に残る立派な論文になっているかどうか、自分で判断するのは難しいのですが、私としては、山本（潔）方式、つまり主体、争点、戦術、組織に注目していわば解剖学的に争議の断面図を描き出す方式は継承できないと考えました。こういうやり方は、争議の分析としては問題があるのではないか。つまり、争議は非日常的なドラマであり、いろいろ紆余曲折を経て発端から終結に至るわけです。短い期間ではあれ争議の分析にはヒストリカルなというか、時系列的な叙述の仕方がふさわしいのではないかと考えたからです。舟橋尚道さんが『エコノミスト』（一九七八年二月二八日号）にこの本の書評を書いておられますが、そこで私の論稿に対して「まさに争議史はかく書くべきものという模範を示したもの」とお褒めをいただきました。舟橋さんですから、山本方式を承知の上で私の論稿を褒めてくださったものと思います。

山本さんの争議論については、労働争議史研究会の名で刊行された『日本の労働争議（1945-80）』（一九九一年）の書評でコメントを書きました（『大原社会問題研究所雑誌』一九九一年一二月号）。

野村：労働争議史研究会『日本の労働争議（1945-80）』の序論において、山本さんが争議分析の方法を書いています。主体・争点・戦術・組織というものです。ところが本論を見ると、誰も山本さんの分析方法を使っていません（笑）。なぜそうなったかというと、山本さんの争議分析方法に無理があるからだと思います。山本さんが争議分析に取り組んだのは、第一次読売争議がはじめてです（山本潔「分析編　第一次読売争議論」『戦後危機における労働争議：読売新聞争議』東京大学社会科学研究所資料第六集、一九七三年、のち山本潔『読売争議：1945・46』一九七八年に再録）。その時に主体・争点・戦術・組織という方法を考え出しました。そして、第一次読売争議は、その分析方法で非常にきれいに分析できました。それは第一次読売争議がたまたまそうした分析方法にうまく当てはまったからです。というか、主体・争点・戦術・組織という方法は、第一次読売争議を分析するための方法でした。ところが山本さんは、第一次読売争議の分析が非常にうまくいったものですから、その方法を過度に一般化して、すべての争議分析の方法として使えると思ってしまいました。私はそう考えています。山本さんは読売新聞争議のあと、同じ方法を使って東芝争議を分析しましたが、うまくいきませんでした。東芝争議の分析は面白くなかった。

上井：僕の考えもそれに近い。山本さんが第一次読売争議について原稿を書いている時期に、僕と野村は山本さんの大学院の授業に出ていました。第一次読売争議について講義していました。一週間ぐらいして見事な図がバーンと出てくるわけです。ハーッと思いました。第一次読売争議だからできたという印象が強烈でした。

野村：隅谷編『日本労使関係史論』には上井も関係しているわけです（笑）。兵藤さんと中西さんが連名でこの本の「あとがき」を書いています。「私たちのねらいは、一般的な体裁のよい通史をめざすのではなく、手わけをして、まず肝心かなめの場所に日本資本主義の岩盤にまで達する確かな手応えのあるクイを打ち込んでみたい、というにあった」と書かれています。この文章を読みますと、しかるべき論点のある時期・対象を選定して、それを掘り下げることによって日本労使関係の特質を浮き彫りにしたいという意図でプロジェクトが組織された、と読めます。実際には、氏原さんが病気になってしまうわ、二村さんが外国に行ってしまうわ、誰かさんは混迷状態におちいってしまうわ（笑）、で当初の計画通りにはいかなかったとしても、当初の計画としては兵藤さんと中西さんが全体構成を考えて執筆者にそれぞれの項目を割り振ったと思っていいのですか。

いや、そこまではやっていなかったと思う。上井君は最終的には書かなかったのだけど、何を選ぶかは上井君にまかされていたのではなかったですか。

上井：そうです。

お前はこの辺のことを研究しているから、この辺を頼むよ、というようなことはあったかも知れないけど、それ以上に立ち入って、これこれについて書いてくれということではなかったと思います。

2　イギリス留学

諸井基金で

野村：兵藤さんは七〇年代の半ばイギリスに留学されましたね。留学の感想を伺っておきたいと思います

『日本における労資関係の展開』をまとめた頃、これで戦前の勉強は切りにして戦後研究に移ろうと思っていました。この本を上梓した後、留学の話が起こってきたので、一九七四年九月からイギリスに参りました。

経済学部の教授を務めていた諸井（勝之助）さんの親族（秩父セメント役員）からの寄付により経済学部に諸井基金が生まれ、研究プロジェクトに対する支援や、年間一人の留学に対する援助がされるようになりました。文部省資金による留学の順番（経済学部では着任順）を待っていると一〇年くらい先のことになりそうなので、手を挙げれば行けるというんで諸井基金に応募しました。文部省の資金で行くとすれば四百万円くらい出るところ、諸井基金では三百万円

ということでしたが、毎月の給料も使えるわけですから一〇年待つよりもいいや、ということで行くことにしました。

　私は日本のことを勉強しているので英語はあまり得意ではありません。行く前に半年くらい英語の勉強をしてから出かけるというのが普通のやり方でしたが、そんなことしていると時間のロスかなと思ってなるべく早く行こうと思いました。ロンドンにブリティシュ・カウンシルがやっている英会話スクールがあると聞いたので、そこで会話の勉強をしようと思い、七四年四月に留学が決まったので九月から出かけることにしました。

　留学先は労使関係の母国みたいなイギリスがいいのではないかと思っていました。イギリスのどこに行くのがいいかと隅谷さんに相談したところ、「兵藤君、ケンブリッジはやめた方がいいよ」と言われた。「あそこに行くのは天国に行くようなもので、昇天してしまう。労働問題をやっているようなヤツがいくところではない、オックスフォードくらいなら我慢できるんじゃないの」という話でした。結局、London School of Economics に行くことにしました。LSEにはキース・サーレイというプロフェッサーがいて、奥さんは日本人、大河内さんをはじめ知り合いの日本人も多いということでしたので、サーレイ先生に受け入れをお願いすることにしました。まあいいでしょう、ということになりましたが、研究室利用の便宜は無しで、便宜供与と言えば、サーレイ先生がやっている週一回の大学院のゼミへの出席と図書館の利用ということだけでした。

住まいはWaterlooの駅から出発するSouth West Trainsという路線で、Wimbledonを経てちょっと行ったところ、Waterlooから三〇分程度のBerrylandsに家を借りることにしました。semi-detached houseというヤツで、要するに二軒長屋。僕の借りた家は、家主が三年ぐらいの予定でカナダに出張しているということでした。LSEに行くのに一時間近くかかる場所でした。

私が住んでいたところは、住民の大半が近場の会社に勤める白人の町でした。区画の一通りだけ違った感じの人が住んでいました。白人なんだけど、近場の会社に勤める人たちからは別人種と見なされているシティに通っている人たちが住んでいる一画でした。

「社会契約」の勉強へ

イギリスに来たからといって、特段の研究テーマを持ってきたわけではないが、折から労働党政権下でsocial contract（社会契約）が推進されつつあったので、social contractについて勉強することにしました。これは、一九七〇年総選挙における労働党の敗北をふまえて、労働党と労働組合がいまや〈戦後コンセンサス〉、つまりケインズ主義的な経済政策をテコとして経済成長をはかろうとするアプローチをもってしては国民経済の活性化ははかりがたい地点に達しているという認識に立って新たな戦略を構想しようとした点に新しさがありました。その新しさは、端的に言えば、経済運営における政府と労働組合の協働の基礎を掘り崩したヒース保守党政権による労使関係法を廃棄し、ボランタリズムに立脚した労使関係を再建するとともに、製造業のなかに新しい公企業の創出、〈計画協定システム〉の策定を通じてリーディングな民間企業の投資活動のコントロール、企業の最高意思決定機関への労働者参加による民主的コントロールの拡延を通じて社会主義への接近をはかろうとするところにありました。

午前中は新聞を丁寧に読んで、昼前にLSEへ出かけ午後一杯勉強して、夜はイベント案内の情報誌を頼りに演説会、集会などへ顔を出すというのが日課となりました。そのころ日本で刊行されていた『ぴあ』みたいな情報誌があり、エンタメだけでなく政治集会など硬派の催しも載っている情報誌でした。それを買って、どこに行くか決めていました。勉強の成果は『現代の労働運動』（一九八一年）に収めた「〝社会契約〟の登場」・「〝社会契約〟の頓挫の意味するもの」という二本の論稿です（七〇年代末に行なわれたイギリス労使関係調査の際、あらためて社会契約について振り返る機会がありました。『現代イギリスの労使関係』上・下、参照）。

LSEでは、日本で大学紛争を経験した眼から見ると、イギリスはやっぱり紳士の国だなという気がしました。たとえば、たしか水曜日の昼休みだったと記憶していますが、図書館の廊下に机を並べて、いろんな党派が店を出し本や雑誌を売っている。broad left と称する労働党・共産党系列のグループ、第四インター、毛沢東派などが店を並べている。そういうグループですから同じような本もあるのです、マルクスとかレーニンとかね。しかし、第四インターの店なら当然第四インターが出した本や雑誌も置いてあるわけです。違うグループの人たちがグループを越えてお互いに話をしながら売っているのは東京では見られない風景で、さすがイギリスだなと思いました。日本なら喧嘩になるでしょう。LSEの教室を借用して集会が開かれた時、第四インターの集会だったかと思いますが、broad left らしき男が手をあげて質問するんですよ。日本だったら追い出されるでしょう。違う党派の人が集会に出席して発言できる雰囲気がありました。町中で開かれるイベントも、なかには会場から少し離れたところに立ち番をしている男がいて、ストップをかけるようなところもありましたが、大体誰でも入れるような雰囲気で、新左翼系を含め日本の左翼とは違うなという感じでした。

労働党の演説会にも出かけてみました。なかにはMP、つまり国会議員が来て演説するような集会もありました。ある集会で、私の耳がイングリシュに慣れていないせいか分かりにくいイングリッシュだなと思っていたら、隣に座っていた人がいま話してる人はMPなんだけど、どこどこの出身で方言がきついからと囁いてくれる親切な聴衆もいました。労働党の集会というと、聴衆は圧倒的に年寄りが多い。こんなことで労働党に未来はあるのかなと思わされました。こんな風に雑学をしながら一年間を過ごしました。

サーレイ先生の主催するゼミに出ていたとき、ロナルド・ドーアさんが講師として招かれ話をしたことがあります。ドーアさんの『イギリスの工場　日本の工場』という本の第一四章には私の『展開』がかなり引用されています。私は端の方に座っていて席が遠いものですから囁きは聞き取れませんが、ドーアさんがサーレイさんに、あそこにいる日本人は誰だと聞いているように見えました。サーレイさんが説明したように見えましたが、ゼミが終わってもドーアさんは私に声を掛けては来なかった。ドーアさんは日本語ができるわけでしょ。日本語でしゃべってくれればいいのに、と思いました（笑）。サーレイさんのゼミに出て思ったことは、院生の報告の細部までよく聞き取れたわけではありませんが、テーマがこまかいということです。こんなんでいいのかな、と思いました。サーレイさんから何か教えられたということはありません。ゼミで何か発言するようなイングリッシュ能力がなかったものだから、ただひたすら聞いていました。

イギリスに一年滞在したところで、隅谷さんの還暦記念論文集への寄稿の件があるものだから留学を切り上げることにしました。帰国の途次一か月ほどアメリカに行きました。戸塚さんが翻訳した『ストライキ！』の著者ジェレミー・ブレッヒャーさんに連絡をとって、案内役を頼みました。彼はニューヨークの郊外に住んでいて、ニューヨーク滞在中お世話になりました。地下鉄には夜遅く乗らない方がいいよ、と教えられました。夜に移動するのであればバスにしなさい、バスだとなにか事故が起こった時すぐ飛びおりることができる。地下鉄だと、悪い奴が出てきても、外に逃げられないというわけです。あの頃のニューヨークの地下鉄は、車両にいろんな落書きがあって汚かった。それにしても、地下鉄で悪につかまったら大変なことになる、というニューヨーク在住の人の言葉はいまも耳に残っています。

3　労働運動研究者集団と戦後研究への着手

戦後研究へのきっかけ

野村：『日本における労資関係の展開』の刊行以後、戦後研究を志しながら実際それに取りかかるまで五年ほど準備期間を要したあたりのことはこの辺で打ち止めとして、どういう形で戦後研究を始められたか、お伺いしたいと思います。

最初に手がけたのは、『岩波講座　日本歴史』の第二三巻（一九七七年）に寄稿した「労働組合運動の発展」という論稿です。イギリス留学に出かける前、『岩波講座　日本歴史』の編集委員をつとめていた大石嘉一郎さんからこの岩波講座の第一八巻に明治末期から昭和初期の労働運動について執筆してくれないかという打診がありましたが、『展開』を刊行したときこれを機に戦前研究から足を洗おうと思っていたので、大石さんにその旨を話し、二村一夫君が適任ではないかと推薦しました。その際、戦後の巻なら引き受けてもいいと話しました。そういう経緯があって、「現代2」（第二三巻）に一九五〇年から六〇年代前半までの労働組合運動について書いてくれという依頼がありました。あまり勉強できているわけではないのだけど、講義で話していることをベースにして執筆したのが「労働組合運動の発展」です。これが戦後研究に変わっていった最初の仕事です。

「労働組合運動の発展」というタイトルは岩波講座の編集委員サイドの注文に従ってつけたものです。後に『現代の労働運動』（東京大学出版会、一九八一年）に再録するにあたって「労働組合運動の展開」と変えました。それは、一九六〇年の〈安保と三池〉の敗北後、全労会議の再編による同盟の結成、ＩＭＦ・ＪＣの結成とビジネス・ユニオン化への動きが見られるとともに、それまで職場闘争による抵抗によって組織の活性化をはかってきた総評も、春闘を軸心にすえつつ事前協議による政転闘争の推進に注力し運動の転換をはかるようになりました。こうした労働組合の動きには、単純に「労働組合運動の発展」とは言い難いものがあると思ったからです。論文のタイトルは変えましたが、中身は変えていません。

この論稿を書いている時、考えておく必要があると思った問題は、高度成長の進展につれ、若年労働者の間で〈私生活型合理主義〉の台頭とも言うべき意識変化が進行しつつあったことです。労働組合は必要だとは思っていても、組合活動はやりたい奴にまかせとけ、俺には自分の生活をエンジョイすることの方が大切だ、と考える労働者が増えてきたという事実です。それはマイ・ホーム主義となり、さしあたり労働組合運動の後退をもたらすファクターと言えますが、そこには、もう少し複雑なベクトルが働いているかと思いました。つまり、労働者としての私の生活を大切にしようという思想への回路もあるのではないかということです。かつて五〇年代の中頃には、日本の労働者は、企業にも労働組合にも忠誠心に持っているという意味で〈二重帰属意識〉を保持しているところに特徴があると言われていました。尾高邦雄さんなどの主張です。イギリスの労働者にはそんな意識はない。労働組合に信を置く者は〈ヤツらとオレたち（them and us）〉という世界を生きている。ところが、〈私生活型合理主義〉の浸透はこういう二重意識の後退の要素ともなるのではないかということです。

もう一つ注目しなければならないと思ったのは、『現代と思想』第二七号（一九七七年）に載った「現代日本における労働者の状況」という斎藤茂男のルポが語りかけている自主管理活動にかかわる問題です。それは、〈私生活型合理主義〉の広まりと並行しつつQC、ZDなど企業による自主管理活動の組織化が進んできたが、そこには、「仕事それ自体からくる喜びをみんなが希求しているのではないだろうか、そう思わせる状況がつくりだされている」のではないかという提起です。当時、自主管理活動は労務管理の手段だというのが左翼陣営の受け取り方であり、労働組合は右も左もQC、ZDには手を出さないというのが一般的でした。QC、ZDなどが放置されているのが問題ではないかと僕は考えました。左翼的な雑誌でも、現場の活動家が、いや、あれはなかなか面白いんだよ、と発言している。自主管理活動の背後には昇給や昇進など企業によるエサまきがあるにしても、こういう労働者の希求を組織しえていない労働組合の無為が告発されているのではないかというのが僕の受け取り方でした。そういう思いを「いま労働運動に問われているもの」というタイトルで『月刊総評』（一九七七年七月号）に書きました（後に「国益と労働組合」と改題して『現代の労働運動』に再録）。

野村：いまのようなお話と、いまや危機の時代にさしかかりつつあるという「労働運動研究者集団」の認識とは、どう関係しているのでしょうか。

これは研究者集団の発想ではないでしょうね。兵藤個人の考えです。

労働運動研究者集団のこと

野村：労働運動研究者集団の話を出しましたので、この辺で研究者集団の発足の経緯と活動について伺っておくことにしたいと思います。兵藤さんは研究者集団の発起人の一人ですから、まず研究者集団発足のときの呼びかけ文のことについてお聞きします。

僕は一九七四年九月から一年間の予定でイギリス留学に出かけたんですが、イギリス滞在中に戸塚さんから手紙がきました。駒場の頃からの友人である川上忠雄君（法政大学経済学部）から相談があり、オイルショックに衝撃を受けて労働組合運動が後退しているので、この際〈階級的労働運動〉への途を模索する研究者の集団をつくり活動家をサポートするような仕事をすべきではないかと言ってきているというのです。戸塚さんは、俺は旗揚げに賛同した、ついては君にも同行してもらいたいと言うのです。二、三度手紙のやり取りをしました。僕は正直なところ、ニューレフトの仕事はしましたが、オイルショック直後の状況を見ると、日本の労働運動の先行きにはあまり展望が描けるようにも思いがたい状況のなかで、階級的労働運動などと言って旗を掲げるとこっちが窮地に陥る恐れがあると躊躇する気持ちもありました。しかし、結局、川上・戸塚ご両人の申し出に同行することにしました。

研究者集団の旗揚げの趣意書をつくったのは僕が帰国してからのことだと思うんですが、オリジナルはどうなっていたかと言われると定かな記憶がありません。研究者集団が発足してからしばらくして日本評論社からパンフレットを出すことになりましたが、そのパンフに趣意書のようなものを載せています。

趣意書作成の経緯はともあれ、趣意書に賛同してくれた研究者は四〇人ほどでした。経済学系、社会学系、歴史系などの研究者でしたが、自然科学系の人も一人か二人いたように思います。そういうメンバーで一九七六年一〇月「労働運動研究者集団」を立ち上げました。戸塚、川上、僕のほか、喜安朗（日本女子大）、増田壽男（法政大学）、それに中国の専門家矢吹晋（横浜市立大学）が運営委員になりました。毎月東大社会科学研究所の一室を借りて研究会を重ね、それをベースにして七七年二月から『月刊労働問題』誌（日本評論社）に「階級的労働運動への模索」というシリーズ名をつけて、会員の論文を発表することになりました。この連載は、『月刊労働問題』が廃刊のやむなきに至った一年ほど前、八〇年一月号まで続きました。

七七年一〇月から、この論文シリーズを元に新原稿も加えて、テーマ別にパンフレットを出すこととなり、「月刊労働問題増刊」というかたちで七冊刊行しました。第一巻『労働組合運動の危機』、第二巻『スタグフレーション』、第三巻『所得政策と労働運動』、第四巻『企業倒産と労働運動』、第五巻『日本型所得政策と国民春闘』、第六巻『「経営参加論」批判』、第七巻『資本主義の危機と労働者闘争』です。

研究者集団は「階級的労働運動の模索」という共通目標を掲げていたわけで、メンバーは趣意書に賛同した者という点ではある幅で同一の見解に立っていたと言えるかと思います。しかし、労働運動の取るべきスタンスについて単一の見解を持っていたとは言えません。日本、あるいは世界全体について、オイルショック後の状況をどう見るかについても、集団のメンバーにはかなり幅がありました。資本主義の危機の到来だと言う人もいました。いや、資本主義が大きな困難に直面していることは疑いないにしても、〈危機〉を招き寄せるほどの運動主体を見出しがたいのではないかという考えの者もいました。私は後者の一人でした。

パンフの第一巻は『労働組合運動の危機』というタイトルになっています。第一巻にどういうタイトルをつけるかということについても、現状認識とかかわって議論がありました。「資本主義の危機」というのは本のタイトルとしては入らなかった。この巻に掲載されている戸塚さんの論文は、「資本主義の危機と労働組合運動の危機」というタイトルでした。スタンスの取り方から言えばちょうど真ん中くらいかな。資本主義の危機とすべきだという人もいましたが、私はそれには組せないと考えていました。

このパンフレット・シリーズをつくるに当たっては、現場で労働者として働いていて、しかも活動もしておるような人が仕事が終わってから読むのだから、読みやすいものにしなければいけないということで、煩瑣な注はできるだけつけないという方針をとりました。印税も一〇%ではなく五%に抑えて、できるだけ安い価格で提供しようということになりました。その結果、A5版一一〇頁超の冊子体で定価五〇〇円となりました。

煩瑣な注はできるだけつけないという方針にもかかわらず、注がかなりついている人もいました。私は注をつけませんでした。そのため後で本に収録するときに、どこから引用したか自分でも分からなくなってしまった資料もあります。私は、このシリーズには、第一巻に収録された「春闘の思想と職場闘争論」、第五巻に収録された「『社会契約』的労働運動と国民春闘」という二つの論文を執筆しました。後者は、七五春闘以後ＪＣが同盟と組んで春闘を先導するようになり、イギリスの先例に倣って「社会契約的手法」を推進すると唱えていましたが、実のところは契約なき自制の勧めとも言うべきものでした。そのＪＣ集中決戦が春闘相場の設定役を果たし、相場の押上げをめざす総評の国民春闘は座礁するにいたりました。私が「『社会契約』的労働運動」と呼んだのは、ＪＣ・同盟によるこうした契約なき自制を勧める運動路線です。

文体の激変

このパンフレットの編集担当は、『月間労働問題』の編集長だった渡辺勉という人です。その頃彼はまだ三〇代の前半くらいだったかな、でも見た目は四〇代くらいに見える人でした。それで彼は編集者としては得をしたと思います、重みがあってね。その渡辺さんが、僕の文章を読んで、兵藤さんの文章は漢字が多くて、その上文章が長い、これでは暗い感じになってよろしくないと言って、二つの提案をしました。一つは、副詞は全部ひらがな表記としなさい。もう一つは、一つ一つの文章を短くし、一頁に少なくとも二ヵ所は行替えがあるようにしてください。こういう注文をつけられました。僕の文章はちょっと宇野（弘蔵）さんの文章に近くて、「何々であるが、何々で…」という文章が多くて、数年前に出した『日本における労資関係の展開』には一つの文章が八〇〇字になんなんとするところもありました。

野村・上井：あれはひどかった（笑）。

でも文章を短くすると含みが消えてしまうようで、抵抗感を覚えました。しかし編集者の言うことでもあるし、疲れている労働者が読むということでもあるので、できるだけ渡辺さんの注文にしたがって書くようにしました。これ以降、私の文章はずいぶん変わりました。読みやすくなったことはたしかだと思います。

野村：そういう文章を書くようになって、良かったと思っているのですか、それとも後悔していますか。

後悔はしていませんね。人に読んでもらえる文章になったんじゃないか。誰だったか、法政大学に勤めていた人が、兵藤さんの本をゼミで使おうとしたんだけれども、とても使えない、と言いました。一つは、ルビを振ったりしたけれど、明治期の文章もあるでしょ、それで学生にとっては読めない字が出てくるわけです。もう一つは、八〇〇字もある長い文章ではとてもうちの学生はついていけない、と言うんです。そういう批評があったことを思えば、いくらか人に読んでもらえる文章になったとひそかに思っていて、渡辺さんには感謝しています。

野村：文章を変えると、普段考える内容が変わって来るんですか。もともと、『日本における労資関係の展開』のような、ああいう文章で考えていたのですか。

そうでもないと思うよ。いや、文章にするときに、「…である。」とマルを打ってしまうと、いかにも単純に見えるじゃない。

上井：マルを打つと、そこでいったん断定することになる？

野村：書く時ではなく、頭で考えているときも延々と文章が続いているのですか。

頭で考えている時にも、こういう動きのなかに、こういう裏もあるな、というようなことが頭のなかにあってね、それが書く段階で「…であるが、」となるんだよ。マルを打っちゃうと、ちょっと単純すぎるでしょう。「…が、」は、「しかし」じゃないんだよ。これこれこうなんだけれども…、というわけですね。

上井：どこの学者村だったか、法政大学の山荘でやった労働運動研究者集団の合宿の時ではなかったですかね。そういうことが議論になりましたね。

研究者集団の仕事をしたために文章が変わったことは事実だね。それ以後、ずーっと渡辺さんの忠告を守って文章を書いてきました。

野村：この労働運動研究者集団が兵藤さんに持った意味はどういうものですか。兵藤さんの文章が変わったということはわかりましたが…。

僕自身にとっては、こういう形で戦後研究が始まりました、ということでしょう。紛争以前というか、『日本における労資関係の展開』の刊行までは、労働組合などから「こういう集会があるのだが、そこで話をしてくれないか」という電話が時折かかってきても、「僕は戦前の勉強をしているので、とてもそんなお話はできません」とすべて断ってきました。でも、研究者集団を始めた頃からは、引き受けられると思うものは引き受ける、ということにしました。かなり引き受けましたね。組合でいうと、国労、全逓、自治労とか、私鉄総連、それに中小企業を組織している全国金属など。あとニューレフト系の運動家の集団とか。なかには交通費しかもらえないというのもありました。そういう活動をかなりやりました。七〇年代半ばから八〇年代にかけて一番つきあったのは国労、全逓です。

野村：そうしますと、研究者集団に参加したことによって兵藤さんの考え方が変わったというわけではないのですね。

一九八一年に東大出版会から出した『現代の労働運動』という本があります。あそこに収録したものはだいたい研究者集団を始めた頃のものです。八三、八四年頃からは『国鉄労働運動への提言』のような感じのものになってきますから、率直に言って考え方はかなり変わってきましたね。

野村：『現代の労働運動』は、ある意味でペスミスティックな感じがしたのですが…

『現代の労働運動』の頃は、労線統一運動が始まってくるなかで、僕としてはまだ階級的労働運動を推進する途はありうるのではないかという気分を持ちながら書いていたから、逆にペスミスティックになったんでしょうね。八〇年代になってから後は、もうちょっと違った運動の形にならないと困るんじゃないの、という風になってきたと言っていいかな。

「スト権スト」

研究者集団を始めた頃のことですが、七五年に行なわれた公労協「スト権スト」について忘れられないことがあります。七七年一一月に僕が編集代表という格好で東京大学出版会から出した『公共部門の争議権』という本の作成にかかわる事柄です。

僕がイギリスから帰ってきたのは七五年九月で、「スト権スト」の年だった。大学構内にある三四郎池の脇に木造二階建ての山上会議所という建物があって、そこに教官食堂がありました。いまは百周年記念事業で建て替えられた山上会館となっている場所です。当時、この教官食堂のメニューは毎日一つに決まっていて、そこに行けば何を食べるか考えなくてすむわけで座れば食べ物が出てくるという仕掛けになっていました。座る場所も学部ごとに自然の成り行きで決まっていて、僕は昼食にはよくそこを使っていました。

経済学部の同僚に五年ほど先輩にあたる近経の小宮隆太郎さんがいました。「スト権スト」のあった年の前年暮れに三木政権が発足しましたが、小宮さんは当時三木首相のアドバイザー役を務めているという噂がありました。そのせいか小宮さんは新聞にスト権ストに関する意見などを書いたりしていました。「スト権スト」が計画されていた年の暮れが迫ったある日山上会議所で昼食していた時、小宮さんが公共企業体のスト権問題についてはかまびすしく論議されてはいるが、社会科学的な検討を試みたものはほとんどない、この際なるべく広くこの問題に関心を持つ研究者に呼びかけ討議を組織してみたらどうか、と話を振ってきました。その場にいた僕は、小宮さんは保守的な人だが、話の腰を折ってしまうわけにはいかないないと思いました。

そこで翌年の春、火つけ役の小宮さんのほか、戸塚秀夫（社会科学研究所）、中西洋（経済学部）、労働法の山口浩一郎（上智大）、菅野和夫（法学部）、それに僕でプログラム・コミッティを起ち上げ、公共企業体の争議権に焦点をおきながらも、より広く「公共部門の争議権」を主題としてコンファレンスを組織することにしました。たしか江の島にある公務員の保養所でやったと思います。コンファレンスには、経済学、法学、政治学、社会学など、東京大学内外の研究者二五人に参加を願って、七七年三月一八日から二一日まで四日間にわたって泊まり込みでやりました。

いろんな人がメンバーになっていますから、この本が何を主張したかということをまとめることは難しくてできません。ただプログラム・コミッティの事務局が僕でしたので、コンファレンスの冒頭で、僕が従来の論議を踏まえて公共部門の争議権にかかわってどういう論点があるか開示を試みた「公共部門の争議権問題への基本的視点」と題する報告をしました。それと編集代表として、本を出すにあたってコンファレンスの論議の、結論というのではなく、どういう意見が出たかを集約した「総括」を書きました。この本はあまり大きな影響を持ったとは言えないかもしれませんが、かなり広い分野の人で議論をしたという点に特色があった。

野村：小宮さんがこれを政治的に利用したということはあるのですか。

コンファレンスをやったのは七七年三月で、「スト権スト」は七五年一二月の出来事でしたから、小宮さんがこれを利用したということはないでしょう。

野村：この本は以後の研究に何らかの影響を与えたのですか。

さあ、どうだろうか。ただこの後国労の仕事をしているときに思ったことがあります。国労には弁護団がありますが、この人たちの議論はどうしようもないと思いました。要するに八百代言です。裁判所で争うにはそれでもいいかもしれない。その議論は弁護団として裁判で内閣を糾弾するには役に立つかもしれない。しかし運動づくりのためになるかというと、役に立つ議論とは思えない。そういうのに比べると、これは真面目に勉強して、話をしているのではないかと思います。

上井：あの本には非常に奇妙な印象を受けました。あの幅の広さ。小宮さんの印象が強いのですが、政府寄りで、自民党のブレーンになりそうな人と、そうでなく労働運動研究者集団を立ちあげるような人が一緒にやっているというのは奇妙でした。「スト権スト」にそういうことをやらなければならない問題があったのか、と思いました。

まとまった一本の主張があるという本ではないからね。だから、どういう影響があったかと聞かれると、むずかしい。

野村：論点が以前に比べて明確になったとか？

さあ、どうでしょうか。それは読んだ人がどう思うかです。

野村：兵藤さん自身にとってはどうだったんですか。

何か新しい勉強をしたとは思っていないね。やむを得ないからやったんです。「スト権スト」の裏話みたいなものをやれば、いろいろ面白いドラマがあっただろね。政府側にも、組合側にも。そういう点でいくらか面白味があるのは、高木郁郎君が書いた「公労協『スト権奪還スト』――政治ストの論理と結末」。山本潔君がやっていた争議史研究会の『日本の労働争議（1945-1980）』に載っている論文ね。高木君は当時そういう運動現場に近い場にいた人です。われわれには国労の富塚さんが何を考えていたかなんてことは、分からないよ。そういうことを勉強できれば何か面白いことは書けるでしょうが、法律にかかわる理屈の話をしてたわけだから、そんなに目新しいことはありません。これでもって何か卓見を出したとか、そういうこともないしね。

国家独占資本主義論―戸塚秀夫・徳永重良編『現代労働問題』

このプロジェクトもイギリス留学前にスケジュールが決まっていたものですが、一九七七年に、戸塚（秀夫）・徳永（重良）ご両人の編集で有斐閣から『現代労働問題』という書物が出ました。

序文には、資本主義はいま袋小路に到達しつつあるが、国家独占資本主義と呼ばれる現代資本主義の労働問題処理の仕組みはいついかなる形で形成され、いかなる推移を経て今日の袋小路に逢着したのか、それを明らかにするのが本書の課題であると書かれています。お二人には、資本主義はある種のどん詰まりに来ているんではないかという意識がありました。

イギリスは戸塚、アメリカは法政大学の萩原進、ドイツは徳永、フランスは東洋大学にいた新田俊三、イタリアは中央学院大の河野穣、この五人を各パート担当者にして一九七二年から研究会が始まりました。日本は分析の対象国にあげられてはいませんでした。どうしてなのか、その理由は覚えていませんが、戸塚さんから、日本がいまどういう問題に逢着しているかということもあるので、日本研究者としての立場から研究会のメンバーになってくれないかという話がありました。それはいいでしょう、と私も参加することにしたわけです。

この本では、五人の人すべてが第一次大戦くらいから七〇年代までのそれぞれの国の推移をフォローしています。当時における先進国の労使関係、労働問題の研究としてはまとまったものだと私は思っています。

私がこのプロジェクトのなかで何をやるかということになって、国家独占資本主義といわれるものの労使関係処理の枠組みはどういう点に特徴があるかを補論として書くことになりました。あの頃、国独資に関する議論としては、今井則義（法政大学）、大内力（東京大学）、池上惇（京都大学）、この三人くらいがそれぞれ変わった色合いで特色ある国独資論を展開していました。この三人の議論を軸にして、それをめぐる論議を振り返るという形で、「現代資本主義と労資関係――いわゆる国家独占資本主義論についての覚え書――」という文章を書きました。

この論稿で私がとくに注目したのは、加藤栄一君の見解です。加藤君は、一九七三年に『ワイマル体制の経済構造』（東京大学出版会）という本を出版し、そのなかでドイツにおけるワイマル体制の成立過程のうちに「『早世的』国家独占資本主義」が形成されたという見解を打ち出しています。ご承知のように、大内さんは、管理通貨制度への移行を背景としてフィスカルポリシーを通じて経済に対する国家管理が拡大強化された時をもって国独資が始まったという見方を取っています。加藤君は理論の枠組みとしては大内説に依拠していると思いますが、どこから始まったかという点でワイマル体制の成立過程に着目し、それを「早世的」と言ったわけです。では、ワイマル体制のうちにどういう形で始まったかというと、加藤君の議論では、労働者の同権化と完全雇用の約束が政策課題として提起され、ワイマル憲法のうちにそれが謳われるという形でドイツの再建が始まった、ということに着目しています。

国独資論のなかで労使関係のあり方に注目した議論として、加藤君の本は独自な作業であると思いました。しかし、はたして加藤君が言うように、団体交渉権の承認をもって労働者の社会的同権化の核心と見なしていいのかどうか、これをもって国家独占資本主義に特徴的な労使関係処理の枠組と言えるかとなると、にわかには賛同しがたいものがあります。なるほどドイツでは、ワイマル憲法の下で労働者の団結の取り扱いが一段引き上げられたことはたしかであるにしても、世界史的に見れば、それは一八七〇年代にイギリスで編成された労使関係の枠組の再版ではないか。ワイマル体制における労働者の同権化は、団体交渉権の承認と〈共同決定〉の機関としての経営評議会の設置という複合的な枠組がつくられたことにあるのではないか。しかも、労使協議のシステムは、イギリスにおいても、ドイツにおいても、総力戦としての第一次大戦を戦うための城内体制として始まったものであり、戦後危機に直面したとき、体制としての自己確認が改めて進められたものと言ってよいのではないか、というのが私の立論であったわけです。

この論稿がきっかけとなって、翌年、雑誌『現代と思想』第三六号において、高内俊一〈立命館大学〉さんの司会の下に加藤栄一、池上惇、それに私の三人が招集されて、「国家独占資本主義と現代民主主義」を主題とするシンポジウムが開催されることにもなりました。

この頃より前に読んだ書物に、篠原一〈東京大学法学部〉さんが書いた『ドイツ革命史序説』

（岩波書店、一九五六年）という本があります。これはなかなかの秀作だと思いました。篠原さんは、この本のなかで、一九一八年一二月、もう四〜五週間も経てば政府の瓦解必至と見なされた時、ドイツ鉄鋼工業家連盟事務局長ライヘルトが「ただ組織された労働者階級のみが優れた力をもっている……産業はただ労働者階級のみを強力な同盟者とすることが出来る。つまり、それは労働組合である」と経営者団体の会議で力説したことを紹介しています。こういう考えから中央労働共同体協定の締結に進み、労働組合との団体交渉の容認へ向かったというのです。こういう見方がこの時期の通説だったんでしょうか、加藤君はこうした見方をベースにすえて議論していたわけです。日本やアメリカみたいに、団体交渉と労使協議の複合的枠組みではなく、労使協議みたいなものだけでやっていけると考えた国もありました。しかし第一次大戦の交戦国を取ってみれば、複合的な枠組みというところに力点を置いて見た方がいいのではないかと思ったのです。

野村：国家独占資本主義と言わなくなったのは、いつごろからでしょうか。

九〇年代かな、現代資本主義と言われるようになったのは…。

上井：福祉国家論が中心に出てきて、国独資という言い方が消えていったんじゃないかな。

そうすると九〇年代だね。

野村：この論文を発表するまで兵藤さんは国独資論というのは書いたことがなかったですか。

国独資という形で取り上げて書いたことはありません。

野村：国独資論をやったということは、その後の兵藤さんの仕事とどうつながっていったのですか。

大体つながっているんじゃないかな。清水慎三さん編で『戦後労働組合運動史論』に執筆依頼された時も、当初はそういう流れに乗っかって書こうかと思ったけれども、清水さんが職場闘争をやれと言うからああなってしまったんですよ。

野村：要するに、国独資論というのは、兵藤さんにとっては現代資本主義論なのですね。

そう、現代資本主義論です。

野村：兵藤さんの『日本における労資関係の展開』と現代資本主義論はどういう関係にあるのですか。

日本では第一次大戦後、団体交渉権は法体制としては確立しなかった。しかし工場委員会体制ができますね。それは現代資本主義の日本的なあり方です。かならず団体交渉と労使協議の複合的枠組みになるとは言えない。どちらか片一方だけという国もある。でも、労使協議制というようなものが労使関係の枠組みのなかに浮かび上がってくるというのが現代資本主義の一つの特徴ではないか、と思います。

全逓職場調査

戦後研究への転進を決めてから手を染めた職場調査の一つは、全逓（全逓信労働組合）の組織する郵便内勤の職場調査です。『全逓時報』から依頼があり、一九七七年一一月から翌七八年三月まで全逓の東京地本、関東地本から集配局六支部を選んで職場調査を行ないました。

当時郵便局では郵便の便利性を高めるため集配をつかさどる都市の郵便局では二四時間内配達をめざして内勤労働者に一六時間勤務交代制の服務表が布かれていた。全逓ではこの非人間的服務の改善をはかり暮らしやすい職場を実現するために職場レベルでの組合規制の強化に力を注いでいた。調査にあたっては、大学院を修了するまぎわの石田光男君に協力を頼み、全逓本部書記の中沢孝夫君を案内役として行なった。調査は内勤労働者全員に対するアンケート調査と支部役員・一般組合員からのヒアリングを通じて行なったが、調査対象者にはできる限り全郵政組合員・未組織労働者を含めることとした。調査結果には、職場レベルでの組合規制のありように応じてでこぼこが見られたが、この時点ではいわゆる到達闘争は組織されてはいなかった。調査結果については、「郵内労働の実態と課題」(『全逓時報』別冊、一九七八年六月)を参照されたい。

なお、この調査の案内役を務めた中沢君は、高卒後郵便局で六年ほど働いた後本部書記になった三〇代前半の若ものでした。その後、八〇年代に入ってから私が全逓のアドバイザー役を引き受けることになったため、再び一緒に仕事をする機会ができました。中沢君は四〇代半ばになってから志を立て立教大学法学部に入学し、卒業後姫路工業大学(現兵庫県立大学)の教職に就きました。そして、聴き取りを踏まえた中小企業論の専門家として一家を成し、活動を続けています。彼が姫路工大へ就職する際に私は推薦状をしたためたこともあり、いまも友人の一人です。

氏原還暦記念調査―『転換期における労使関係の実態』

このプロジェクトのスケジュールは、私のイギリス留学前にセットされていたものです。氏原（正治郎）さんが八一年三月に定年を迎えることになっていたものですから、弟子筋としては何か還暦記念のプロジェクトを立ちあげねばまずいのではないかということで氏原さんにお伺いを立てたところ、それなら調査の企画を立ててもらいたいということで、決まったものです。

私がイギリスから帰ってきた年の翌七六年四月、社研の山本（潔）君を事務局長として労使関係調査会が発足しました。当初は、理論研究グループと実態調査グループという二つのグループをつくるということで出発しました。理論研究グループはたしか栗田（健）さんがシャッポでした。このグループが勉強会をどういう風にやっていたか僕は全然知りません。実態調査グループの方は四班に分かれて、自動車班が山本潔・上井喜彦・嵯峨一郎、鉄鋼班が氏原正治郎・仁田道夫・松崎義、国鉄班が兵藤釗・早川征一郎・光岡博美・遠藤公嗣、中小企業班が戸塚秀夫・井上雅雄、という編成で作業を進めました。

一九八一年に出版された報告書の序を見ると、「転換期」と題された含意について、六八～六九年のチェコ・「プラハの春」、フランス・「五月革命」、イタリア・「暑い秋」などを挙げて、「事件の歴史的評価は定まっていない」としながらも、「既成の体制にたいする反発の大衆的噴出」であることは疑いないとされています。また、日本でも一九七〇年ごろを境としてその労使関係にはいくつかの変化が生じたが、この変化がいかなる意味を持つものであるかは、「イデオロギーの一層の拡散」のなかで「評価の基準はますます多様化を深めているというほかはない」。この点については本調査会メンバーの間でも同様であるからして、調査会としては各班が「まず事実を発見し、発見した諸事実を整合的に説明できる論理を構成することに努めるよう期待するほかに道はないと記されています。

そこで、ここでは他班のことは報告書に委ね、国鉄班のことについてお話ししておくこととします。私はニューレフト・プロジェクトで国鉄を舞台とした革マル派の運動を扱ったこともあり、上記の三君とともに国鉄を担当することになりました。

民間大企業では、一九六〇年代に労働組合が職場における規制力を喪失するにつれ国際競争力がついてきました。ところが国鉄では、国労・動労があらためて職場に基礎をすえた運動構築をはかるということに力を注いできたので、民間大企業とはかなり異なった労使関係がつくり出されてきました。これに対して、七〇年代初頭、国鉄当局が職場慣行の破壊と国労・動労に対する組織攻撃を内容とする「マル生運動」（生産性向上運動）の推進をはかり、労使の激突を招くこととなりました。マル生闘争に勝利した国労・動労は七五年末、スト権奪還をめざす公労協の「スト権スト」を牽引する役割を果たしました。しかしオイルショックに伴う長期不況の下で、国鉄再建をめざす〈スクラップ型合理化〉に直面し、国労は七七年八月の新潟大会において、産業としての国鉄のあり方を問い直す〈民主的規制〉の闘いを提起しました。これは、これまでの反合理化闘争から一段飛躍し、団体交渉権の範囲を越えて経営権にかかわる領域に国鉄労働者と国民の意思を押しつけていく闘いとして構想されたものです。

しかし、この新しい方針提起は、これまで国労がつちかってきた反合闘争路線を放棄するものではないか、合理化に対する抵抗闘争を弱めることになるのではないかという反対意見を組織内に惹起することとなりました。そこで七七年から一年間の組織内討議を経て方針を確定しようということになり、翌七八年の大会で〈「国民の国鉄」をめざす民主化・政策要求闘争〉という呼称の下に方針化されることになりました。

そこで国鉄班では、「マル生」問題の発生（早川）、「マル生」粉砕闘争（光岡）、「マル生」後の労働条件規制（遠藤）、「民主的規制」路線の形成（兵藤）という形で分担を決め、私は〈民主的規制〉の方針化のプロセスにおける国労内の論議を考察し、その意味を探るという作業を担当することとしました。

私は労使関係研究者としては七七年遅まきながら初めて単産の大会〈動労水上大会、国労新潟大会〉を傍聴しました。動労の大会では、松崎明が東京地本の代議員として発言するのを目の当たりにしました。松崎が発言しはじめた途端にそれまでざわついていた会場がシーンと静まり返る見事なアジテーターぶりに目を見張りました。

国労大会では、書記の船井岩夫さんに頼んで大会の傍聴の手続きを取ってもらいました。船井さんは七〇年代の初めに大学院の氏原ゼミに一、二回ゲストとして国労の話をしにきたことがあって、顔見知りでした。国労の大会で面白いなと思ったのは、国労内のセクトを代表する討論者が一般討論の最後に掉尾を飾る発言をするのです。この時は、船井さんの情報提供によると、社会党中央派、社会主義協会、共産党とそのシンパから成る革同という三派、締めて五人の代表の発言があり、なかなか壮観でした。

私としては、国鉄のあり方全体を問い直す労働組合と国民との連帯をつくり出し、もの申していこうとする〈民主的規制〉という新方針は時宜にかなった提起として受け止めていました。だが気になったのは、この方針提起に合わせて「職場における労働者の自主的規律の確立」が大切な課題であると国労が言っていたことです。「マル生」闘争の勝利後、国労組合員の「突発休み」や勤務時間中の飲酒、ギャンブルなどが発生するという事実があり、これに対して、当局の支配・介入を招かないためには、「働くべきときは働き、要求すべきは要求し、闘うべきときは堂々と闘う」という作風が必要だと卒然と呼びかけねばならなかったという事態のありようです。

こうして〈民主的規制〉という新路線は、二年がかりで定式化されたとはいえ、組織のなかに根づいたとはとても言いがたい状況でした。当時国労企画部長であった武藤久さん（後に書記長、さらに委員長になった人）は、二〇〇五年に『己を知らず敵をも知らず』という自分史的な書物を書いています。その書物のなかで、国労がその後JR労働運動のなかで少数派に転落し苦悩するようになったのは、「新潟大会以降の『民主的規制』と『自主的規律』…を職場に根づかせなかったことが最大の原因とみている」という反省を記しています。たしかにそう言えると思います。

氏原さんの還暦記念の論文集づくりでやった国鉄班の調査で、私が分担した仕事の概略は以上のようなことです。

上井：国鉄班は兵藤・遠藤の組み合わせと、早川・光岡の組み合わせの二つに分かれていましたよね。

社研の紀要『社会科学研究』に遠藤君が書いた「職場における組合規制―国鉄運転職場の事

例——」という報告を載せようとしたとき、所員でない者の論文は掲載できないというルールがあると言われたんですよ。それで、僕はあの論文には一言も付け加えていないのですが、僕はそのとき社研の兼任教官だったから、やむを得ず遠藤・兵藤という連名で発表することにしたのです。

上井：とすると、国鉄班のなかで二つのチームに分かれていたのではないのですね。早川、光岡の二人は思想的に近いかもしれません。それはあるかもしれないですが、そういうことで二つに分けていたわけではないんですよ。

野村：労使関係調査会の国鉄班に関しては、遠藤はその後この延長上で仕事しなかったし、光岡も早川さんもまとめていない。惜しいことになってしまいましたね。

上井：兵藤さんだけが後ず～っとやっているということ。

野村：兵藤さんにとっては、この調査はその後の国鉄との関係でいうと、決定的に重要な調査だったのですか。

それはそうですが、この時期の調査はまだ理屈っぽくやっていたんですよ。

VI　八〇年代を迎えて

1　臨調行革への抵抗――『国鉄労働運動への提言』など

賃労働者ではなく生活者という視点へ

野村：八〇年代を迎えて、一方では「土光臨調」の下で行政改革が押し進められ、他方ではＪＣ・同盟を軸に労線統一運動が進められるようになり、あらためて時代の問題にどう取り組んでいくかを問われることになったと思いますが、どういうスタンスで取り組まれたかお伺いします。

労働運動研究者集団の立ち上げに参画した一人でもあり、七〇年代の終わりから八〇年代にかけて、雑文を書いたり組合に呼ばれて話をするとか、いろいろやってきました。

書いたもののなかで主なものを拾いあげると、「戦後日本の労使関係」（『労働問題研究』第三号、一九八一年）、「〝日本的労使関係〟と労働運動」（下山房雄と分担執筆、『講座　今日の日本資本主義』第四巻、一九八二年）、「『日本的労使関係』賛美論批判」（『賃金と社会保障』第八四五号、一九八二年七月）、「労働運動右傾化の社会的考察」（『国際労働運動』一九八二年四月、春闘学習討論集会における講演速記、のち岩井章編『総評の再生』一九八二年に再録）、「行政改革が問いかけるもの」（『自治労通信』第二九四号、一九八二年一月）というようなものです。

七〇年代末から八〇年代初頭の時期は、日本がオイルショックにともなうスタグフレーションを見事に乗り切ったところから、海外からの *Japan as Number One*（E. Vogel, 一九七九年）などの声にバックアップされて日本礼賛論が台頭してきました。その背後には、ＪＣ春闘がありました。七五年以後ＪＣは同盟と組んで「社会契約的手法」を唱えていましたが、これは実のところ契約なき自制の勧めで、相場の押上げをめざす総評の国民春闘の座礁を招き、ＪＣ集中決戦が春闘相場の設定役を果たすようになりました。その後、ＪＣ・同盟によって労線統一運動が推進されました。こういうなかで、臨調行革をテコとした公共企業体の民営化とその労使関係の改変が企てられることとなり、「日本的労使関係」の深化・拡大が注目を浴びるようになったわけです。

一九八〇年であったか、近く『月刊労働問題』誌が廃刊になるということもあり、本郷にあった五月社という小さな出版社との間で、経済学関係だけでなく社会学とか歴史学とか、いろんなジャンルで進められている労働問題研究の共通の論壇となりうるような研究誌を出そうという話がまとまりました。川西宏祐、喜安朗、戸塚秀夫、東京学芸大学にいた渡辺章、それに私の五人で編集委員会をつくり、この年七月に『労働問題研究』という雑誌の第一号を刊行しました。第一号に掲載されている「創刊にあたって」という編集委員会名の文章には、「未来を展望するための糧」となるような研究論文を募り、年二回刊をめざすと謳われておりました。この雑誌は、残念ながら四号雑誌で終わってしまいました。

私はこの雑誌の第三号に「戦後日本の労使関係」という論稿を執筆しました。この論稿の狙いは、戸塚・徳永編の『現代労働問題』に載せた論稿で提起した〈複合的枠組〉の日本版の見取り図を描いてみようということにありました。一九五〇年代半ばに始まる労使協議制と定期昇給制度の推進、それに続く六〇年代半ばからの能力主義管理、それは施策の内容からすれば、〈実力主義〉にもとづく昇進・賃金管理、QC・ZDなどの〈小集団活動〉の推進に軸心がありましたが、これにより成立をみた「戦後型年功的労使関係」のうちに日本型労使関係の核心を見ようとしたものです。

この論稿では、これまで使ってきた〈労資関係〉という用語をやめて〈労使関係〉と書くことにしました。これは思想的な変化によるというよりも、この頃になると資本家の〈資〉を使う人はほとんどいなくなって、引用しようという論文・資料は〈労使〉がほとんどなのに、地の文章は〈労資〉というのでは煩わしいという思いからやってみたことです。もう一つ、この論稿を書いた頃、〈年功的労使関係〉というタームを日本の特徴を示す用語として受け入れていいのではないかと思うようになりました。『日本における労資関係の展開』では〈年功的労使関係〉という言葉は、氏原さんが使っているのをそのまま引用しているところにはあるのですが、自分の言葉として使ってはいないわけです。「内部昇進」という一般用語でごまかしていました。これは私のなかでの一つの変化と言っていいかと思います。

内容的にこの論稿に続くのは、大月書店から出た『講座　今日の日本資本主義』の第四巻、『日本資本主義の支配構造』に下山房雄君と連名で発表した「〝日本的労使関係〟と労働運動」という論稿です。第一・二節を私が書き、第三・四節は下山君が書きました。論稿の最後のところに、これは「分担執筆」であると断っています。実際にも分担執筆で、意見を言い合って文章を変えるということはほとんどなかった。なにしろ下山君の書いた部分には新聞『赤旗』などが注として挙がっています。この頃の下山君はもっとも柔軟な時期でした。見方自体について僕は下山君との間で齟齬があったわけではありません。ただ彼は共産党だということを堂々と名乗って活動するスタイルですから、二人のそれぞれの立脚点が誤解されるのは迷惑だと思って、「分担執筆」と断り書きを入れたわけです。
この論稿では、〈労資関係〉という言葉を地の文に使っていて用語法が先祖返りしていますが、内容的には、「戦後日本の労使関係」の後を受けて、オイルショックにともなうスタグフレーションの発現のなかで、能力主義管理の手直しを通じての労資関係の再編をベースにすえ、〈日本型福祉社会〉の構築に向かおうという構想に注目しました。それは〈少数精鋭主義経営〉・〈全員参画経営〉の実現、自助努力および家族・企業の新しい役割を支えとする参加型の福祉社会の構築を進めようとするものでした。

野村：戸塚さんは新左翼の研究をやった時に共産党をやめたと言っており、兵藤さんも査問は受けなかったが、その時にやめたと伺いました。そういうことがあったから、下山さんと一緒に書いたときにナーバスになったんですか。

いや、そうでもないのですが、下山君と共同執筆していると僕も共産党員だと思われてしまうのではないか。それは困る、俺は無党派なんだということをはっきりさせて置こうということでした。
『赤旗』は、大月書店の出版物であるせいか、『講座　今日の日本資本主義』の新しい巻が出る度に広告を載せていました。ところが、私と下山君が書いた論文が含まれている第四巻のみ、広告が掲載されませんでした。それは兵藤が悪いというよりも、編者が悪いということらしいという話が伝わってきました。第四巻の編集委員は二人で、うち一人が大内秀明さんでした。第四巻に対する書評は載りましたが、広告はついぞ載らなかったんですよ。

〈日本的労使関係〉のありように関して執筆したものにもう一本、『日本的労使関係』賛美論批判」という論稿があります。これは、一九八二年三月末、「現代日本の支配構造」というテーマで行なわれた労働運動研究者集団の合宿研究会での報告を文章化したものです。日本経営のビヘイビアの良さを支える核心的要素を労使関係に求める三人の研究者の言説を取り上げ、これを賛美しようとする言説はいただけないのではないかと批評したものです。三人の言説というのは、岩田龍子の〈文化論的アプローチ〉、津田真澂の〈歴史論的アプローチ〉、小池和男の〈収斂論的アプローチ〉です。

とりわけ小池さんの所説を問題にしました。小池さんは、卒業は東京大学の教養学部ですが、経済学研究科に進学し氏原演習で学んだ先輩でした。それもあって、日本はＯＪＴ（内部昇進制）の最先進国とする小池さんの見方には根拠があると私は受け取っていました。しかし、それだけではなく、彼はこの時期、年功賃金は賃金の「上がり方」から見れば何も日本に特有なものではないとか、あるいはまた、幅広い熟練の形成を背景とする「配置の柔構造」は、組合の介入がなくマギレのないルールを欠如している点に日本の特徴があるとしながらも、そこには職場集団の半ば自律的な規制が働いており、アメリカに比し「より産業民主主義的」な労使関係となっている、と主張していました。こういう主張は支持しがたい、というのが私の見方でした。小池さん自身も、かつてダイヤモンド社から出した『賃金』（一九六六年）では、賃金制度の特徴を明らかにするためには上がり方ときめ方を区別した上で吟味しなければならないと主張していたのです。ところが八〇年前後の時期になると、きめ方に関わる問題は彼の議論から消えていくのです。上がり方だけを問題にして、それを日本が最先進国という説の根拠にしたわけです。ちょっといただけないなというのが私の考えでした。また、職長についても、職長は管理機構のうちに取り込まれた存在であるにもかかわらず、小池さんは職長が労使関係の民主制を支える柱である、と言っていました。それも疑問だと思いました。

以上の他に七〇年代末から八二、三年ころまで、労線統一や臨調行革について、あちこちで書いたり話したりしました。こういう時代のなかで労働組合運動のあり方にも新しいものが求められているのではないか、いわゆる〈私生活型合理主義〉に立つ若ものをも取り込めるような労働組合思想の構築が求められているのではないか、と訴えました。

野村：兵藤さんは小池さん批判をやっているわけですが、私から見ると、兵藤さんたちの小池批判というのは及び腰ではないかという風に見えます。要するに、氏原学校で学んだ人たちは、何らかの共同体意識があって、相互批判を避けているのではないかと思えます。

いや、そういう考えはないんだよね。だけど同じところで育って、ものの見方に共通性があるというのは確かなんだな。それは内部昇進やＯＪＴの見方について、小池氏の言うところにももっともなものがあると思うんですよ。

野村：この時期に兵藤さんが書いたものを、あの頃読んで、私は「〈私生活型合理主義〉に立つ若ものをも取り込めるような労働組合思想」と言われていたものはそもそも無理じゃないか、と思っていました。兵藤さんは実現不可能なことを言っている、でも他に途があるかというと、ない。そういうジレンマじゃないかな、と見ていました。

僕はどこかに書いたけど、一九五〇年代の中頃かな、社会学の方で日本の労働者の二重帰属意識論が流行っていた。そういう二重意識から抜け出るとすれば、私生活型合理主義もある種のバネになるかなという考えだったのです、この頃は。

上井：組合的な団結からみて、これは厄介なものですね。そもそもが…。

そりゃ厄介ですよ。一九六〇年代半ば頃なんか、「こういう奴が困るんだ」というのが組合の活動家の見方だった。だけど、それは左翼チックに過ぎるんじゃないの、というのが僕の考えで、あの人たちにはあの人たちの良さはあるんだ、そういうのと一緒にできるような運動じゃないと困るんじゃないの、ということなんです。

野村：でも、兵藤さんはそのうち私生活型合理主義も取り込めと言わなくなりますよね。

そんなこともないよ。八〇年代後半からは、僕は労働者として働いている人間を「生活者」と呼ぶことにしている。

野村：私生活型合理主義という言葉を使わなくなり、生活者という言葉に変わるんですね。

それは、私生活型合理主義に立脚する人びとの言いかえではありません。この文章は、もともと、制度政策闘争を支える労働者と市民をつなぐ環を探るために綴ったもので、それには労働組合が自らを賃労働者という狭い視点にとじこめることなく、より根源的に「生活者としての人間」の視点をわがものとする必要があるのではないかということを訴えようとしたものです。それは、労働者相互の連帯の場を広げるためには、賃労働者としての意識のありように差異があれ、広く生活者としての希求を含めて考えれば通底するものがあるのではないかということも含意しているわけです。

時期が少しずれてるのですが、このころ出版された本で心に残っているのは、博報堂の生活総合研究所が一九八五年に出した『分衆の誕生』という本です。元はマーケティングの話から出てきた言葉ですが、〈分衆〉とは、要するに新人類とは何かということを指し示すものとして生まれたもので、これはなかなかいい名づけ方だという気がしました。

「職場の労使関係と労働組合」―清水慎三編著『戦後労働組合運動史論』への執筆

一九八二年に日本評論社から清水慎三編で『戦後労働組合運動史論』が刊行されました。これはわりと広く注目を集めた本だったと思います。私は「職場の労使関係と労働組合」という論文を寄稿しました。そのいきさつはどういうことかと言うと、これは手紙が残っているんですけれども、八〇年のある日、私のところへ清水さんから親展で封書が届きました。清水さんはそこで、ここ二年ほど日本評論社の渡辺さんの好意で若手研究者・組合書記を集めて戦後日本の労働運動に関する研究会をやってきたが、幹事役の高木郁朗君と渡辺さんとの間で、これから二年ほどかけて『戦後日本労働組合運動史論』という単行本を出そうという話になった、それに向けて研究者中心に研究会を再編したらどうかということになり、私に申し入れてきました。この申し入れに自分も賛成で、高木君に残ってもらうのは当然だが、熊沢誠君や兵藤釗君にも参加してもらうよう説得してくれと伝えた、ということでした。僕は戦後の勉強を始めようとした時以来、清水さんが書いているものに啓発を受けてきたので、「親展」などという手紙をいただいては断れないなと思って研究会に参加することにしました。

何を書くかとなった時、私は戦後の経営協議会をめぐる労使の確執を書きたい、要するに、戸塚・徳永編の『現代労働問題』に書いた視点で日本を見たら、どういうことになるか、やってみたい、と申し出ました。清水さんは、それもいいが、もう一本職場闘争にかかわるものを書いて欲しいという話でした。職場闘争については、それまで岩波の講座と労働運動研究者集団の連載で書いたことがあって、清水さんの目にも留まっていたのでしょう。でも、とても二本は書けないと思い、「職場の労使関係と労働組合」というタイトルで準備することにしました。

敗戦直後における経営民主化をめぐる経営協議会での労使の確執を序説的に扱い、次いで、職場闘争を通じて「組織づくり」運動を進め、労働組合運動の再生をはかろうとする試みが三池闘争の敗北により挫折をとげるプロセスを追いました。その後一九六〇年代、民間大企業の能力主義管理の下での労使協議制のありようを八幡製鉄の事例で解明するとともに、その対極として公労協傘下の組合における職場に基礎をすえた運動づくりの試みを国労のケースを対象に追跡する、こういう形でまとめたものです。

職場における組織づくりを扱った論稿は、岩波講座『日本歴史』、労働運動研究者集団のパンフレットの第一巻に次いで、これが三本目です。いま労働組合に問われている問題は、国労に見られるごとく、オイルショックを迎えて〈民主的規制〉へと路線転換をはかろうとしつつも、企業・産業のあり方を問う運動と職場闘争のうちに足場を築いて前進をはかろうとする路線との分立・妥協的な抱き合わせになっていて、それを乗り越えられないまま苦悶しているのではないか、というのが私の見方でした。

このあと職場の運動について書いたのは、清水慎三編の書物が刊行されてから半年ほどして、私鉄総連の内山光雄さんが一九五四年に出した『幹部闘争から大衆闘争え』という本の復刻版が八三年六月に出版されることになった時です。内山さんから復刻版に解説的な文章を書いて欲しいと求められて、「現代の労働運動と職場闘争―北陸鉄道労働組合の経験に学ぶ」という文章を書きました。

それはともかく、清水編の『戦後労働組合運動史論』に寄せた論稿は、私としては一生懸命に書いたつもりでした。しかし正村公宏さんによって『朝日新聞』(一九八二年一二月六日)の書評欄に取り上げられ、「不毛の議論蒸し返す」という厳しい批評をいただきました。これは私だけではなく、清水さんの本全体に対する批評です。

野村：その書評について兵藤さんはどういう感想を持たれたのですか。

問題意識が非常に違うな、ということです。この書評では、編者である清水さんの論稿はほめてありますが、若い論者の論稿については、「『日本的経営』が労働者と労働組合をいかに巧みに組み入れてきたか、経済成長と技術革新にいかに成功したか」を指摘することが企業社会の無批判の肯定だと考えるのは「浅薄きわまりない」と酷評されています。オイルショック後の Japan as Number One と評されたような「日本的経営」の下における労働生活のありようを「『人間』の視点」から見て肯定的に眺めようというのは、感度に違いがあると思いましたね。

野村：日本の労働問題研究者の間で、職場規制、職場闘争というテーマで研究するというのは、その辺の時期で終わりになります。三池とかの歴史研究はもちろんあるのですが…。兵藤さんも、この時期に職場闘争というのはかなり無理と思っていたのですね。

職場闘争でやろうというのは社会主義協会が最たるもので、協会派的に職場闘争だけで行くというのはダメだと思っていました。でも、産業のあり方とか、企業のあり方を問うと言ったときに、職場でどういうことをとりあげるか問われてくるのではないかとは思っていました。だから、職場闘争はもう用なしとは思っていなかった。でも、協会派的な形での職場闘争論では困ると思っていました。

上井：職場闘争を組み立てていけば運動できるという段階ではない、ということですね。

野村：それを端的に表明したのが『国鉄労働運動への提言』ですね。

国鉄労使関係研究会—『国鉄労働運動への提言』のとりまとめ

一九八二年一月二三日、『朝日新聞』が一面で「赤字国鉄がヤミ手当」と報じました。赤字国鉄が過去一〇年間、ブルートレインの検査係に運転検査旅費という名目でヤミ手当（カラ出張）を支給していたという内容でした。それ以来、各紙が連日のように〈ヤミ手当〉〈職場規律の乱れ〉などと報じ、社会問題化してきました。これより前八一年三月、鈴木善幸内閣の下で、〈増税なき財政再建〉をめざす第二臨調が設置された際、請われて会長となった土光敏夫は、就任にあたって三K赤字（コメ、国鉄、健康保険）の解消を申し入れ、その実現を就任の条件としたと言われています。こうして国鉄が臨調行革の目玉になるのは必至の状況となりました。国労は二月に中央委員会を開き、これは支配層の意図的な組織攻撃であり、職場慣行の不当な侵害には反駁しつつ、「社会的妥当性」という見地に照らして「正すべきものは正す」という方向で対処するという方針を決めました。僕の感触では、しばらく頭を下げていれば嵐は通り過ぎるだろう、と国労は思っているように見えました。

こうしたなかこの年の四月、たしか高木郁朗君を介して、国労から国鉄の経営形態、労働条件や労使関係のあり方について外部の見方を知りたいから、研究会をつくってもらえないか、国労としては、座長には高梨昌（信州大学）さんを頼み、兵藤さんには副座長をお願いしたいという打診の電話がかかってきました。高梨さんは大河内ゼミの先輩であり、かつて一緒に仕事をした仲でもありますが、このところ高梨さんは労働省とかなり深いかかわりをもっていると聞いていたこともあり、はたして国鉄問題で同一歩調が取れるか懸念されたので、場合によっては少数意見を書いてもいいということであれば引き受けてもいいと返事しました。その結果、当初の案は撤回され、経営形態問題は高梨さんを座長とするグループでやり、労使関係については兵藤を座長とする別のグループをつくるという再提案がされてきました。もう逃げるわけにはいかないなと思い、引き受けることにしました。

労使関係にかかわる研究会は国労書記長の諮問機関とすることとされ、「国鉄労使関係研究会」と名づけられました（ちなみに、高梨さんを座長とするグループは「国鉄研究会」と名づけることとされた）。メンバーは、稲上毅（法政大学）、熊沢誠（甲南大学）、公文溥（法政大学）、下山房雄（横浜国大）、高木郁朗（日本女子大）、野村晃（日本福祉大学）、八丁和生（社会問題研究所）、それと僕の八人。旧知の人もあり、今回初めてご一緒する人もいました。メンバーをどうするかは国労内の勢力配置を勘案して国労サイドが決めたもので、僕は一切タッチしていません。

僕は無党派、稲上君も無党派、熊沢君も無党派でしょう。公文君は向坂協会、八丁さんは太田協会、野村君はどこか政治的所属があるかどうか知りませんが、法律家です。下山君はご存知のとおり共産党、高木君はもとは協会派でしたが、新田俊三と同じく早くに協会を辞めたと聞いています。

研究会は、船井岩夫、野田鉄郎などという国労書記を世話役として、八二年四月末から始められました。国労の執行委員と同席して行なうことになっていたのですが、執行委員の連中は忙しいので途中から出てこなくなりました。

事態が風雲急を告げていたので、この年の七月「中間報告」［その構成は、国労が置かれている状況、国労運動に問われているもの、国労運動の展望、の三部構成］を提出し、二年後の八四年七月、第I部　総論、第II部　各論［第一章　臨調行革下の国鉄労働組合の政治的課題、第二章　国鉄労働の特質と経営形態、第三章　国労の権利闘争と課題、第四章　国労運動と各級機関の役割、第五章　分会活動の必要性と可能性、補論1　国鉄労働者の意識、補論2　分会の運営と役割］からなる報告書をとりまとめました。総論は、研究会としての基本的な考え方を述べたもので、研究会での討論を踏まえて座長たる兵藤がとりまとめたものです。

個々の論点に立ち入っていくと意見の違いがなかったわけではないですが、よって立つ立場やキャリアの違うメンバーが大綱的によくここまで一致できたものだという感慨をいだきました。稲上君はもっとも欠席の多いメンバーでしたが、ある個所に留保を付けましたので、それを受け入れて少し文章を手直ししたところ、彼も賛成してくれました。メンバーのなかには、この二年の間に考え方が大きく変わったと私に告げた人もいました。厳しい環境のなかであったただけに、それに対峙する心のありようにも相通ずるものが生まれたからだろうと思います。

いま直面しているような転換期にふさわしい運動を構築していくためには、伝統的な運動思想にはらまれていた弱点、すなわち、労働を生活のための必要悪と見なす手段主義的な労働観や、それと背中合わせになった労働者にとって大切なのは与えられた労働に対する対価としての賃金だとする取引主義的な発想から脱却することが必要であり、労働のなかに仕事の意味を感じうるような人間らしい労働のあり方、そしてまた労働のもつ社会的な意味を問い直していく運動が求められているのではないか。とりわけ、国鉄のような公共部門、それも対人的なサービス労働によって担われているような部門にあっては、これは喫緊の課題ではないか。こういった点に共通認識を持ちえたことは、この研究会の意味を認識させる出来事であったと言えるかと思います。

こういう考え方にたどりついたのには、書記の船井さんの存在もかかわりがあります。船井さんは、私より七つほど年上でしたが、若いころから国労書記をつとめており、武藤久さんが国労委員長になっても「むっちゃん」と呼びかけるような間柄でした。人によっては「破天荒で八方破れの論法」で、いつの間にか人を自分の土俵の中に取り込むといった術に長けているとの評も聞かれました(『船井岩夫を偲ぶ』二〇〇〇)。研究会での発言もさることながら、研究会後酒を酌み交わす仲になって、僕も船井さんの自由闊達で、広角的なものの見方に影響を受けた一人です。この仕事が終わってからも船井さんとは時に酒を飲むような関係になりました。しかし、二〇〇〇年二月、肝臓癌を病み七三歳という年で逝ってしまったのは残念でした。

それはともかく、報告書の取りまとめが終わってからが大変でした。もともと、研究会の報告書はこの年の国労大会で配布し、その提言を運動課題として共通認識を持とうということになっていました。しかし報告書ができあがると、国労内に異を唱える火の手が上がりました。依頼主であった武藤さんは、後年『己を知らず敵をも知らず』（二〇〇五年）と題する自分史のなかで、この間の経緯についてこう書いています。異を唱えたのは、「国労運動を職場闘争論で進めようとする」協会派グループであった。「この意見書を受ければ国労はどうなるか。今後の国労運動にどう活かすか。抵抗する職場闘争派をどう説得するかの具体策は（相談をかけた山崎書記長、秋山企画部長も）出さなかった。…私も『受ける』のは当然としても、『受けた後』をどうするかに悩んだ」。総評国鉄共闘会議の江田副委員長（総評副議長）に相談し、社会党国鉄対策委員会の再建プログラムの取りまとめを待って態度を決するのがいいだろうという考えに行きついた。「この『黙殺する』私の考えに対し発案者の船井は怒った」そうです。

結局、非分割・民営化の方向を打ち出した経営形態に関する高梨委員会の提言（『国鉄の経営再建に関する提言』）は受け入れ拒否となりました。労使関係に関する兵藤委員会の提言については、大会配布用に作成された『国鉄労使関係研究会報告書』はお蔵入りとするが、その報告書の表紙だけ取り替えて兵藤釗編『国鉄労働運動への提言』という形で第一書林から市販されることとなりました。

しばらくして、向坂協会派の機関誌『社会主義』に私どもの報告に対する批判論文が掲載されました。塚本健「商品の使用価値」（『社会主義』一九八七年二月号）と石河康国「『有用性』向上論と企業主義」（『社会主義』一九八八年七月号）です。塚本論文には、兵藤の名前に言及することなく、報告書は働くということを真面目に考えろと言っているが、資本論を見ても、価値が大事で、使用価値は二の次であると書かれており、我々にとって大切なのは賃金・労働条件であると書かれておりました。石河論文は、仕事の仕方について提言することは企業主義におちいる道である、と主張したものです。

私は、いまも提言の趣旨に誤りがあったとは考えてはいません。問題があったとすれば、提起のタイミングが遅きに過ぎたということでしょう。武藤さんの回想するところによれば、国労は「職場に労働運動を」をスローガンに掲げて運動の前進をはかってきたが、「マル生」に勝ち、スト権ストを闘った頃から「勝利の美酒に酔った」。…しかし、「ここに大きな陥穽が待ち受けていた。…私たちをとりまく情勢・条件は大きく様変わりしてきた。これを見抜けずこの変動に対応できなかった、私を含めた国労指導部は弱点・矛盾を露呈することになる。…暴走となる遠因は、マル生闘争の勝利であり、組合の力を倍増させた『スト権スト』である。その上、労使の話し合いで円満な労使関係を求めた現場協議制度の乱用が『暴走に力』を与えてしまった。加えて現場のうっ積した不満を巧妙に取り入れる分会長クラスに、多くの協会派活動家が現れた。…彼らは、スト権スト後あたかも『国鉄の職場生産点に解放区』が出現したよう錯覚し暴走した。」こういう状況にストップをかけるにはかなりの時間が必要だったと思いますね。

上井：下山さんは『国鉄労働運動への提言』に執筆していません。どうしてですか。

下山君が書いていない？　どうしてかな。記憶ないね。

この研究会をやっていた頃、八三年の四月だったか、第二臨調の答申を踏まえて国鉄再建監理委員会が設置されることになって、国労から僕に電話がかかってきたことがあります。この委員会のメンバーとして隅谷三喜男さんの名前が取り沙汰されているので、隅谷さんに委員会に入っていただくよう兵藤さんから頼んでくれないか、というのです。これは弱ったな、隅谷さんには言いにくいが、どう言おうかなと考えていたところ、僕が何も言わないうちに、隅谷さんが委員を引き受けたという新聞報道がありました。

その後、隅谷さんにお会いする機会がありました。その時隅谷さんは、再建監理委員会で国労の話をいろいろ聞いて、とてもこれではバックアップできないと思っている、と言っておられました。『日本労働協会雑誌』（一九八七年四月号）の企画で、国鉄問題について、隅谷さん、神代和欣さん、岡野行秀さん、それに僕とで座談会をやったことがあります。僕は第二臨調はけしからんことをやったと発言しましたが、隅谷さんは座談会が終わった後で、兵藤君の言うことはわからんでもないけどね、と僕に言いました。

野村：再建監理委員会で隅谷さんはどういう立場だったのですか。

隅谷さんは第二臨調答申、つまり国鉄の分割民営化に賛成という立場で動いたようです。後から考えれば、非分割・民営化ならばまだよかったと思います。高梨委員会の提言の線です。社会党も大体その線でした。ただ国労は民営化でいいとは言えなかったと思います。

全逓—制度政策闘争検討委員会

いつだったか正確な記憶はありませんが、『国鉄労働運動への提言』に収められている「中間報告」（一九八二年七月）を提出してからしばらくして、全逓から電話がかかってきました。電話をかけてきたのは旧知の全逓書記中沢孝夫君だったと思います。全逓は夏に開いた蒲郡大会で制度政策闘争を進めることを決めたので、その検討委員会のメンバーとして知恵を貸してもらいたいということでした。推進役であった伊藤基隆企画・組織部次長（のち八八年に書記長、九一年委員長）は、「行革でもみくちゃにされた国労の二の舞を演じたくはないからね」とその腹の内を語っていました。

検討委員会には、部外から私のほか斉藤貞之（北九州大学）、木村温人（平和経済計画会議）などが選ばれました。上妻美章さんもメンバーでした。上妻さんは、一九五〇年代後半から六〇年代にかけて太田薫総評議長のブレーンをつとめた人で、六〇年代末に総評を退職し、以後全逓労働学校の講師をされてきました。上妻さんは僕より一〇歳ほど年上でしたが、馬が合い会合の後で中沢君などと一緒に新宿御苑近くの「ハイライト」というスナックでよく飲みました。上妻さんは、八九年一〇月六六歳の若さで亡くなられました。一周忌を期して関係者の間で遺稿集の編纂が企画され、『労働運動の日々を生きて』（一九九一年）が刊行されました。この遺稿集は、第一部　春闘論、第二部　労働組合運動論から成り、第一部は高木郁朗、第二部は僕が解題を書きました。

この検討委員会でやった仕事として、僕の手許には、『現代社会と私たちの仕事』（一九八三年）と題する学習テキスト、八四年三月東京地本の集まりでおこなった講演「制度政策闘争の意味するもの」（『全逓東京文化』第五号）などが残っています。

『国鉄労働運動への提言』のまとめ作業をおこなっていた頃、社会主義協会の研究者メンバーのなかに新しい動きが生まれました。八二年一一月に『現代資本主義と社会主義像』を刊行して協会内に波紋を引き起こした福田豊（法政大学）、鎌倉孝夫（埼玉大学）などが軸になって、八四年四月、「現代社会研究会」を結成したのです。僕はその動きに関与していたわけではありません。この研究会は、後で聞かされたところによると、社会党が勤労国民の期待に応えうる力を回復するためには、これまでの理論、政策、運動の「抜本的自己革新」が求められているという認識に発するものだったということです。八四年の暮れだったか、労働運動研究者集団のメンバーでもあった鎌倉さんから、来年の三月に現代社会研究会の第一回シンポジウムを開き制度・政策闘争の理論的な総括を試みたいので問題提起者になってもらえないかという依頼がありました。私は協会のメンバーでもないし、現代社会研究会の会員でもないから、とても基調報告をするような立場にはないと固辞しました。しかし、国労や全逓での経験を踏まえて問題提起をしてもらえればいいというので、やむなく引き受けることにしました。ところが、年が明けた一月、社会主義協会の代表向坂逸郎さんが亡くなってしまったのです。死者に鞭打つようで、ばつが悪いというか、タイミングが悪いことになりましたが、引き受けてしまった後なので断りもできず、三月三〇日に開かれたシンポジウムで問題提起者として登壇いたしました。その記録は鎌倉孝夫・福田豊編『参加・創造・社会改革―労働組合の制度・政策闘争』（一九八五年）に収録されています。

こうして制度政策闘争に向かおうとする労働組合のバックアップをしようと思ってやってき

たのですが、第二臨調を旗印とする行革攻撃に後退を余儀なくされるのが現実でした。労働組合が転換期にふさわしい組合機能を担っていくためには、運動を支えるという狭い視点に自らを閉じ込めるのではなく運動思想の革新が求められているのではないかということを訴えていく必要があるという思いを強くするようになりました。「転換期における労働組合機能」（『月刊社会党』一九八七年九月号）というタイトルの下に、「この思想の革新の基本は、おそらく、賃労働者という狭い視点に自らを閉じ込めるのではなしに、より広くというか、いや、より根源的にとでもいうか、生活者としての人間の視点をわがものとして自らのうちに確立することにあるのでなかろうか」と書きました。あるいはまた、総評解散を目前にした『月刊総評』（最終号）に、こういう思想革新の必要を強調し、それを支えとした労働組合的次元を超える「地域に暮らす人びとの生活者としての連帯なしには、経済社会の枠組みの転換を推し進める力は湧いて来ない」のではないかと書き記しました。

2　大河内さんの死去に際して

葬儀の主催者をめぐって

野村：一九八四年八月に大河内さんがお亡くなりになられましたが、兵藤さんは『労働法律旬報』に大河内理論について書いておられますね。これは、一〇年ほど前、『東京大学五十年史』に書かれたものとはどういう関係になっているんでしょうか。

大河内さんはこの年七月から軽井沢に行っておられたんですが、体調を崩され白井泰四郎さんが付き添って急遽東京に帰りお茶の水の杏雲堂病院に入院されました。しかし、手当の甲斐なく旬日を経ずして亡くなられました。
その後が大変でした。訃報を聞いて僕は直ぐ大河内邸に行ったんですが、いろいろ関係者が集まっていて相談し、通夜を新宿の太宗寺で行なうことに決まりました。その準備の手配は僕に任されたわけではありませんが、通夜の当日お寺に行ってびっくりしました。通夜の手配の最中に経済学部の某先生が叙勲関係の業務を司っている役所に連絡を入れ、通夜に間に合うように素早く依頼されたようです。もう一つは、通夜当日、花屋から供花が届くので、僕も駆けつけてその整理を手伝いに行きました。ところが、その某先生が供花につけられている名札を見て、花の置かれている位置を変えておられるのです。これはここ、それはあちら、というふうにね。それを目の当たりにしてこれは大変だなと思いました。

通夜が終わり、次は葬式ということになった。日時が決まり、場所は青山葬儀所でということになり予約も取りました。そこまではいいんですが、その先が大変でした。葬式はどこの主催で行なうかが先決事項ですが、大河内さんが議長をつとめていた社会経済国民会議がわれわれがやると手をあげたんですよ、東大はお金を出せないでしょうというわけです。東大の方というか、経済学部は、そんなことはまかりならん、総長までやった人の葬式を東大と関係なくやってどうするんですか、たしかに多額のおカネは用意できないけどそれは認められない、というのです。

大河内ゼミの出身者ということで実務を担っていた氏原さんと僕で、どうしようか相談しました。社会経済国民会議主催という話は断わることにした方がいいが、経済学部の方は少しはお金を出してくれるにしても、それで経費を全部まかなうというわけにはいきそうもないから、大河内ゼミの同窓会メンバーから募金を集めよう、ということになりました。そうは言っても、青山の葬儀所で葬儀をとり行えば千何百人が参列することになるんですから大変なんですよ。仏式でやるのであれば祭壇などは葬儀所が保持しているものを使えるのですが、無宗教でやるということになると、写真が必要な上に花は同種類のものに揃えないと格好がつかない。だから供花の仕入れ先は一つの花屋に集中することにして、花を贈ろうと思っている人にはそこを通して出してくれと頼まなければなりません。菊の花を三百万円くらい集めたのかな、とにかく同窓会メンバーから寄付を仰ぐことにして、東大というよりも事実上は氏原さんと僕で取り仕切って進めました。供花には名札が着いて来ますが、花に着けたままにしておくと通夜の二の舞になるからということで名札は全部取り外し、団体と個人に分け廊下に貼り出すこととしました。団体からの供花は贈ってもらえる団体がだいたい予想がつくのであらかじめ並べる順序を決め、個人からきた供花は名札を五十音順に配列しました。葬式の進行役である司会は、僕が引き受けました。

大河内追悼論文を書く

八月下旬に葬式が終わってから、『労働法律旬報』が一〇月上旬号で大河内追悼の特集号を組むことになりました。旬報社から僕に少し長いものを書いてくれないかと依頼があり、ほかに氏原さんを含めて十何人かが短い文章を寄稿しました。

僕は「『大河内理論』と現代」というタイトルで追悼文をしたためました。この文章は大河内さんが終戦直後に書かれたいくつかの時論を通読し感じたことを綴ったもので、経済学部の『五十年史』を書く時には大河内さんの発言をどう解釈すべきか迷いもあり、積み残したままにしておいたものです。「社会政策の経済理論」の生成の跡を追った前稿とは趣の異なったものとなりました。中心は「生産主義の社会政策」・「生産主義の労働組合」を提唱した時論で、服部英太郎さんの批判の対象となったものです。僕は転換期をどう生きるかを考えるよすがを探ったものとして受け取るべきではないかという結論に至りました。それで「『大河内理論』と現代」という表題をつけたわけです。

「現代」とした所以は、オイルショック以降の時期との比較を念頭に置いており、敗戦直後の時代は一つの転換期を迎えていたのではないかという僕の認識に出るものでした。その頃、僕はオイルショック後の時代を指して転換期という言葉をいくつかの文章で使っていました。今日も未だに転換期だと書いているのですから、本当にいつから転換期を迎えているのかはっきり書けないというのが今日この頃の私です（笑）。そういう「現代」に生きている者から見ると、終戦直後の民主化の時代というものは一つの大きな転換期であったわけで、それをどういう風に受け止め、どういう風に発言していくのかという問題は、現代に生きる我々にとってもある種の教訓を含んでいるのではないか、そういう思いを込めてこの文章を書きました。僕らの世代のなかでも、「生産主義の社会政策」・「生産主義の労働組合」という提唱はおかしいのではないかという意見が強かったのですが、大河内さんがこの時期に書いた文章というものは、我々にとって示唆を含んだものだと言えるのではないか、というのが僕の文章の趣旨でした。ですから、ここでは悪口を書いているのではなく、大河内さんはやはり偉いな、という感じで書いているわけです

対象とした論文のなかで、代表的なものを挙げれば「日本資本主義の再出発」（『日本評論』一九四六年二月号）です。そこでは次のような主張がなされています。大河内さんは講座派の系統を引いていますから二段階革命論のような考え方に立っており、戦後再建の課題は「差しあたり」資本主義経済の正常態への急速な復帰をはかることであり、そのためには、あらゆる封建的なるものの排除し、「民主化」を進めることが急務であると主張されていました。それは、国民経済の計画化とそれに基づく統制、経営それ自体の運営に対する参加、国民生活の全体としての国家保障の制度化を進め、次の社会形態への橋頭堡を準備しようという主張でした。そういう戦後再建の課題から見ると、「生産主義の社会政策」・「生産主義の労働組合」を押し進め、経営自体の中枢への参画の場としての経営協議会の設置をはかることが急務ではないかというのがその主張でした。同趣の主張は、「マルクス主義と社会政策」（『戦後経済学の課題』一九四七年）でも展開されています。

こういう考え方は、「社会政策の形而上学」で大河内さんが批判の対象としたドイツ社会民主党系のハイマンの社会政策論と相似た相貌を呈していますが、一九四九年の社会政策論争で大河内批判の側にたった人びと、とりわけ服部さんのようにハイマン流の社会政策論への転落として批判することは適切ではないのではないか、と僕は書きました。大局的に見れば、大河内さんは敗戦によって日本が迎えた状況のなかで労働組合が直面した課題を正しくとらえていたのではないかと思ったからです。戦後再建の方途を「民主化」に求め、その担い手は工職混合組合以外にないと断じ、「生産主義の社会政策」・「生産主義の労働組合」を提唱したのは、戦後再建のあり方に対する提言として注目すべき内容を持っていると言っていいのではないでしょうか。『労働法律旬報』の同じ特集号に氏原さんが「大河内先生と労働組合運動」と題する短い文章を書いていて、大河内さんの「生産主義的労働組合論」はどちらかと言えば「現実をよりよく反映しているように考えていた」と記しています。僕は氏原さんと事前に打ち合わせたわけではありませんが、ああそうか、俺は氏原さんと同じように受け取っていたのか、と安堵しました。

野村：大河内さんの戦後直後の「生産主義の社会政策」と戦時中の社会政策論は別のものと理解すべきでしょうか。

別なものではないでしょうね。時代の局面が違ったものになってきたなかで、この時代にフィットするようなものになったということでしょう。

野村：戦争中に大河内さんは総資本の合理性を強調していましたが、生産主義の提唱の時には、総資本の合理性がなくなって、労働組合が生産主義的に頑張れ、というだけになりました。

総資本の合理性という理解がなくなったというのはどうかしら。大河内さんの戦時社会政策論というのは、戦時を転換点としてとらえていたと思います。つまり、営利的精神が消えていくような時代ととらえることによって、大河内理論は戦時体制に寄り添っていくような理論になったわけだけど、敗戦によって時代が変わってみると大河内理論の役割というものが変わってきた。そういうことではないでしょうか。

「社会政策の形而上学」（初稿）では、大河内さんはウェーバーも使っているけど、かなり正統派的な左翼的な見地から、ハイマンには国家論が欠けていると批判していた。ところが、大河内さんの戦時社会政策論というもの自体がハイマンやそれをついだヒルファーディングのような立論に変わっていったのではないでしょうか。

野村：大河内社会政策論は総資本の合理性を強調するもので、生産主義の社会政策論はそれとは違う社会政策論としてとらえた方がいい、と私は思っているのですが。

僕は、「生産主義の社会政策」論はある局面における大河内理論のあり方である、という考えです。大河内理論も「社会政策の形而上学」（初稿）と『社会政策の基本問題』（増訂版）に収録されたそれとは違っているように、変化して行っているわけです。変化しつつある大河内理論がある時代の局面において脚光を浴びることがあるのかな、というような感じで、あの文章を書きました。そういう時代の見方は現代を生きる我々にとっても必要なことであるかもしれないと思ったわけです。私が修正主義になったということもあるかも知れませんが…。

上井：戦時中の大河内理論については戸塚さんの批判があります。体制の現実のありようを不問にして技術的批判に迂回したことによって体制協力の理論におちいってしまった、という批判です

第二次大戦直後は、先の見通しははっきりしないのですが、大河内さんは社会

化という方向を出している。しかし、現状では生産が落ち込んでしまっているから、ともかくも生産主義でと主張しました。その限りではこの時代の課題に正面から向き合っていて、しかも体制のありようについて批判を受けないような形になっているのかな、と思います。

大河内批判の側に立った人たちの議論は正統派的な主張になっています。だが、第二次大戦後の現実からすれば、社会変革の時代を迎えていたのかもしれない。そういう時代のなかで大河内理論というものがある種の生命力を持つことになったのかもしれないと僕は思います。

上井：大河内理論は戦時中だめになって、ここにきて意味を持ったと思います。いろんな批判を受けたかも知れないけど…。

ただ、これはどうしてか僕にはわからないのですが、大河内さんは労働組合法案の審議会の委員に任命されたけど、かなり欠席されたという話です。なぜ欠席されたのか、それが分かりません。たしかに一九四五年の暮から四六年の初めころ、大河内さんはそんなにものは書いていません。戦後書いたものとしては、「日本主義の再出発」（一九四六年二月）というのが早い方です。戦後初期の大河内さんに対しては、労働組合法案の審議会の委員に選ばれたにもかかわらず、真面目にやっていないという批判があちこちで聞かれたようです。法学部の末弘（厳太郎）さんは一生懸命やっているにもかかわらずというわけです。

大河内理論の転回について

転換期としての現代にかかわる事柄として、大河内さんの社会政策論の転回について一つお話しておきたいことがあります。大河内さんが亡くなられてから一〇年近く後の一九九三年二月、厚生省の外郭団体である社会保障研究所が高齢化社会を迎えて年金、医療、あるいは社会福祉などいわゆる社会保障の領域に新たな問題が生まれつつある現状にかんがみ、「社会保障理論の再構築」を主題にすえてシンポジウムを企画しました。どうして私が起用されたのか知りませんが、発言者の一人になってくれと頼まれ、武川正吾（中央大学）、田近栄治（一橋大学）、それに私の三人をパネリストとして第27回シンポジウムが開かれました。

私は何を話の柱にすえようかと考えた末、一九七八年に社会経済国民会議が「総合福祉政策委員会」を設置し、そこでの検討を踏まえて『福祉政策の総合的検討―総合的福祉政策の国民合意を求めて―』と題する提言文書を発表しておりますが、この提言を主題にすえることにしました。この提言は、社会経済国民会議としての提言なのか、総合福祉政策委員会の提言なのか、序文を読んでも定かではありませんが、この当時社会経済国民会議の副議長であった大河内さんが政策委員会の委員長をつとめ、「新しい社会政策の理念を求めて」と題する「委員長所感」を書いておられます。この「所感」は社会政策学会に属する人たちの批判の対象になってきましたので、この「所感」を巡る論議を話題に取り上げることにした次第です。シンポジウムでの私の報告は、「社会保障理論の再構築に向けて」というタイトルで『季刊　社会保障研究』第二九巻第一号に掲載されています。

大河内さんは、この「委員長所感」で、「今日社会政策は、従来のように単に雇用労働の継続期間のみを、制度として機能せしめるというのでは、その本来のマンパワーの保全と培養と言う機能すらも尽くしえなくなった」以上、「人間をその生涯を通しての生成、成熟、老衰の過程をライフサイクルにおいて把握する…新しい社会政策」を構想する必要がある、と説いておられました。大河内さんの〈社会政策の経済理論〉は、社会政策をもって生産要素としての労働力を対象とする生産政策として位置づけ、生産者としての資格を一時的になり永久的になり喪失した消費者を対象とする政策は社会政策には包摂しがたいものとして社会事業と呼んできました。それをいまこうした消費者を対象とする政策をも社会政策と呼ぼうというのですから、そこには、一九七〇年に六五歳以上の老年人口が総人口の七％を超え、日本が〈高齢化社会〉の仲間入りをしたという現実があるにしても、これは大河内理論の転回を示すものであったと言えるかと思います。

これに対し、社会政策をもって〈労働者政策〉と見なす視点から大河内理論批判の論陣を張ってきた人びとからは、大河内理論の破綻を示すものという声が上がりました。だが、批判者の側も、社会保障が広く国民全体を対象とするものとして現われてきたという事実を卒然として社会問題ないし社会政策の現代的拡がりとして受け止め、社会政策論の再構成の必要を説くだけで、納得的な再構成の筋道を示しえているわけではないと思いました。また、武川君のようにイギリス的なソーシャル・ポリシー論に親近感を持っている人びとからは、社会政策は、社会保障を基軸にすえた福祉国家の登場によって質的な変化を遂げたのであって、大河内理論のような社会政策の日本的コンセプトは福祉国家段階にはふさわしくないという声が上げられました。

福祉国家の成立が社会政策に関する日本の伝統的な観念に衝撃を与えるものであったことは疑いないにしても、資本主義の母国イギリスの歴史に徴してみれば、社会保障の淵源たる救貧法の歴史的展開に照らして社会保障理論の再構築を図らねばならないのではないかと私は考えました。イギリスにおける資本主義成立期の社会政策は、大きく言えば、労働政策と福祉政策の二系列から成り、前者は団結立法・主従法と工場法で構成され、後者は救貧法に代表されていました。労働政策の系列は商品としての労働力の取引を律するものであるから市場的世界の契機でありますが、福祉政策の系列は贈与＝所得再分配によって成り立つものですから非市場的世界の契機であり、いわば資本主義国家の共同体的側面を表象するものです。こういう非市場的契機を伴うことによって資本主義社会は一つの社会たりえたのではないかと思います。

ここで注目しなければならないのは、救貧法は始めから able bodied のみならず non able bodied をも救済の対象にしてきたという事実であります。その意味では、もともと、国民生活上の事故に対する国家的救援の仕組みはなにも社会保障をもって始まったわけではないと言えるかと思います。日本の伝統的社会政策論は、社会政策は労働力政策である、いや労働者政策ではないかという争いに陥り、社会保障の登場をその論理の内に包含しうる余地を自ら閉ざしてしまったわけです。もちろん、そういう形で登場した福祉政策も時代によって変化を遂げていくわけですから、政策対象の広がりや救援の内容、とりわけ権利性のありようなどについて歴史的変化を追う必要があります。

福祉政策の社会保障への展開というか、福祉国家の成立に関しては、私は総力戦として戦われた第一次、第二次の両大戦の持った意味が大きいのではないかと考えていました。たとえば、第一次大戦後のワイマル憲法において生存権が法認されるとか、第二次大戦中にベヴァレッジ・プランの成立を迎えるというような展開を見たわけですから、総力戦として戦われた戦争への国民の動員にとって社会保障が大きな意味を持ったと言えるかと思います。社会科学研究所にいた毛利健三君の著書『イギリス福祉国家の研究』（東京大学出版会、一九九〇年）の合評会が開かれた際、コメンテーターを頼まれたので、その際こうした考えを披露しました。

野村：社会経済国民会議の文書に書いた大河内さんの文章が、「社会政策の経済理論」を変更した最初の文書ということになるのですか。

社会政策の政策対象から労働力という縛りをはずしたという点では、初めてではないでしょうか。

野村：大河内さんの「社会政策の経済理論」は一九四三年ころに成立を見、戦後になってその考えにもとづいて『社会政策（総論）』を出版した。そこで社会政策について大河内さんの発言はなくなると考えていいのでしょうか。そのあとは出稼型論とか、労働組合論、労使関係論とかについて書いたり発言したりして、社会政策論については発言しなくなると思うのですが。

そうです。「総合的福祉政策」に至るまで、『社会政策（総論）』以後大河内さんの社会政策論の骨格が大きく変わるというようなことはなかったと思います。『社会政策（総論）』の版次でどういう違いがあるか検討したことがないので、細かなことはわかりませんが…。

野村：社会保障研究所における兵藤さんの報告に対して、どういう反応がありましたか。賛成ですねとか、いや、それは違うのではないかとか、というのも含めて、積極的な反応はなかった。

野村：シンポジウムの場で、兵藤さん、武川さん、田近さんの議論はかみあったのですか。

かみあっていないですね。武川君はイギリス流の社会政策論に沿って話していたように思いますが、議論にはならなかったと記憶してます。田近さんの主張は記憶に残っていません。

3　八〇年代の言動を顧みて

野村：年譜から拝見しますと、八〇年代、とりわけ半ばごろから多方面で活動なさってますが、どこから伺うのが話が分かりやすいでしょうか、兵藤さんの方でまず口火を切っていただけますか。

学生委員会のこと

まずは、東京大学の本部学生委員会の仕事をすることになったいきさつについてお話しておくことにしたい。一九八〇年宇沢弘文さんが経済学部長に就任された翌年、八一年八月から一年間全学の学生委員をやることになりました。そのうち後の半年は委員長でした。

宇沢さんは学部長になる直前、学生委員長として手を焼いた経験がおありでした。その頃は、大学紛争の名残りで五月祭の際、農学部グラウンドでプロ楽団によるロック・コンサートが行なわれていました。夜中の一二時、一時頃まで大きな音で演奏していて、風向きの加減で日暮里あたりまで聞こえるのです。地域住民から苦情が出て、大学は手を焼いていたんです。

僕はそれまで学部長から役職就任をサウンドされた時、断ったことはありません。断れば将棋倒しになって学部長が困るだろうと思ってきたからです。しかし、宇沢さんに全学の学生委員を頼まれた時には、さすがにこれ以上すんなり受けては不公平に過ぎると思い、宇沢さんにこれまで僕がやってきた役職をご存じですか、僕は助教授就任以来ずっと労務担当ともいうべき学生委員のような仕事だけをやってきたのです、もう卒業です、これ以上はもうお断りします、と言いました。すると宇沢さんは、君のキャリアを調べて、その上でお願いしてる、と言うんです。そう言われては断れませんでした。

学生委員長の職についた時、ロック演奏がまた問題になりました。演奏するのはプロ楽団なのですが、主催団体はもちろん学生です。主催する学生たちと交渉して、夕方七時で打ち止めの約束を取りつけました。実のところは多少のアローワンスはやむをえないと思っていたところ、八時で終演となり胸をなでおろしました。

五月祭については別の問題も発生しました。一日目の土曜日午後であったか、学部にいた僕のところに時計台前で裸の舞踊が始まったという注進がありました。調べてみると文学部の学生グループの企画で、室内でやる予定が突如外へ出てきたということでした。裸だから問題だというわけです。演じているのはこれもプロでした。どうするか文学部長、仏文の二宮（敬）さんに相談に行くと、評議員の高階秀爾さん（美術史）も同席していました。高階さん曰く、裸というが身体に色を塗って肉体を物と化しており、しかも校内は誰でも入れはするが公道ではない、つまり不特定多数を観客にしているわけではない。これを禁止すれば表現の自由の侵害で訴えられるよと力説されました。それもなるほどと思い干渉はしないことにしました。このプログループは、翌年ニューヨークで公演したそうです。

僕の労務担当はこれが最後です。宇沢さんは学部長として一家言ある人でした。宇沢さんの前任者は小宮隆太郎さんでした。小宮さんは宇沢さんが学部長に選ばれた時、文部省に挨拶に行けと言ったらしいのですが、宇沢さんは、俺は行かない、用があれば向こうから来ればいい、と言ったそうです。雑用ができる人かどうか疑問とする声もありましたが、意外とできるんですね。僕は宇沢さんにけっこう大事にしてもらいました。

中国社会科学院経済研究所との交流

一九八〇年代半ばに東京大学経済学部と中国社会科学院経済研究所との交流がはじまりました。中国社会科学院経済研究所の世話役は朱紹文という人でした。

朱紹文さんは戦前の大河内ゼミ出身です。戦争のため途中で強制送還されたと聞いています。一九八〇年頃、どういう経緯かは知りませんが、上海で有澤（廣巳）さんが朱さんに会いました。そのことを有澤さんが大河内さんに言ったらしい。そこで大河内さんはその年か翌年であったか大河内演習の同窓会に朱さんを呼びました。旅費や滞在費などすべて大河内さん持ちでです。大河内さんにはそういうところがありました。朱さんは一九五〇年代後半反右派闘争が推進された時右派分子として糾弾されたそうです。六〇年代後半から始まった文化大革命のときにもやられたそうです。文革が終わってから浮上し、中国社会科学院経済研究所の終身教授になったということです。そして中国に行った有澤さんとたまたま会ったというわけです（朱さんは二〇一一年に亡くなられました）。

一九八五年中国の経済研究所との交流が始まろうとしていたこの年、僕は八〇年代に始まった学部のサバティカル制度により授業や会議を免除されることになっていました。ところが中国の経済研究所と交流がはじまると、向こうの窓口は大河内ゼミ出身の朱さんだから、兵藤君こちらの窓口をやってくれないかと関口（尚志）学部長に頼まれました。サバティカルではないかと異議を申し立てましたが、いや、これは研究であって、サバティカルにあたっているから免除というわけにはいかないということで押し切られました。そんなわけで、この年、東京でのシンポジウムの開催を含め経済研究所との交流の仕事に振り回され、サバティカルを棒に振ることになりました。

翌年、経済研究所主催のシンポジウムが北京で開かれるというので、僕も派遣チームの一員に加えられました。シンポが終わってから、重慶に行って視察し、そこから船で三峡を下り、武漢から飛行機で上海に向かうことになっていました。しかし重慶から乗った三峡下りの船が遅れ、武漢に就いたのは飛行機が出てしまった後なので、そこで宿泊せざるをえないこととなりました。翌朝白タク二台で南京に向け九時に武漢を出発したのですが、一時間ほど走ったところで一台がエンコしてしまい、部品を取りに武漢へ戻る必要が生じました。われわれの団長の中村（貢）学部長は、エンコした車に乗っていたのですが、故障していない車が武漢から戻るまで車から降りませんでした。不思議な人がいるもんだなと驚き、感心もしました。結局、南京に着いたのは夜中の一二時半を回っていました。中村学部長は予定が入ってるということで、翌日上海経由で一足先に帰国されました。

このとき、近経の石川経夫君も団員でした。彼の親父さんは一橋大学で中国のことを研究していた石川滋さんです。親父さんは、経夫君が中国に出発する時、中国には中国のやり方があるから文句を言うなと諭したそうですが、経夫君はスケジュールが変更されるごとにぶつぶつ文句を言っていました（笑）。

僕が中国の経済研究所との交流にかかわったのは発端だけで、最初に日本シンポジウムを開いた時の事務局長役、翌年中国に行った時には日本チームの秘書長という役まわりでした。

生協のこと

話が前後しますが、一九八三年五月、佐伯（尚美）さんが学部長をつとめていた時、呼び出しがあり、平野総長から兵藤へ生協（東京大学消費生活協同組合）の顧問を引き受けて欲しいという要請がきているとのことでした。

後でわかったことですが、東大紛争後、生協の理事長についてはまず総長が候補者を選び、その候補者の所属する学部の学部長に連絡し、学部長から本人に引き受けるよう話しをする、という慣習になっているとのことでした。顧問は一年で翌年には理事、その一年後には現理事長の篠原一さんが停年を迎えるので、その後任理事長をお願いしたいという含みらしい、断るなら今しかないぞというのが学部長の言でした。まあしょうがないかと思い、顧問を引き受けることにしました。僕は東大入学以来生協の組合員ですが、この時まで生協の活動はいっさいしていませんでした。八五年六月から停年退職直前の九三年一二月まで八年半、理事長をつとめることになりました。東大生協理事長の在任期間としては最長不倒記録です。

紛争前は大学と生協とは対立関係にあり、生協は大学にとってうるさい厄介な存在でした。しかし紛争後、加藤一郎総長の時代の一九七〇年、加藤さんが総長代行の時に総長特別補佐をつとめた福武直（文学部）さんが生協理事長に就任しました。二人は友人で、信頼関係も厚かった。二人の間で、生協を大学の福利厚生事業の担い手として頼りになる存在に育てていこうという根本了解が生まれました。そして理事長選任にあたっても生協サイドの声を聞いて総長が就任要請をするようになったわけです。以後、大学と生協の間にもめごとはほとんど起こらなくなりました。福武さんの後を継いで生協理事長になった大内力さんも、紛争時代に加藤総長代行の代行をつとめた人ですから、こういう路線を継承されたのは当然のことでしょう。

僕が理事長を引き受けることになってから、前任者の篠原さんに、理事長は何をすればいいんですかと聞いたところ、「挨拶業兼執筆業だよ」という返事が返ってきました。生協の総代会とか新年会などでの挨拶、あるいは生協が組合員向けに出している新聞への原稿執筆が仕事だというのです。東大生協の営業成績は学生数でははるかに及ばぬ早稲田大生協を抑えて断トツ一位でもあり、僕は事業経営にかかわることは専務理事にまかせ、篠原さんの言葉を拳々服膺して八年半も理事長をつとめました。これも東大生協の中興の祖とも言うべき福武さんがしっかり路線を築かれたからだと思っています。

理事長に就任した直後、時の専務理事にだまされたといえばだまされたような出来事がありました。その年の七月だったと思いますが、年中行事の一つである生協の職員旅行がありました。専務理事の口調では、理事長は毎年職員旅行につきあっているようでした。そういうことであれば僕も行かなければならないと思い、旅行につきあいました。ところが帰ってくると、職員旅行に理事長がつきあうのは福武さんに次いで二人目だと言うんです。翌年からも、去年はつきあったけれど今年は行かないとは言えないものですから、毎年つきあうことになりました。

先ほどお話ししたような経緯もあり、僕は生協の事業運営にほとんど口を出しませんでした。ただ、僕が言い出しっぺのような役割を果たしたものに、東京地区の大学生協で理事会と生協労組が統一賃金交渉をしてはどうかと言ったことがありました、これは当事者の間では「集団交渉」と受け止められ、八八年から実際に始まりました。理事会側、組合側〆て四、五百人くらい集まって交渉するというのですから、交渉の場に出る専務理事などの諸君は相当苦労したと聞いています。

専務理事はそれぞれの大学生協が選んでいるのですから、賃金交渉が集団交渉となるのはある意味では理屈にかなっていると言えるかと思います。しかし、僕も九〇年代に入る頃からちょっと行き過ぎたところもあったかなと思い始めました。大学生協の間には人事交流がありましたから、基本給に関する統一交渉は理にかなっていると思いましたが、営業成績にはバラつきがあり、従業員の活動のあり方により左右されるところもあるわけだから、賞与には多少差をつけるような仕組みにした方がいいのではないかと思うようになりました。

イギリス・西ドイツ労働調査のこと

野村：八〇年代には、戸塚さんと組んでイギリスでの自動車・鉄鋼調査、それから私も参加していますが、徳永さんをシャッポにした西ドイツの自動車調査がありました。これらのプロジェクトが組まれたいきさつ、結果などについて。

氏原還暦記念のプロジェクト「転換期における労使関係の実態」調査が一段落しつつあった頃、社会科学研究所の所長をつとめていた岡田与好さんから戸塚（秀夫）さんに、社研も創立三〇年を迎えたことだから国際的にも注目されるような事業をやるべきじゃないか、海外調査はできないだろうかという声がかかりました。そこからイギリスの労使関係調査プロジェクトが始まりました。

戸塚さんがプランを練り、社研プロジェクトとして承認を取りつけ文部省科学研究費（海外学術調査）を申請し、許諾を得ました。イギリスでの現地調査は一九七八年から八一年にかけて行なわれました。労働関係で科研費による海外調査が認められたのは、これが初めてだと聞きました。この調査は、自動車班（戸塚、兵藤、支援隊員・山本潔）、鉄鋼班（菊池光造、石田光男、支援隊員・氏原正治郎・松崎義）の二班編成で行なわれました。企画、現地調査の実情などくわしいことは、「戸塚秀夫教授を囲む座談会―労働問題の実態調査をめぐって」（『社会科学研究』

第四一巻四号）およびこの調査の報告書『現代イギリスの労使関係』（一九八七・八八年）を参照してください。

この調査の報告書は上下二冊から成っています。計画では、工場・職場レベルの労使関係に焦点をあわせて、経営側から提起される合理化の諸方策がフォーマル・インフォーマルな労働側の対応に制約され、現実にいかなる展開を見せたかを追究することに主眼をおいていました。私は戸塚さんと組んで自動車班の本隊員となり、七九年の四月上旬から八月上旬まで、ロンドン、オックスフォードでブリティッシュ・レイランドの聞き取り調査に参加しました。当初フォードの調査もやりたいという話はあったのですが、会社との間でトラブルが生じ、おじゃんになりました。

最終報告書の作成にあたって、戸塚さんからどこか工場調査を分担してくれないかという誘いはありましたが、一人の執筆者が単独で書いた方が良かれ悪しかれイメージに一体性が保たれると思ったのでお断りしました。ですから、自動車関係の実態調査の報告はすべて戸塚さんが執筆しました。私は社研調査報告第一九集『イギリス労使関係の実態調査（I）』（一九八四年）に収録されているヒアリング記録のいくつかを作成しました。

最終報告書については、私としては、以前七四年九月から七五年にかけほぼ一年ロンドンに滞在した折かじったことのある〈社会契約（social contract）〉について書くことにしました。これは、七〇年代初頭の総選挙での敗北を踏まえて社会主義の実現に向けて転換をはかっていくための労働党の戦略として構想されたもので、一九七四年二月オイルショックの下でこれを掲げて総選挙に臨んだ労働党が勝利し第二次ウイルソン政権の下で推進されようとしたものです。ところが、私たちが本調査でイギリスに出かけた一九七九年、奇しくも総選挙があり、労働党が敗北し保守党によるサッチャー政権が登場、〈社会契約〉も終わりを告げることになりました。そこで補足的に資料を集め、「社会契約の生成と挫折」という補論を書かせてもらうことにしました。

〈社会契約〉が挫折したのは、いまや労働組合が企業の投資決定のあり方に挑戦し産業の変革を追求することなくしては生き永らえることもできないような地点に達しているにもかかわらず、現実の労働組合はその運動領域を賃労働者としての利害にかかわる領域に自ら限定し、企業経営にかかわる問題は経営権に属するという伝統的観念を脱却しえないでいることの結果ではないか。こういう声がエリック・ホブズボームやヒラリイ・ウェインライトなどから提起されていました。そうした声に惹かれ、この論稿を執筆しました。戸塚さんは、報告書の下巻、「総括的意見」を記述したなかで、民衆的な対案戦略運動が「すんなり成功する保証はない」としつつも、そこには「行詰まった現存社会の止揚をめざす労働者の知的、道徳的ヘゲモニイの萌芽」を見出すことができるとして強い期待を寄せています。現実認識のありようにおいて、私とは違いがあるように思いました。

ちなみに、本調査でいろいろ面倒を見てくれたブリティシュ・レイランドのあるショップスチュワードは、フォアマンは会社から募集が出されるときに手をあげた者のなかから選抜されるしきたりになっているが、給料が良くなるにしても俺はなる気はないと語っていました。さすがに〈them and us（ヤッらとオレたち）〉の世界で長い間現場の組合役員として働いてきただけあるなと思いました。その彼が、娘は会社のオフィスで働いていると嬉し気に話しているのを耳にした時は、イギリスも変わりつつあるのかなという思いがしたものです。

東大社研によるイギリス労資関係調査の後を受けて、一九八三年秋、東北大学の徳永重良さんをキャップとして、西ドイツのフォルクスワーゲン工場の調査が行なわれることになりました。この調査には野村君も参加していますが、調査の詳細については徳永重良編『西ドイツ自動車工業の労使関係―フォルクスワーゲン工場の事例研究―』（御茶の水書房、一九八五年）という報告書を参照してください。徳永さんから、兵藤君はイギリス調査の経験者だからアドバイザーとして参加してくれないかと頼まれて、私もこの調査に同行しました。

この調査旅行の途次、徳永さんや野村君がよく知っているダルムシュタット工科大学のベルクマン教授が徳永さんとともに、このフォルクスワーゲン調査とひっかけて、ダルムシュタット工科大学で労使関係の日独比較を主題とするコンファランスを組織しました。私は、

Participatory Management and Japanese Workers' Consciousness と題する報告書を提出し、日本におけるQC、ZDなど小集団活動を紹介し、その労使関係上の意味を論じました。コンファランスの記録はベルクマン教授と徳永さんの共編著、*Economic and Social Aspects of Industrial Relations*（一九八四年）に収録されていますが、私の報告論稿は、その頃日本に留学していたA・ゴードンに校閲してもらったので、こなれたものになっていると思います。

労働運動研究者集団その後

野村：『月刊労働問題』の増刊号として出ていたパンフレットの第七巻が出たのは七九年でした。その後、研究者集団はどういう活動をしたのか伺っておきたいのですが。上井はこの頃研究者集団に入ったの？

上井：一九七八年だったと思うが、平井陽一君と一緒に入った。その時は、趣意書を見せて決意を促すということではなかった。こういうメンバーが集まって議論している。階級的労働運動というのにお前は賛成だろう、入れよ、という感じだった。誘ってくれたのは戸塚さんだったと思う。

八〇年代に入ってからも例会は開いていましたが、『月刊労働問題』に載せていた連載は、雑誌そのものの売れ行きが落ちてきて廃刊のやむなきに至るということもあって、八〇年一月号でピリオッドを打つことになりました。だからパンフも七九年で終わりになりました。だが集団としては、八〇年一二月に「目標とすべき社会主義像とそれをめざす労働運動のあり方」というタイトルでシンポジウムを開いたのに続いて、八二年三月「現代日本の支配構造」というタイトルでシンポジウムを開きました。さらに、八四年七月には「社会主義の再生」をテーマとしてシンポジウムを開催、それを翌年九月『社会主義は可能か』というタイトルを付して社会評論社から出版しました。そして、八七年には「変革主体の問い直し」をテーマとしてシンポジウムを開いています。

八四年七月に「社会主義の再生」というテーマでシンポジウムを開き、翌年九月それを取りまとめ『社会主義は可能か』というタイトルに変更して出版したわけですが、この時期は、八五年三月ソ連共産党の書記長にミハイル・ゴルバチョフが就任し、ペレストロイカを推進しようとした時にあたっており、まだ社会主義の将来に望みをかけることができるのではないかという気分が残っていた時です。シンポジウムのタイトルと本のタイトルに違いがあるのは、社会主義はもうダメだと決めつけたわけではないけど、本当に可能かどうかという疑問もあったということでしょう。

野村：すると、大きな転機はパンフレット第七巻の『資本主義の危機と労働者闘争』で、これが出た後は低迷状態に…。

労線統一運動が始まる頃から低迷状態に落ち込み、社会主義は本当に可能だろうかという疑問がくすぶりはじめていたということでしょう…。

野村：社会主義は可能でないというトーンなのか、可能かもしれないというトーンのどちらなんですか。

可能になるとしたら、どういうあり方が可能なのかという議論です。でも、そんなことはできないんじゃないのという話もありました。
もう少しくわしく言うと、このシンポジウムの第一セッションのテーマは「革命における社会主義と国家としての社会主義」、第二セッションは「自主管理共和国の経済運営」、第三セッションは「社会主義論の若干の問題」という三部構成になっていました。この書物の「はしがき」には、「私たちの描く社会主義像は決して一つにまとまっているわけではないが、『社会主義の再生』を語らねばならない程に、社会主義が混迷しているという認識は、私たちに共有されているといってよい」と記されています。そういう気持ちは、また、書物のタイトル『社会主義は可能か』にも表れているわけです。

このシンポジウムでは、僕は第二セッションの討論集約を執筆しました。報告者は川上忠雄君で、ソ連型社会主義の否定的な現実を指摘し、その現実を超克しようとするポーランド〈連帯〉の運動も頓挫したことにも触れ、リアリティのある社会主義像が失われているところに社会主義運動の混迷の原因があると述べていました。報告者は、自主管理型の社会主義に未来を託す途がないかという発想からその経済運営のモデル構築を試みようとしたわけです。自主管理共和国は市場メカニズムの利用を抜きにしては成り立ちがたいとした報告者の発想についでは参加者から異論は出ませんでした。だが、市場メカニズムの利用は自主管理共同体としての企業が資本として運動する可能性を封ずることができるかどうかをめぐって疑問や批判が相次ぎ、集約点を見つけることができなかったというのが実相です。

労働運動研究者集団の活動は、このシンポジウムを最後として以後は下火となり、解散したわけではないが休眠状態におちいりました。発足当初、階級的労働運動の推進という旗印は降ろさずにすむのかという私の頭をよぎった危惧が現実となってしまいました。

研究者集団が発足した頃は、戸塚さんが事務局長役で、地の利もあって僕が相談役みたいな恰好でやっていました。そういう恰好が結構長く続いていたんですが、九二年三月運営員会を編成替えすることになり、戸塚さんが事務局長を降りて増田寿男君に引き継ぎ、井上雅雄、小川浩一、粕谷信次、上井喜彦、菅井益郎、田中学などという若い人が運営委員になりました。

増田君が事務局長役になる直前、新しい運営委員候補で研究者集団の今後に関する小委員会が設けられ、いろいろ議論したようです。提案メモによると、集団の活動は七六年の発足から八〇年までの第一期、八〇年から八九年までの第二期、八九年以降の第三期と三つの時期に分けられています。『月刊労働問題』の廃刊を迎える第二期の始まりの頃は、「労働運動の大勢は――一層の後退を続け」、いまや「現実に存在する諸運動のなかに体制変革ないし体制批判の萌芽ないし契機をみいだせない」状況にあり、「組織的労働運動の外に、例えば各種の市民運動」などに着目するほかなくなっているのではないかと記されています。そして、八九年以降の第三期は、九〇年三月に「国際化―日本と世界―」をテーマとするシンポジウムを企画したが、その基底には、このボーダーレス時代は「労働運動の体制内化傾向を強め」ることになるのではないかという危惧があると記されていました。

八〇年代の半ばごろから、先ほど触れたように僕のなかには、階級的労働運動という旗を降ろすか下ろさないかということをはっきりさせた方がいい時機にきているのではないかという気持ちが生まれてきました。ただ、研究者集団の会合でそれを積極的に提案したという記憶はありません。増田君が事務局長になった頃には、そういう話も立ち消えになってしまって、今日まで来ているんじゃないの。

野村：増田さんの時に解散はしていないのですか。

解散はしていない。しかし、ある時期から後、誰も研究者集団は活動しているとは思っていない。

上井：僕も運営委員をやらされて、その時に議論はあったんだが、あえて解散する必要もないだろう、ということになった。

八〇年代半ばくらいまでだね、実際に研究者集団として何かしようとしていたのは…。

野村：前に伺ったお話ですと、発足のころは社研で月一回例会をやっていたということですが、これはパンフレットの第七巻が出た後もやっていたのですか。

上井：八〇年代に入ってから例会の開催頻度が徐々に減っていったように思う。九〇年代に入って運営委員会の改組が行なわれたのは、多分若い人を入れなければ、ということだったんだろうね。それで井上（雅雄）君とか僕に声がかかって、運営委員会に出ていった。その頃はもういつ、どういう風に店仕舞いするかを考えなきゃならなくない時期になっていました。運営委員会は農学部の田中さんの部屋でやっていて、あえて店仕舞いはしなかったんですが、もう初期の頃とは全然違います。研究会のなかの分岐がすごく激しくなっていた。印象に残っているのは、喜安朗さんと鎌倉孝夫さんの論争。唯物史観に凝り固まっていた鎌倉さんの発言に喜安さんが反発して、ヒステリーを起こした。それから、日本のコメ問題です。これをどう保護するかという議論に対して法政大学の粕谷（信次）さんが、そういうことを言っている限りはもうダメなんだ、といまにつながるようなことを言って、二つに割れてしまった。割れ方が極端になってきたなという感じです。

粕谷君も変わってきたよな。

野村：思想的に言えば、日本の左翼がちょうど割れていくときですね。もう既成事実として割れたということなんでしょうか。

結果的にそうなったんだけれども、思想闘争をやったとは言えないと思うよ。

野村：思想闘争じゃなく、日本の左翼がダメになっていくというか、かつてはある程度影響力を持っていたが、影響力を失っていくわけで、そのプロセスを労働運動研究者集団が見事に反映していた。

まあ、結果的にはそう言えるでしょうね。勇ましさを保っている人もいるし、僕のような日和見もいるし…。

上井：その過程は連合の結成過程に重なっていますね。それに合わせるようにして落ち込んでいった。

依拠すべき運動実体がなくなったということだな、実際問題として…。

上井：つまり、活動家をサポートしようとしてこの集団をつくったけれども、サポートするに値する運動がなくなってしまった？

でも、国労とのかかわりで出した仕事に関する考え方について、こういう見方は大事だと言ってくれた活動家たちもいたわけです。ケチョン、ケチョンにけなしたグループもいますけれどでも。だから、まだ将来どうなって行くか、分からない部分もありました。それがなければ、僕ももっと早く書斎に引っ込んでいたと思いますよ。

野村：このころに研究者集団のメンバーは何人くらいだったのですか。

さあ。だけど辞めてはいないのです。研究会に出て来なくなってきたのです。

トヨタ・日産調査のこと―戸塚秀夫・兵藤釗編『労使関係の転換と選択―日本の自動車産業』

一九七〇年代から八〇年代にかけオイルショックにともなう不況に直面し、多くの国々の自動車産業は経営の悪化に苦しみました。しかし小型車生産を主体とする日本の自動車産業は、フレキシブルな生産システムとそれを支える柔軟かつ効率的な労働力利用の体制を実現することを通じて、世界第一位の生産量をあげるようになりました。この共編著は、一九八四年から八七年にかけて行なった日本を代表する二つの完成車メーカーA社（日産）、B社（トヨタ）の実態調査を踏まえて、日本の自動車産業の競争力を支える生産システムとそれを可能ならしめている労使関係のありように迫ろうとしたものです。これは、イギリス調査で得た知見を踏まえて国際比較的な視点で日本の労使関係の特徴を眺めて見ようとした作業です。

一九九一年に刊行された報告書の本体部分は、第一章「フレキシビリティと労働組合規制――A社を中心に」を上井君、補論「A社の人事管理と賃金」を畑（隆）君、第二章「生産性管理と人間関係諸活動――B社を中心に」を野村君、第三章「労働協約と組合運営――A労組を中心に」を田端（博邦）君が執筆しています。

私自身は、両社のヒアリング調査の現場に参加するとともに、共編者である戸塚さんと協働して序章と終章の執筆にあたりました。第一章から第三章、それに一つの補論から構成されている実態調査の報告部分については、最終的には執筆担当者の責任において完成してもらうこととしました。各パートについても調査班全体の討議にかけてはいますが、見方の相違が残される部分もありました。

たとえば、後に私は野村君の『熟練と分業』(御茶の水書房、一九九三年)、『トヨティズム』(ミネルヴァ書房、一九九三年)という二冊の著書について書評を書く機会があり(『社会経済史学』第六一巻第二号、一九九五年)、多能工のとらえ方、労働者の熟練の理解、QCサークルや提案活動という改善活動の評価については、野村君の見方には問題があるのではないかと記しました。総じて言うと、「日本の生産システムはフォーディズムを超えているとは言いがたいという野村の主張は正しいにしても、構想と実行の分離というテイラー的管理思想とはベクトルを逆にする要素の意味が正しく評価されているとは言いがたい」というのが私の不満でした。

本書に対しては、仁田道夫、橋元秀一のお二人を評者とする合評会の記録(執筆者のリプライを含め『社会科学研究』第四三巻第三号)を始めとしていくつかの書評が出ましたが、私としては、「トヨタ生産方式」の名で知られるトヨタ自動車の能率管理の仕組みを賃金体系とのかかわりで追究した点や、たえざる作業改善を期待してQC活動をそれに結びつけていこうとする管理思想のあり方に注目したことなどは、この調査が提供した新しい知見と言っていいと思っています。また、〈会社組合〉と目す人もある日産労組について、八〇年代半ば塩路自動車労連会長が排除されるに至るまでは、労使協議を通じて職場規制に努めた特異なユニオン・リーダーシップの質を描き出したことも、この調査の貢献の一つと言えるかと思います

共編者の一人である戸塚さんが完成稿の作成の最終段階でオーストラリアに出張となったた

め、編集作業の最終段階は私があたることになりました。各パートを担当する執筆者間に残された見方の相違はやむをえないとしても、用語、たとえば〈職制〉については、執筆者によって現場職制だけを指している場合もあれば、課長などまで含んで職制と呼んでいる場合も見られたので、これでは読者がとまどうと思い、用語の統一をはかることをお願いしました。

また、終章の完成段階には戸塚さんがオーストラリアにいたので、手紙でやり取りするしかありませんでした。どういうやりとりをしたのか今回手紙を探しましたが、私はまだパソコン導入以前だったこともあり、私が出した手紙も、戸塚さんからの手紙も見つかりませんでした。やりとりを正確に思い出せません。お互いに意を尽くせない部分が残ったかも知れません。

野村：私の記憶では、兵藤さんは、戸塚さんと自分が違うということを認識したのは自動車調査の取りまとめの時だった、と言っていました。

職長をどういう形で選ぶか、どういう選び方を是とするかについて、戸塚さんは、選挙がいい、と言いました。僕は、日本の企業としてはそういうことはできないでしょう、ヨーロッパ型、つまり募集して手をあげた労働者の中から選ぶということもできないでしょう、と考えていました。日本企業は今後もいまのようなやり方で職長を選んでいくでしょう。戸塚さんとの間にこんな風な違いがあったと記憶しているのですが、資料が散逸し証拠固めができませんでした。

野村：私が戸塚さんから聞いた話では、戸塚さんはトヨタ生産方式は徹底したテイラー主義であると主張したのに対して、兵藤さんはテイラー主義とは異なるモメントがあると強く主張し、そのモメントを重視せよと言っていたということです。

戸塚さんも結局僕の主張を受け入れました。その点では戸塚さんが半分くらい折れた。この調査報告書では、僕は戸塚さんと一緒に序章と終章を執筆していますが、上井君と野村君は本体部分を書いていて、その原稿について調査対象とやりとりしています。どういうことがあったのか、ここに記しておいたらどうでしょう。

上井：僕はこの調査をやる前に、別の日産調査に参加しました。氏原さんの還暦記念プロジェクトして行なわれた転換期調査の一環として、日産について山本（潔）さん、嵯峨一郎、僕の三人が調査しました。この調査報告書で山本さんが執筆した部分が日産労組とトラブルになりました。そのため戸塚グループの今回の自動車調査であらためて日産調査に入る時が大変でした。僕は日産労組の組織部から二回面接の申し出があり、応じなければなりませんでした。一回は本部で、もう一回は座間支部でした。ちょうど組合が石原社長と対立している時期だったので、組合は山本さんの調査に非常にナーバスでした。

私は組合に対して次のように話しました。転換期調査の自動車調査は三人でやり、原稿は三人のそれぞれが自分の責任で書きました。山本さんの考えで統一して書いたのではありません。調査の手法についても、転換期調査で十分だと私が考えているのであれば、今回また調査をお願いするということにはなりませんでした。あれではだめだと思うので、事実を正確につかみたいというので今回正式に組合を通じてお願いしているのです。こういう私の説明に、戸塚さんもいろいろサポートしてくれました。

組合の面接は、正規の面接のほかに、夜の飲み会での面接もありました。戸塚さんはトップと話をしていて、僕は離れた席で組織部員と話をしました。そういう場で、いろいろ聞かれるのです。本部の場合には高級バーで、座間支部では飲み屋でした。いやなものです。

日産については組合側から、トヨタについては会社側から接近しましたが、両社ともある面で似ているところがありました。ともに公式見解から外れた調査は許さない、というものでした。それを何とかこじ開けて入っていった。それができたのはやはり戸塚さんがいたからでした。

この調査に入る時、戸塚さんは調査対象に対して原稿段階で原稿を見せることを約束しました。事実関係について誤っているところがあればそれを指摘してもらう。しかし、評価については研究者の責任として我々の判断でおこなう、ということを明言しました。調査対象との信頼関係を大切にするという戸塚さんの考えは、山本さんの調査とは違うものでした。

調査をしている時に兵藤さんと話したのですが、戸塚さんはすぐに人を信用してしまうところがある（笑）。そういう人だから調査対象とはいい関係になる。

トヨタについては、原稿を見せた段階で、ずいぶん不愉快なやりとりがあったと聞いています。しかし、本が出版された後、戸塚さんと僕が本を持参してお礼のあいさつにトヨタに行った時には対応がまったく違っていました。担当者は部屋に入ってくるなり、申し訳ございませんでした、大変失礼いたしました、経緯を全部聞いております、と言ったのです。驚きました。謝罪から始まるのですから。

戸塚さんも驚いて、どうしてそんなに変ったのですか、と質問すると、トップが変わったからです、という返事でした。トヨタが世界企業になる、そして社長の豊田章一郎が一九九一年に経団連副会長になっていくという状況変化が背景にあったからでしょう。トヨタもオープンにしていかなければならない、外に出しても恥ずかしくないようにしていかなければならない、やり方についても変えていかなければならない、という風になりました、ということでした。

我々の調査が刺激をあたえたということだろう。

野村：トヨタの原稿を書き上げた後、トヨタに原稿を送りました。しばらくして返事があり、コメントしたいことがあるので名古屋支社に来てほしい、ということでした。それで戸塚さんと私が名古屋支社に出向きました。一九八七年一二月二五日です。今まで会ったことのない人事部の課長が応対に出ました。開口一番、この原稿の出版はやめて欲しい、と言いました。原稿の内容が誤っているからなのですかと尋ねると、いやそうではありません、原稿は関係する部署に回して内容が正しいかどうかチェックさせました。内容はその通りだという回答でした。公表して欲しくない理由は、要するに、関係者がしゃべりすぎている、ということでした。外部の人にしゃべってはいけないことをしゃべりすぎている。だから出版をやめて欲しいというのです。

それにたいして戸塚さんが反論しました。一つは、私たちの調査はトヨタの副会長の許可を得ておこなったもので、手続き的に何ら不正なことはしていない。それなのに出版を中止せよというのは理解できない。もう一つ、戸塚さんはこう言いました。私たちがトヨタと日産を調査していることは、外国の友人やネットワークを通じて海外に広く知られてる。もし調査結果を出版できないとなると、調査の経緯および出版を巡る経緯について私たちは英語で発表せざるをえない。そのような事態になれば、トヨタの名声に傷がつくことになるのではないか。

課長は反論しないでしばらく考えていました。そして、わかりました、出版することを了承します、ただしいくつかの点について削除や加筆をお願いしたい、と言いました。出版を中止できない場合のプランをあらかじめ考えていたのだと思います。

それから原稿について、この部分は削除して欲しいとか、この部分の表現を変えて欲しい、というような要望が出されました。それで、個々の要望について、こまかな数字を削除したり、表現を簡略化したりした部分があります。しかし、これだけは落とせないという部分については、相手の要望に応じませんでした。

なるほど。しかしその後トヨタは外に対して多少ともオープンになってきたのではないですか。トヨタに対しきついことを書いている猿田正機君などもトヨタに入れるようになったでしょう。それも我々の調査が起点になっているのではないですか。

上井：私が日産の組合に提出した原稿については、まったくなんのクレームもつきませんでした。それをあとになって塩路さんが、上井および労働協約と組合運営について分担執筆した田端（博邦）は石原社長の塩路追い落としに加担する役割を果たしたなどととんでもないことをいうものですから、僕は困りましたし、正直言って腹も立ちました。

詰まるところは、自分の主張通りに書かないと気に入らないんですね。このことに関連して、組合内の反対派に接近したことにも触れておきます。熊沢（誠）さん流の言い方になりますが、普通の労働者から見て、ということが組合主義の評価基準として重要だと考えていまして、日産調査をスタートさせるとき、一般組合員の調査を行うことについて日産労組に了承を求めましたが、体よく断られました。一方、日産労組は一枚岩の政党ではないはずなので、さまざまな考え方の人がいる、そこで調査が一段落した段階で色んな潮流の人に話を聞きますよと戸塚さんが言ったところ、戸塚さんが言うのだから仕様がないと思ったのでしょうか、塩路さんは何もおっしゃいませんでした。こういうことで、私は転換期調査以来つきあいのあった新左翼系の現場労働者と会って、話を聞きました。また、一九七九年にユニオンショップ協定を使った組合除名・会社解雇の攻撃をうけ、その後も日産労組から集団暴行を受けてきた共産党系の「明るい厚木部品をつくる会」（略称・「明厚会」）の人たちとも会いました。その時、「明厚会」の人たちは、「日産労使関係の諸悪の根源は塩路組合だ。石原はその塩路を追い落とそうとしているのだから、経営者らしい経営者で立派だ」というのですね。私は、「日産労組が塩路・石原対立を契機として会社に対して組合的な規制を加えるようになってきている面も見るべきではないか。石原は塩路を追放するだけでなく、組合の発言権を換骨奪胎したトヨタ型の管理への転換を狙っている。それでいいのですか」と言ったのですが、全く噛み合いませんでした。それで私と「明厚会」の関係は切れてしまいました。しかし、「明厚会」のなかにも、私に同意してくれる人がいて、その後私の依頼にこたえて資料を提供してくれました。

なお、トヨタについて戸塚さんと私で大木一訓さんがやっていた愛知労働問題研究会のメンバーや共産党のメンバーから話を聞きました。野村はこれには参加していません。

戸塚秀夫・兵藤釗編『地域社会と労働組合――「産業空洞化」と地域戦略の模索――』

この調査報告が出たのは一九九五年ですが、ここに収録された室蘭・佐伯の調査は、一九八七年から九〇年にかけて行なわれたことからして、八〇年代的問題意識の産物と見ていいでしょう。

一九八五年のプラザ合意以後急激に円高が進み、かつて高度成長を牽引し、いまや成熟産業の域に達していた鉄鋼業や造船業を抱える地域は、発展途上国の進出によって〈産業空洞化〉に見舞われるのではないかという不安におののくようになりました、このようななかで、労働組合が経済危機克服の一つの主体として動くことをめざす対案戦略追求型の運動、つまり、賃金その他の労働条件の維持改善に課題を限定することなく企業、産業はもとより国民経済やその国際関係など、従来所与のものとされてきた社会の枠組みの組み換えを課題にすえようとする新しい動きが芽生えてきました。そこで私たちは、〈地域生活圏闘争〉を運動課題に掲げる自治労の援助を得て、新日鉄室蘭製鉄所の企業城下町で不況に悩む北海道室蘭市、佐伯造船とその関連企業を抱え不況に苦しむ九州佐伯市を調査対象として、八七年から九〇年にかけ事例調査を行ないました。

この二つの調査班は通例の労働調査とは異なり、メンバーに中小企業や地方財政などに詳しい研究者の参加を得て編成されたという意味でも、新しい試みであったと言えるかと思います。私は室蘭調査のキャップとして、佐口和郎、東条由紀彦、金子勝の諸君とともに調査に取り組み、本書の前編「地域活性化と労働組合—室蘭地域労組連絡会議の活動とその直面した問題—」の執筆にあたった。

佐伯調査と室蘭調査はほぼ独立して行なわれました。戸塚さんがキャップとなって行なわれた佐伯調査は、室蘭とちょっと違っていました。佐伯は、倒産争議調査の性格を持っており、地域の問題というよりは会社の危機にどう対応するかということが焦点でした。

室蘭では八七年、鉄の町の基軸をなす新日鉄室蘭製鉄所が高炉休止に踏み切ることを発表しました。それに対して、「産業危機打開総行動」を推進しはじめた鉄鋼労連傘下の新日鉄労連室蘭労組および八〇年代初頭以来「地域生活圏闘争」を進めてきた自治労傘下の室蘭市役所職員労組が軸となって室蘭地域労組連絡会議が結成され、地域活性化と雇用創出に向け取り組み始めました。さらにまた、室蘭ロータリークラブのメンバーの提唱により八七年に始まったばかりの〈マチづくり〉をめざす市民運動団体〈室蘭ルネサンス運動〉にも労組連絡会議のメンバーが参画し、活性化運動は地域ぐるみの運動として展開する様相を見せはじめました。

しかし、事態はにわかに急変しました。政府が内需主導型経済への転換をめざして財政・金融政策の軌道修正をはかるに及んで、八八年から室蘭市の工業生産額は増加に転じ、さらに八九年には三菱製鋼が新日鉄室蘭製鉄所の遊休地を譲り受け進出することが発表されました。こうしていわゆるバブル経済が出現するなか、人びとが追い求めようとした地域活性化の方途も暁闇のなかに隠されたままとなりました。

東京一極集中のなかで拡大してきた地域間格差が解消されたわけではないのですが、円高不況のなかで人びとを襲った危機感が去り、運動は一つの区切りをつけるほかなくなりました。私たちの調査も、こうした事態を前にして取りまとめに苦しんだというのが実情です。対案戦略の行方を追究するという私たちの目標は、中途半端に終わってしまいました。

この調査の思い出としては、千葉利雄さんとの再会です。千葉さんには、三〇年ほど前の学生時代、大河内ゼミの単産調査で初めてお会いしました。その頃千葉さんは鉄鋼労連書記でした。不破哲三さんも書記として同じ部屋で仕事をされていました。当時の千葉さんは正統派でした。その後、東大紛争直後に大学院の氏原ゼミにゲストとして来られて話をされた際に再会し、以後私は千葉さんの文章をしばしば引用するようになりました。この調査を始める時、鉄鋼労連副委員長に登りつめていた千葉さんから労連の「産業危機打開総行動」の話を伺いました。また新日鉄室蘭労組との繋ぎにも配慮をいただきました。調査段階での接触からは大衆運動家としての千葉さんの臭いが伝わってくる思いがしました。

野村：戸塚・兵藤・井上（雅雄）の三人で対案戦略について小さなパンフレットを出していますよね。それとこの調査とはどう関係しているのですか。

『現代における労働組合の対案戦略運動』（一九九〇年）のことですね。このパンフレットが出された経緯については定かな記憶がないんですが、執筆者の一人井上君にもたしかめたところ、これは文部省の科学研究費による研究の報告書です。このパンフレットは、八〇年代末に始めた『地域社会と労働組合』の調査が最終段階にさしかかっていた九〇年三月に印刷されていますから、この調査の始めにいだいていた問題意識を受けついでいると思います。私の手もとには科研費の申請書のコピーは残っていませんが、「対案戦略運動」という用語は八二年でしたか、ヒラリイ・ウェインライトなどが書いた『ルーカス・プラン』に共鳴した戸塚さんの好きな言葉でした。この科研費による研究は、調査ではなしに文献研究でやろうということで、戸塚さんが申請書をまとめたと記憶してます。

野村：対案戦略はその後、どう生かされているのですか。

その後、私は調査や論文で対案戦略をどうこうということは書いていません。室蘭調査が最後でしょうが、これは先きほどお話ししたような事情で中途半端に終わってしまった。九〇年代に入ると冷戦体制が終焉したこともあって、未来の見方が大きく変わってきたんですね。

社会主義国管見―北朝鮮・中国

野村：兵藤さんは、八〇年代になってから北朝鮮や中国に行かれましたが、そこでどんな感想を持たれましたか。

いまから思うと、社会主義国が華やかなりし頃に訪問しておけばよかったと思いますが、そういう機会がなく最初に訪れた社会主義国は北朝鮮でした。

僕が国労労働学校の講師団に参加していた一九八一年、金日成が国家主席に就いていた頃、北朝鮮の運輸水産職業同盟から国労に訪朝の招きがあり、私は国労の労働学校講師団のメンバーだった関係から誘いを受け参加しました。講師団のメンバーといっても、社会主義協会の篠藤（光行）さんが出講できない時にその代行として講師をつとめるという程度でした。

帰国した後で訪朝記を書かされることになるのではないかと思い、誘いがあった時いくつかその類の文献に目を通しました。小田実の『私と朝鮮』（一九七八年）を読んで、小田実という人の器のせいもあるかと思いますが、これくらい伸び伸び書いてもいいなら参加してもいいかと思い、同行させてもらうことにしました。この本には、七六年に三週間ほど北朝鮮を訪れたとき見聞きしたことの感想を綴った「『北朝鮮』—その現実と思想」という元は『朝日ジャーナル』に連載された文章が収録されていました。訪問先は、朝鮮民主主義共和国と書いて説明を加えている箇所もありますが、基本的には「北朝鮮」という表記で通しています。左がかった人は正式名称で呼ぶ人がほとんどであった時代に「北朝鮮」と記す勇気にうたれました。それに、この文章の前半は北朝鮮を褒めて書いてありますが、後半はかなり正直な辛口の批評に満ちていました。

八月の始めに二週間近く北朝鮮に行きました。帰国後、案の定、訪朝記を書いてくれということになりました。ところが実際に書いたのは、団長の谷合国労副委員長を除けば一〇人の団員のうち僕を含めて四人に過ぎなかった。それはきびしい思いをさせられたことの反映ではないかと思いました。

じっさい、北朝鮮では〈主体思想（チュチェ思想）〉が組織化活動の基軸にすえられており、その基本は自己の運命の主人公は人間個々人であるとすることにあると教えられましたが、実のところは、朝鮮戦争以来の厳しい国家建設の歴史を反映して、〈民族のチュチェ〉、つまり二つの社会主義大国からの自立へと収斂する構造をとっているように思われました。

また、平壌の公園に行けば金日成主席が子供の頃にお登りになった木という記念樹が残されていました。平城にある革命記念館に行った時には、朝鮮戦争の歴史について録音テープ（日本語）が流され、仁川の戦いで負傷した兵士が「金日成首相万歳」と叫んで手榴弾を投げて戦死したという話を耳にしました。

泊まったホテルは、第一級とは言えないにしても外国のお客さんを泊めるそこそこのホテルと思われました。僕らについた若い通訳は、ベッドルームには盗聴器が仕掛けられている可能性があるので、そこでは話をしないようにし、必要のある時は次の間を使ってください、と申しました。平壌にも酒場があると聞いたものですから、通訳に案内をしてくれと頼みましたが、連れて行ってはくれませんでした。ホテルには庭があり、その庭から外へは、自分の意思では出られないのです。自由行動は一切できないことになっていました。

僕らの泊まったホテルにはささやかなスナックがあり、若い女性ホステスがサーブしていました。その女性のお兄さんは金日成大学の学生ということでしたから、兄妹そろってエリートだということでしょう。カウンターの中からちょっと外にでて一緒に写真をとってくれないかと頼んでも、ダメですと断られました。そのスナックで一日の疲れを癒すために通訳をつとめた北朝鮮の青年と酒を酌み交わしましたが、そういう場所でも談たまたま金日成のこととなると、通訳は必ず「偉大なる領袖　金日成同志」と冠付きで口にしました。

僕らが平城を訪れた頃、高知県の日教組メンバーが来ていました。ある日、その人たちがラジオ放送に出演し、チュチェ思想は立派なものだと褒め上げているのを耳にし、日本の組合も困ったもんだと思いました。反面、同じホテルに一九五九年砂川事件の裁判で米軍駐留は憲法違反とするいわゆる伊達判決を下して有名になった伊達裁判長、その後弁護士を開業した伊達さんを団長とするグループも泊まっていました。このグループは明日はどこどこ視察のスケジュールが組まれているけど、団長の伊達さんは、俺は行かないよ、そんなお仕着せのスケジュールには私は乗らない、と言っているとのことでした。団長はそう言っているが、私たちはやむなくスケジュール通りに動きます、ということでした。さすがに伊達さんだと思いました。

ある日、平壌から車で郊外に出かけるスケジュールが組まれました。僕らは黒塗りの乗用車で移動していました。すると、沿道を歩いていた中学生くらいの子供たちが道端に整列し直立不動の姿勢で僕らに挨拶するのです。黒塗りの自動車は外国のお客さんが乗っているものと聞いているのでしょう。平壌では、大都会だからでしょうか、車で移動してもそういうことはありませんでした。
この当時、北朝鮮の人口は千七百万人と聞きました。一四歳以上の者は必ず何らかの組織に入っているとも聞きました。千七百万くらいの人口であれば、〈チュチェ思想〉と個人崇拝を結びつけた教育によって洗脳ができるのではないかと思われました。これが社会主義ということであるとすれば、人間の住処としては腐敗した東京の方がいいという思いをさせられたというのが初めての社会主義国訪問の感想でした。訪朝の感想については、「朝鮮社会主義管見」（『国労法対時報』第三五号、一九八一年）に書きました。

野村：北朝鮮は異様な国ではない、戦争中の日本と同じようなものだ、という意見があります。戦時中、「天ちゃん」などと言えるはずがありませんでした。直立不動で「天皇陛下」です。住民も完全に組織化されていました。うかつなことを言えば、警察や特高です。北朝鮮は戦時中の日本と同じようなものだという意見をどう思いますか。

そう言ってもいいでしょうが、そういうのを消せない社会主義では困ったものだということですよ。

北朝鮮に次いで中国には、八〇年代中頃から四回ほど出かけました。最初に行ったのは、一九八四年五月です。日本労働問題学者・文化人訪中団というグループの一員で、団長は村上寛治さんでした。村上さんは二〇一四年に亡くなられましたが、朝日新聞の記者で国労大好きのファンでした。この訪中は中国総工会の招請によるものでした。

二回目は八五年九月から一〇月にかけて二週間、日中交流学際訪中団に加わって出かけました。団長は宇沢弘文。三回目は八六年九月から一〇月にかけて、東京大学・中国社会科学院交流協定による訪問です。金子宏（法）・近藤邦康（社研）両教授と同行。四回目は八八年九月から一〇月にかけて、東京大学経済学部海外学術調査団（団長　中村貢）に加わってでかけました。

この数回に及ぶ中国訪問では八四年から始まった鄧小平による「改革開放」で中国がどう変わるかに関心があり、国有企業を訪ねるたびに改革の様子を聞いて回りました。また、人民公社が解体されたころで、土地をどう分配するかについても、その様子を聞きました。瀋陽視察の時、非公式の場だった思いますが、宇沢さんが共産党の幹部が土地の多くを持つようになったのは社会主義国らしくない、けしからんやり方だと発言したことがありました。その話はすぐに北京に伝わり、僕らが北京に戻った時、宇沢がけしからん発言しているという当局サイドの声が聞こえてきました。

ご承知のように八九年六月には天安門事件が勃発しました。これは市場経済の活用をめざす改革と政治体制の矛盾と言っていいかと思いますが、いくら抑えようとしても将来再発する可能性があるのではないかと感じました。実際、九〇年代になってから本格化する公司法（一九九三年）にもとづく国有企業の公司化（企業の所有権と経営権の分離、請負経営責任制による経営権の付与）、中小公有企業の民営化というかたちでの社会主義市場経済化と一党独裁的な政治システムが果たして調和的に運営できるかという問題は残ったままだと言っていいでしょう。さらに棚の上の花瓶だと評される工会（僕が訪れたなかでは上海の工会だけがいくらか組合的な香りがした）、地域差を残した社会保険制度の導入、戸籍制度による都市と農村の格差など経済システムにも問題が山積みされていると思いました。（訪中記については、『ほん』東京大学消費生活協同組合、No.一二六〜一二七、一九八四年、『ＵＰ』東京大学出版会、一九八六年五〜七月号、一九八七年八〜九月号、一九八九年二〜三月号参照）。

野村：現実に存在する社会主義にたいする兵藤さんの感覚は、私にはよくわからない点があります。たとえば一九六八年にプラハの春がソ連によってつぶされた時、兵藤さんはどう思ったのですか。

社会主義国の個々の行動には非難に値するものがあるが、それによって社会主義の理念そのものを捨て去ってはならないのではないかと思っていました。中国の歴史も大躍進、百花斉放、反右派闘争、文化大革命などと振幅の大きな動きを示してきたが、それによって社会主義の理念そのものへの疑問にはつながらなかった。それに、鉄のカーテンが布かれているため、現実にどういうことが起きているのか、わからないということもありました。

清水慎三さんの死去

一九九六年の一〇月清水慎三さんが亡くなられた。私は、一九六八年度に「労働経済」の講義を引き継いだときから、五〇年代における総評運動の進展を支えたものとして清水さんが執筆の筆を執った「組織綱領草案」に着目してきました。そして、「草案」が「草案」のままに終わった段階で出版された清水さんの『戦後革新勢力』（青木書店、一九六六年）にも痛く啓発されました。

だが、私が直接清水さんと言葉を交わすようになったのは、前にお話ししたように『戦後労働組合運動史論』の刊行を準備する研究会への参加を誘われた以降のことです。その後、八四年五月村上寛治さんを団長とする「日本労働問題学者・文化人訪中団」のメンバーとして清水さんとご一緒しました、九二年の春、日本経済評論社から清水さんのライフ・ヒストリーの聞き書きを出版しようというプロジェクトが企画され、田口冨久治、熊沢誠、高木郁郎、水野秋、中島正道の皆さんと一緒に私も聞き手の一人に加わりました。この本は、「私は自分を半日陰の男と信じている」、その証拠に半日陰の花、君子蘭の栽培には仕損じたことはないという清水さんの言を受けて『戦後革新の半日陰』というタイトルで九五年に出版された。

それから一年ののち、息を引き取られた。『君子蘭の花蔭に　清水慎三氏の思い出』（平原社）という追悼文集に、「清水さんは、私にとっては、二〇歳も年上の戦前派の、……怖い存在であったが、歳をとってもなお柔軟な思考には驚きもし、敬服の念を抱いてきた」と私は書き記しました。

Ⅶ　時代の区切りに際会して

1　九〇年代を迎えて思うこと

総評解散――『総評四十年史』への参加

野村：一九八九年は世界的にはベルリンの壁崩壊を契機として冷戦体制が終焉を迎えるなか、日本でも、七月には参議院選挙で自民党が議席の過半数を割り与野党逆転が生じ、一一月には七〇年代末から始まった労線統一運動が終幕を迎え、連合の結成を見ることになりました。今回は、こうした時代の大きな転変のなかで兵藤さんがどういうスタンスで仕事をされようとしたか、お伺いしたいと思います。

一九八九年、連合結成に歩調を合わせて総評が解散することとなりましたので、この年九月に総評の政治活動を継承していく組織として総評センターが新たに設立されました。センターの仕事の一つを担うものとして、九〇年六月に「総評四十年史編纂委員会」が設置され、その下に実際に編纂作業にあたる作業委員会が組織されることとなりました。作業委員会の主査には高木郁朗（日本女子大）さんが指名され、私は内山達四郎（元総評副議長）、宝田善（元総評経済局長）のお二方とともにアドバイザーを委嘱されました。『総評四十年史』は、通史、補説、課題史、付属資料の四部構成、全三巻で編纂されることとなり、通史の主たる執筆者として井上雅雄（立教大）、平井陽一（法政大）が起用されました。アドバイザーとしての私は、高木主査の作業を補佐するとともに、その要請に応じて一部分執筆することになり、通史第二章の補説として「総評『組織綱領草案』」、「第二組合」、および総評の全史にかかわる課題史として終章に収録された「外からみた総評」、以上三つの論稿を執筆しました。

『四十年史』の編纂作業は、主査の高木君が第二巻に収録された「あとがき」に記しているように、「最終的には作業委員会、実質的には主査の責任で内容の点検、整理を行なうので、個々の担当部分にかんする執筆者名は明らかにしない」こととされました。また、この「あとがき」によれば、「通史の草稿執筆者である井上・平井両氏には、原稿段階、校正段階で、部分的には研究者としての節をまげて、数百ヵ所にわたる加筆・修正にたえていただいた」ということです。ですから、私の執筆した三本の論稿も無署名ですが、課題史として収録された「外から見た総評」という私の論稿については主査のあとがきに執筆者名が記されています。この論稿は、総評＝社会党ブロックと呼ばれるものの外側をなす政党・労働団体、新聞、学者・評論家あるいはジャーナリストなどがそれぞれの時期の総評運動のトピックをどう見ていたかをフォローしようとしたもので、当事者の目を軸にすえて見た通史に対し、そこに掲げられた課題の意味や問題点などを照射してふくらみを持たせようとしたものです。

野村：研究者を動員しておいて、執筆分担を明記しないとか、何カ所も加筆修正させるとか、よくみんな納得しましたね。

無くなる総評への手向けということで、みんな我慢したのでしょう。私の執筆した部分について少し補足させていただきます。

「外からみた総評」では、自分の書いたものから一つだけ引用しました。『『社会契約』的労働運動と国民春闘」という論稿です。これは、『月刊労働問題』増刊号として刊行された労働運動研究者集団の『日本型所得政策と国民春闘』（一九七八年一〇月）に載せたものです。

補説として執筆した「総評『組織綱領草案』」は、職場闘争にかかわる問題を扱った私の作品としては五番目になるものです。最初は『岩波講座　日本歴史』に載せた「労働組合運動の発展」、次に『月刊労働問題』に執筆した「春闘の思想と〝職場闘争〟論」、その次が清水慎三編『戦後労働組合運動史論』に書いた「職場の労使関係と労働組合」、さらに一九八三年、内山光雄さんの『幹部闘争から大衆闘争へ』（一九五四年）の復刻版に寄せた「現代の労働運動と職場闘争―北陸鉄道労働組合の経験に学ぶ」という解説、以上四本に次ぐ論稿です。

「総評『組織綱領草案』」と題する論稿は、「組織綱領草案」が草案に終わった理由を書いておいた方がいいのではないか、という思いで執筆しました。「草案」にかかわった人たちが書かれた文章を読み返してみました。なかでも、藤田若雄（東大社研）さんが三池闘争の前に書いたものと敗北後に書いたものとの間にある違いに目を向けました。三池闘争に至る過程で職場闘争に注目してきた藤田さんは、「日本的統一行動論」（『月刊労働問題』一九六一年一月号）や「労働組合の政策転換闘争」（『平和経済』一九六一年九月号）などにおいて、三池労組の「アッチ向け闘争」は組合員でもある下級職制を上級職制と闘わせようとしたものであるが、その闘争が組合内に亀裂を生んだことや、もうひとつ、到達闘争、つまり職場闘争をテコに経営権を蚕食して行こうとする先駆的な営みに追いつこうとする到達闘争のむずかしさのゆえに先進職場が孤立するという事態に注意を求めています。また、北陸鉄道で職場闘争を推進した内山光雄（私鉄総連副委員長）さんは、「組織綱領草案」が発表された時、『労働法律旬報』（一九五八年七月上旬号）に寄せた「職場活動と職場組織について」という文章に、「〝労働者は階級意識の権化〟としてでなく、正しく〝人間〟として見つめ、〝人間〟として扱うこと」から出発すべきではないかと書いています。総評議長であった太田薫は、こういう意見を踏まえて『闘いのなかで―労働運動二十五年』（一九七一年）という書物に、私は「職場闘争そのものを否定しようなどとは考えてもいない」、しかし「強いところだけがやるのでは、全体のバランスがくるって、ときには分裂さえおきるので、三権を下におろしておかなくても緊急なときは部分ストを指令すればことたりるのではないか」と記しています。

「組織綱領草案」は北陸鉄道労組、三池炭鉱労組などの経験を踏まえて「抵抗から職場の主人公へ」という道筋を展望しようとしたもので、総評運動のエートスを汲み出し育む上である役割を果たしたことは疑いないと思います。しかし、こうした問題を克服できず、職場闘争の砦と目された三池炭鉱労組が孤立のなかで敗北を遂げた時点で、総評大会で採択されることなく「草案」のままに終わることになりました。「草案」は、職場における非民主的な管理を排除しようとする近代化論と階級解放の主体的下部構造の形成をめざす階級闘争史観の結合の上に立脚する構えを取って運動の前進をはかろうとしたのですが、蚕食的な労働組合の営みを支える運動論にはなお及び難いものがあったと言わざるを得ないと思います。

これは余談ですが、もう一つ付け加えておきたいのは、総評は一九六二年の定期大会に「組織方針」を提案しました。これは、「組織綱領草案」が没になったものですから、それに代わるものとして提案され採択されたものです。僕が全逓の仕事をするようになった時、書記の中沢孝夫さんから「『組織方針』はいま兵藤さんが一緒に仕事をしているアドバイザーの上妻美章さんが書いたんですよ、ちゃんと頭に入れておいてください」と囁かれました。僕は上妻さんとは馬が合って仲よく仕事ができました。

『総評四十年史』第二巻の高木主査の「あとがき」には、九一年八月一九〜二一日に最後の執筆担当者会議を開催したとあります。この日はあたかもソ連共産党のゴルバチョフ書記長が軟禁された時に当たっており、泊りがけの会議で宿はたしか箱根のホテルであったと思いますが、軟禁現場を映し出すテレビ放送に釘づけにされた記憶があります。

野村：『総評四十年史』の売れ行きはどうだったのでしょうか。いつだったか、『総評四十年史』を出版した第一書林から手紙がきて、在庫処分するので欲しかったらあげますよ、とのことでした。それで私の手元に『総評四十年史』全三巻があります。

どれだけ売れたか知りませんが、野村君のところにそんな手紙が来たことからしても売れ行きは芳しくなかったということでしょう。値段も全三巻セットで五万円と高かったしね。

学会報告「転換期における社会政策思想」

これは、一九八九年一〇月、「戦後社会政策の軌跡」を共通論題として関西学院大学で開かれた社会政策学会研究大会での私の報告のタイトルです。主催は関西部会で、設営にあたった西村豁通（同志社大学）さんから、当初、高度経済成長期の社会政策を扱ってもらえないかという報告依頼がありました。私としては、一九七三年を迎えたとき「福祉元年」が謳われ、その直後オイルショックに襲われて「福祉見直し」が叫ばれるようになった時代、つまり社会が一つの転換期にさしかかった現段階の方が興味を誘われるので、オイルショック後の時代なら、ということで引き受けたものです。

ここで私が注目したのは、「福祉見直し」が叫ばれるようになった頃から、〈日本型福祉社会〉という用語が国の政策シンボルとして用いられるようになったということです。それは、国家が果たす公的福祉の限定を主張しつつ、家族、地域コミュニティ、さらに企業社会の果たすべき役割に期待を寄せようとしていたところに特徴がありました。この政策シンボルは、八〇年代に入って第二臨調による〈活力ある福祉社会の建設〉という呼びかけに引き継がれていきました。福祉社会の構築という政策シンボルを掲げるにあたって、〈日本型〉という冠がつけられたのは、日本は欧米に追いつき追い越せという明治以来の目標をほぼ達成したのだから、これから先は欧米に模範を求めるのではなく、自ら考えて日本独自の福祉社会をつくっていく必要があるという自負に出るものでした。そしてまた、福祉社会の構築を謳ったこの構想は参加型の福祉社会の構築を通じて福祉国家からの脱却をはかろうという狙いを持つものでもありました。

いまや福祉社会の構築へ向かうべき時だというこの構想は、伝統的な社会政策論にも大きな転換を迫るものでもありました。というのは、〈日本型福祉社会〉の構想は、高齢化の進展にともなう社会保障費の増大を抑制するために社会政策と経済政策の総合化を図ろうとするものであったからです。先にお話したごとく、社会政策をもって生産要素としての労働力の保全・培養政策として位置づけてきた大河内さんも、高齢社会を迎えようとするいま、福祉政策は人間をマンパワーとして機能しない側面をも含めて消費生活の視点から問題とする総合的福祉政策へと脱皮しなければならない、と主張されるようになりました。伝統的社会政策論の一翼からは、これをもって〈社会政策の経済理論〉の変節・破綻を示すものという声が上がりました。批判する側も批判される側も社会保障は国民を対象とするものとして現れてきた点にその新しさがあるという認識に立っていたわけです。しかし、こうした見方は資本主義社会で展開してきた福祉政策の歴史を正しくとらええていないのではないかという点は先にお話した通りです。

「社会的共通資本を担う人びとと自治」宇沢弘文・高木郁朗編『市場・公共・人間――社会的共通資本の政治経済学』のこと

この論稿は、一九九〇年九月自治労のバックアップで発足した「社会資本研究会」の取りまとめとして刊行された『市場・公共・人間』という書物に収録されたものです。この作業を行なうきっかけとなった社会資本研究会は、貿易摩擦の解消をめざして一九八九年から始まった日米構造協議において、アメリカが日本に九一年から一〇年間GNPの一〇%の公共投資により内需拡大をはかることを要求してきたのに対して、海部内閣が四三〇兆円の公共投資をおこなう約束をしたことを契機にして始まったものです。

自治労では、四三〇兆円にものぼる公共投資を従来と同じようなやりかたでハコものや施設の構築に費やすのは時代にふさわしくないという議論が起こり、公共投資の組み換え案をつくることをめざす研究会を発足させようということになりました。研究会のシャッポにはこのところ〈社会的共通資本〉という新しい概念を提起している宇沢弘文さんにお願いするのがいいということになったようですが、自治労と宇沢さんの間にはパイプがない。そこで東大経済学部で同僚として勤めている私に宇沢さんを説得してもらいたいという依頼がきたのです。宇沢さんと私の間には学内行政を通じて接点があったものですから、話を通じたところ引き受けていただけるということになり、私の役割は終わったと思っていたところ、研究会の発足にあたって宇沢さんから君もメンバーに加わって仕事をしてもらいたいという話があり、逃げるわけにもいかないので参加することにしました。

この研究会は、当初に掲げられた公共投資四三〇兆円の組み換え案の作成という課題にはとても及びませんでした。しかし、百年ほど前の一八九一年、世界が〈大不況〉に沈んでいるさなか、時のローマ法王レオ一三世が回勅「レールム・ノヴァルム」を発して「資本主義の弊害と社会主義の幻想」に戒めを与えようとされました。現ローマ法王のパウロ二世は、一九九一年には「レールム・ノヴァルム」百周年を記念する新しい回勅を発出しようと考えられ、宇沢さんの許へも九〇年八月、その作成を手伝って欲しい旨の手紙が届いたそうです。宇沢さんは、これに対して新しい回勅の主題には「社会主義の幻想と資本主義の弊害」がふさわしいのではないかとの返書を差し上げ、バチカンにも呼び出されて伺ったそうです。翌年五月百周年記念にあたって発出された回勅『新しい課題―教会と社会の百年をふりかえって』には、宇沢さんの提言が容れられていました。その宇沢さんが近年提唱してきた〈社会的共通資本〉をキーワードとして、近経・マル経の枠を越えて研究者が集い、経済学の新しいパラダイムを求める共同作業に従事したということは、時代を象徴する出来事であったと言えるかと思います。

「現代日本の労務管理」──学会共通論題のまとめ

一九九一年六月、駒澤大学において「現代日本の労務管理」を共通論題として社会政策学会の大会が開催されました。この大会で私は共通論題の座長を務めましたが、慣例では、座長は年報に収録される共通論題報告の冒頭に設営の趣旨を述べる文章を書くこととされてきました。だが、毀誉褒貶に激しいものがある現代日本の労務管理について設営趣旨を認めるのは書きづらいものがあると思い、各報告の論点整理を試みることにしたいと申し入れたところ、私の希望を入れ座長の論稿は共通論題報告の末尾に掲載されることになりました。

報告原稿が揃ってから整理しようと思っていたところ、締め切り期日になっても原稿が揃わないので、大会当日に各報告を聞いた時のメモをもとに整理したものをパソコンに打ち込み、原稿が届いたところで補正を施すことにしました。この頃は私がパソコンを使い始めた頃で、この論文がパソコンで書いた最初のものです。

一九七〇年代に生起したオイルショックの前後から、日本経済のパフォーマンスの良さを支える〈日本的経営〉が国際的に注目を浴びてきましたが、オイルショック後の減量経営の進展のなかで、八〇年代に入る頃から再び労務管理の刷新が叫ばれるようになってきました。刷新の基軸は能力主義管理の推進に置かれていましたが、日経連『能力主義管理─その理論と実践─』(日経連広報部)が刊行されたのが一九六九年であったことを思い起こせば、いまあらためて能力主義管理が叫ばれるのはなぜか、その含意はどこにあるかが解き明かさねばならない問題だと考えました。報告者の問題提起を含め、学界・実務界での論議を広く見わたしてみれば、この刷新は、面接制度、評価基準の公開・評価結果のフィードバックなど、人事考課の手法の刷新を通じて、同期入社者の和を大事にする属性主義的な一括管理を越えて個別管理の強化をはかろうとするところに焦点が当てられており、いわば能力主義管理の第二段階とでも言うべきものではないかというのが私の理解の仕方でした。

職能資格によって全社一本の処遇基準を設定すると同時に、総合職・専門職・一般職といったような複線型昇進コースが整備されつつあること、さらには、関連企業への出向・転籍を通じて企業グループを単位とした終身雇用圏の再編が行われつつあることなど、第二段階の人事戦略の含意を探らなければならないと思いました。

いま一つ問われなければならない問題は、こうした人事戦略を支えとする〈日本的経営〉はフォーディズムを超えているかどうかという問題です。この点については、市場ニーズの多様化に応ずる生産のフレキシビリティに注目しポスト・フォーディズムだとする論者と、生産のフレキシビリティを支えているのは女性パートを活用した非量産型職場や中小企業であり、量産型機種で内製する大企業の男性職場はフォーディズムの原理を支えとしているという論者が対抗していました。日本のフレキシビリティのあり方にはアメリカのフレキシビリティのあり方とは異なったものがある、と私は思っていました。ここでは、変化への対応能力を高める多能工化、あるいは、多能工集団としての職場の労働者による小集団活動をどう評価するかが問われているのではないかと考えました。

東京大学停年告別講義・退官を祝う会

一九九四年を迎え、経済学部の助手に任用された時から数えれば三二年にわたって勤務した東京大学を去る時がやってきました。この年の一月二五日の午後、慣例に従っていわゆる「告別講義」をする日を迎えました。

最初に、私が担当してきた講義の後任担当者である佐口（和郎）君が「兵藤先生の学問と業績」と題して話をしました。これは、大学院時代以来一〇年ほどかけて取りまとめた『日本における労資関係の展開』、国鉄の分割民営化問題の浮上するなかで公にした編著『国鉄労働運動への提言』を軸にすえて私の作風を浮かび上がらせようとするものでした（『経友』第一二九号、参照）。

その後を受けて告別講義をいたしました。東京大学の経済学部では同僚の講義を傍聴することは不文律で、してはならないものとされていました。鈴木鴻一郎さんによると、講義はいわば閨房の秘事である、そういうものを他人が見聞きするのはよろしくないということでした。

そういう経済学部でも告別講義だけは同僚も出席できるとされてきた講義で、私が出た限りでも、文字通りその年の講義の結末部分を話す人と、通常の講義から離れて自分の半生を振り返って話をする人の二つのタイプに分かれていました。

私は後者の仕方にならって、「転換期における労働組合」というタイトルの下に、その時につくった講義メモをもとに締めくくりの話をすることにしました。私は若かりし頃社会主義というものに夢を抱いたことがありますが、オイルショックの頃から時代が転換期を迎えつつあるなという感覚にとらわれるようになりました。そして、九一年八月のゴルバチョフ失脚にともなうソ連の解体以来、社会主義の魂が死んだと思っているわけではありませんが、「システムとしての社会主義は幻想ではないか」と思うようになりました。この告別講義に際して、そう告白しました。そういう思いにいたった理由をここで詳しく申し述べたわけではありませんが、集権的計画経済では移ろいやすい人間の欲求は満たしがたいのではないかということ、それにプロレタリア独裁という政治システムでは曲がりなりにも基本的人権をまとったことのある人間の心は癒しがたいのではないかという思いを強く感ずるようになったからです。公の場でこういう発言をしたのはこれが初めてです。

この場に居合わせた同僚の伊藤誠君は、後で「兵藤さんまでもそうですか」とびっくりしたような顔をしていました。伊藤君は僕がイギリスに留学した半年ほど前にイギリスに行きました。その頃から彼は欧米で宇野理論の布教師の役割を果たすようになりました。イギリスやアメリカのマルキシストがいろんな活動をやっているものだから、それに触発され日本に帰ってきてから『労働情報』という情報誌などに執筆するようになりました。それに、中身のほどは知りませんが、マルクスにかかわる私塾みたいなものをやっていたようです。そういう伊藤君が「兵藤さんまでもそうですか」というから、「そうです」と答えました（笑）。

告別講義をしてから二カ月ほどたった三月一八日、井上雅雄（立教大）、大野清貴（大学生協連）、佐口和郎（東京大）、高木郁朗（日本女子大）、田中学（東大生協）、中沢孝夫（全逓）、仁田道夫（東京大）、増田壽男（法政大）などの諸君の肝いりでKKRホテル東京において私の「定年退官を祝う会」を開催していただき、八〇人ほどの人が馳せ参じてくれました。これとは別に生協など二、三の組織でも祝賀会をしていただきました。五月には東京大学名誉教授の称号が与えられました。

野村：社会科学研究所では停年退官する人を囲んで座談会を開いて『社会科学研究』という紀要に載せていましたが、経済学部では戦前も含めてそういうことはしなかったのですか。

経済学部にはそういう慣行はありません。『経友』という同窓会誌に、僕の告別講義での佐口君の話が収録されるということはありました。僕が大河内さんの告別講義で行なった挨拶も『経友』に載りました。これは慣例なんですね。

野村：ちなみに兵藤さんは告別講義における佐口の兵藤評価をどう思ったのですか。いや、特別な感想はない（笑）。こんな風に映っていたか、という感じです。

上井：『経友』を読んで、師匠に対してはこういう話し方をしないといけないのか、と僕は思いました（笑）。

2　卒業制作──『労働の戦後史』の取りまとめ

野村：東京大学停年、それをきっかけに始められた『労働の戦後史』の執筆着手など、兵藤さんの停年後の人生が作動し始めるわけですが、このいわば第二の人生をどういう風に過ごされようとしたか、お伺いします。

東京大学停年を迎える一年くらい前から、この際いわば卒業制作としてこれまで自分のテーマとしてきたことを一本に取りまとめるのがいいのではないかと考え、東京大学出版会に相談し『労働の戦後史』を刊行していただく約束を取りつけました。一九八九年一一月、七〇年代後半から始まった労線統一運動に決着がつき、新連合の発足とそれにともなう総評の解散を見ることとなりました。それで、一九四五年八月の日本敗戦から一九八九年連合結成に至るまでを一つの時代として、この間の労働にかかわる歴史を振り返ってみることがいいのではないかと考えました。そんなわけで、この本の英文タイトルは *A History of Industrial Relations in Japan, 1945-1989* とすることにしました。

停年を迎える半年くらい前から作業に取りかかりました。講義メモがあるとはいえ、取りかかってみると意外に難事業で、当初は一、二年かければ何とかなると思っていたのですが、実際に刊行できたのは九七年の五月でした。まるまる四年かかったわけです。基本的に会社関係の第一次資料の探索はあきらめ、雑誌に載った資料・論評などを含め活字になったものをなるべく広く収集して整理することとしたのですが、これが意外に手間取りました。出来上がりの分量もB５版で上・下二冊、トータル五四〇頁という大部なものになってしまいました。オイルショックの前と後で上・下に分け、上巻には明治から第二次大戦期までの素描をプロローグとして付け、下巻には、八九年以後九〇年代半ばまでの動きを素描するエピローグを「結びに代えて」というタイトルで付記する形で取りまとめました。

さまざまな評価

この本は三千部ほど刷ったのですが、初版はほぼ完売に近い売り上げになりました。なかなか厳しい批評もありました。熊沢誠君は『大原社会問題研究所雑誌』(四七二号)で、このテーマに挑戦するにふさわしい研究蓄積を擁する筆者が「心労に耐えてまとめあげた『正史』的作品であり、必読に値する絶好のテキスト」と賛辞を呈してくれはしましたが、「目線が高すぎる。かつての兵藤氏とは異なり(誤解でなければ!)、ここでは関心がふつうの労働者の職場と生活から離れている。これは『労働史』といえないのではないか」とお叱りを受けました。熊沢君のやっている仕事は労働史なのでしょうが、僕は社会史的な労働史に心を動かされるということがありませんでした。

また、石田光男君は、この書物は「極めて正統的な労使関係論」、つまりその職分が「労使（もしくは政府）が仕事に関わるルールを制定し運用するという社会事象」の分析にあるという観点に立った仕事だと判断した上で、六〇年代半ば以降労働力取引が個別的な取引へと移行してきたために、それ以降の歴史は「労使関係論の正統的な手法ではリアルに記述しえなくなったのではないかと苦言を呈しました。そして、著者にあっては、こういう「日本の労使関係それ自体の変質への自覚がなお十分に深刻ではない」と記しています（『社会政策学会年報』第四二集）。

こういう指摘にはもっともな点もあるとは思いますが、惑いを覚えながらも『労働の戦後史』というタイトルを選んだこと、しかも、外国の読者を意識したわけでもないですが、主題が分かりやすいかなという思いで、*A History of Industrial Relations* という英文タイトルを付記した報いがきたと言えるかもしれません。私はその頃はやり始めていた〈労働史〉という視点に立とうとか、労使間のルールの制定・運用の ありようを分析しようと思っていたわけではありません。

高木郁郎君は、『賃金と社会保障』(一二〇七号)に寄せた「紹介」と題する文章で、「苦心のあとは、この著作のタイトルに始まっているように思われる」と書き、これは「労働を軸とした戦後の歴史」を綴ろうとしたものだと述べています。高木君の理解によれば、タイトルにある「労働の」というのは、一つには「戦後の荒廃から、マイホーム主義に象徴される消費文化の担い手になり、やがて個としての自立性を高めていく労働者そのもの」、二つには「労働運動の現実を形成していった労働組合のリーダーたちの想念とビヘイビア」、三つには「企業管理の対象としての労働」、この三つの要素が含意されており、これらの「要素が織りなす対立・抗争・屈服・協調といったものが、壮大なドラマとしての戦後史の核心であるというのが著者の主張であろう」としています。私は、この書物のなかでタイトルの腑分けはしておりませんが、さすが八〇年代から九〇年代にかけて一〇年間ほど仕事を一緒にすることの多かった高木君だなと思いました。

この書物では、賃金制度のあり方などについては歴史のなかでの変化が理解できるよう、同じ産業同じ企業についてフォローするように努めました。かつて自分が書いた文章を活用したのは当然ですが、一つだけ注意しておくとすれば、八〇年代初め友人と語らって発刊した『労働問題研究』という雑誌に寄せた「戦後日本の労使関係」という論稿を引き継いで、生涯雇用の慣行化と並行して進められた大企業における能力主義管理の推進を〈戦後型年功的労使関係〉の編成プロセスとして位置づけようとしたことです。この点は、『日本における労資関係の展開』では戦前におけるその端緒を〈企業内昇進の慣行化〉のプロセスとして描きながらも、その特徴づけについては留保をつけていた姿勢からの転換と言っていいでしょう。

なお、二〇〇九年一一月、総評退職者の会が「総評とはなんであったか」を語るシンポジウムを開催した折、基調講演者に指名されましたので『労働の戦後史』に込めた私の気持ちの一端を披露しました。総評はかつて一九五〇年代には「組織綱領草案」に謳われたごとく「我が国の全労働者大衆を構造的にしかも統一的に代表しつつ総資本に対決を迫る」というほどの自負を持っていたにもかかわらず、七〇年代後半以降民間先行による労戦統一のうねりに呑み込まれるに至ったのはなぜか、集中砲火を浴びることを覚悟して『労働の戦後史』を踏まえ私なりの解釈を申し述べました。シンポジウムは、嶋田一夫(旧金属機械書記長)、岩丸久(元総評地方オルグ)、山路憲夫(元毎日新聞論説委員)をパネリストに迎え、高木郁郎君をコーディネーターとして総評会館で開かれました。

野村：総評退職者の会では集中砲火をあびたのですか。

いや、そうでもないね。

「労働者」として思い浮かべているもの

野村：兵藤さんの本のタイトルは、日本語では『労働の戦後史』、英語では *A History of Industrial Relations* となっています。日本語と英語におけるタイトルの違いを兵藤さんはどう考えていたのですか。

いや、あんまり深刻に考えていなかった。外国人に、この本はどんな本かと説明するときに、こういうタイトルなら主題が分かりやすいのではないかと思ったのです。

野村：兵藤さんまでの世代は労使関係という言葉をすごく広い意味で使っています。労働にかんするあらゆることを労使関係という言葉で論じようとしてきました。我々の世代になると、労と使の関係だ、という狭い意味で使います。兵藤さんは『労働の戦後史』にいたるまで、ずっと広い意味での労使関係という言葉を使い続けてきたように思います。

それはそうですね。あなたの専門は何ですか、と聞かれると、ごく普通には労働問題ですと答えるのですが、もっと限定的には、労使関係かな、と言っていました。

野村：もし私が今『労働の戦後史』というタイトルで本を書くとすると、働いている人みんなを対象にしなければならないと思います。自営業なども含むのです。しかし兵藤さんの本で「労働」とされているのは雇用労働のみです。それでは「労働」の対象が狭いのではないですか。

たしかにそれは狭い。

野村：兵藤さんは農家という自営業の出身です。それなのにどうして雇用労働のみを取り上げようとするのでしょうか。

その答えは簡単です。社会主義に夢を抱いていて、その運動の中心になるのは雇用されている人たちではないかと思ってきたからです。さらにその中枢部隊となるのは、鉄鋼産業のような基幹産業、それも大企業の労働者が変わるなかから生まれてくるのではないかと思っていました。

野村：『日本における労資関係の展開』もそうでしたが、兵藤さんの描く対象は基幹産業、大企業、男性労働者ということで一貫しています。

そうですね。

上井：古い革命のイメージでは、管制高地を押さえるかどうかが問題とされていました。兵藤さんの基本的な考えはそこにあるのでしょう。

そう。女工の話を書こうとはついぞ思ったことがない。

上井：管制高地論が妥当かどうか、問題にする必要がある。

そうです。この本を書いた後、アントニオ・ネグリらの『帝国』を読む機会がありました。これは、世界中を放浪する移民が革命の担い手になるという主張です。それは本当かな、ちょっと疑問に思います。

野村：兵藤さんの社会主義のイメージはレーニンから来ているのですか。

いや、レーニンとは関係ない。

野村：マルクスはプロレタリアートです。レーニンは労農同盟です。毛沢東は農村が都市を包囲するというスローガンでした。農村が出てこない兵藤さんはマルクスからの影響ですか。

上井：講座派では、生産過程が労働者を陶冶・鍛冶する。そうして革命の主体を形成する。こういう考えですと、重工業大経営男子労働者が主体となります。

そうね、氏原さんに影響されたのかな。氏原さんは新しい技術による年功制の解体と再編を論じました。

野村：それにしても、中小企業の労働問題が登場しないことは問題ではないですか。それはそうだけど、大企業が動かないことには変革が起きないのではないかという考えでした。苦しんでる人が運動するのは当たり前のことで、それを軽視しているわけではないのですが、そういうところだけでは世の中は変わらないのではないか、そういう考えだった。

野村：「だった」という過去形で語られていますが、現在は違う考えなのですか。だって、もう昔のような夢は持てなくなっているんだから。

上井：いつだったか、大学院の講義で『労働の戦後史』をテキストに取り上げ、先生にゲスト出演してもらったことがありました。その時の院生の質問は、上巻と下巻の落差をどう理解したらいいのか、ということでした。それにたいして先生は、上と下の間で違いはない、一貫している、という答えでした。

上井君の言っていることと石田君が言っていることと同じだとは思いませんが、石田君は僕に直接、上巻は面白いけど下巻は面白くないと言いました。どういうことをフォローするかについて、僕と石田君の間には違いがある。どっちが正しいか、ということではない。下巻が面白くないのは、対象自体の動きに面白味がないということだと思います。

上井：本の最後「結びに代えて」で先生が期待しているのは労働組合ですよね。組合が何とかならなければならないという思いがあったことは事実です。いまもある意味ではそう思っているけど、何もできないな、と思っていることも事実です。研究者の方も労使関係を勉強しようとする人はもう数えるほどしかいないでしょう。

上井：労働組合が生活の問題に取り組むべきだという意見はもっともですが、しかし考えてみれば、生活の問題に取り組むことができるのは労働組合なのでしょうか。日本の組合はそういうことができるのでしょうか。もっと言えば、日本の労働組合は今日において労働問題として発現している問題に取り組んでいるのでしょうか。組合とは関係のないところで労働問題が存在しているように思います。

むずかしい問題だな。

上井：革命の展望を語れないということは、こういうことかな、と思っています。

野村：革命の展望を語れないということは当然として、改革の展望すら語れないことが問題でしょう。

『労働の戦後史』に対する私の感想は、先ほど言いましたように、「労働」の範囲をもっと広げて自営業なども含めないといけないという点が一つです。もう一つは、「労働組合」という時に、どのレベルで語っているのかということをはっきりさせないといけない、と思っています。

労働組合といっても、従業員組合、単産、ナショナルセンターと三つのレベルがあります。兵藤さんが運動として取り上げるのはナショナルセンターと単産レベルです。会社レベルでどういう変化が起きているかを論じるときに兵藤さんが分析するのは、日経連の方針とそれを受けた会社の方針です。従業員組合が何をしたのかはほとんど出てきません。従業員組合は一九六〇年代に存在感を喪失していったからです。従業員組合には何も期待できないので、兵藤さんが労働組合に期待するという時念頭に置いているのは単産レベルではないか、と思っています。

事実としてはそうかもしれないけど、それじゃあ希望がないでしょう。

上井：辺境地革命論みたいなものが出て来ているのではないですか。大企業の男性を中心に正規労働者を組織する企業別組合ではなく、非正規とか地域とか社会運動とか、そういうものに可能性を見いだしたいという動きがあります。

野村：いま、組合らしい組合といえばユニオンしかないでしょう。ただユニオンも戦前の組合のように、問題が起きると労働者が駆け込んでくる、問題が解決すると去ってしまう、という形になっています。

上井：これからの組織はそういうものになるのではないか。問題があると集まる、解決するとなくなる。恒常的に固い組織が存続していくという風にはならないのではないか。

野村：『労働の戦後史』について、兵藤さんに個人的な感想を述べた人はいますか。

先に挙げた石田君のほかには馬場宏二かな、彼は「これは役に立つな」と言いました。

野村：たしかに役に立ちます。何でも書いてあるので、何かをたしかめようとすると、この本を読めばいい。たとえば能力主義について考えようとすれば、最初にこの本を読む。

戦後史について何人かで書いたものはあります。でも一人で書いたものはありません。一人で書いたものがあった方がいいのではないかと思ったんで、ああいう風になったんですね。

野村：この本には図表がまったくありません。これはどういう考えにもとづいているのですか。

それは、できるだけコンパクトにしようとしたからです。

賢人会のこと

東京大学の停年を目前に控えて『労働の戦後史』の執筆に着手しようと考えていた頃、始まった研究会に「ケンジン会」と呼んでいた集まりがある。

メンバーは、経済学部にいた林健久（一九三一年生まれ、財政学）、社会科学研究所にいた加藤栄一（一九三二年早生まれ、ドイツの専門家で現代資本主義論）・馬場宏二（一九三三年生まれ、アメリカに詳しい現代資本主義論）、それに同じく三三年生まれの私である。誰が言い出しっぺか知らないが、たしか馬場からこれから皆の行き先がバラバラになるから時折集まって勉強会をしたい、ついては労働専門家のお前にも加わってもらいたいという声がかかってきた。以後、三ケ月に一回午後三時ごろ集まって回り持ちで報告し、五時半ごろ酒席に場を移すというのが定例となりました。

皆が停年退職後、社研から武蔵大学に移った柴垣和夫（一九三四年早生まれ、日本経済論）がメンバーに加わって事務局役を引き受けた頃から「一賢人四凡人の会」という名前で連絡が来るようになった。皆生まれ年も近く、東大赤門前にあったスナック「万理」の常連でもあったことから、気心は知れていました。ある時、アルコールの入ったところで一賢人とは誰のことかと話題になったことがあるが「そんなことは言わずもがだな」という健久さんの一声でけりがついた。

私と他の四人とは育ってきた専門分野が違うから、「お前はおカネのことは分からないからな」とよく皮肉られたが。「お前たちは人間のことが分かってないよ」とやり返した。この研究会は、ともすれば自分の穴に閉じこもろうとする年代に差しかかっていた者の蒙を啓いてくれたように思います。そうこうするうちに二〇〇五年加藤栄一が亡くなり、次いで一一年に馬場宏二が亡くなったあと、法政大学にいた佐々木孝雄が穴を埋めてくれたが、メンバーが八〇歳を迎えようとするところで二〇年に及ぶ幕を閉じました。

埼玉大学へ

満六〇歳を迎えた年度末を停年とするという東京大学の定めにより、私は九四年四月一日をもって東京大学を退職することとなり、明くる四月二日から埼玉大学経済学部に専任として勤務することとなりました。

実のところを言うと、これより五年ほど前、新潟大学経済学部の知人諫山正君が学部長の時、社会政策担当の非常勤講師をやってくれないかという話があり、お引き受けしました。その時には、停年になったとき思わしい仕事がなかったら新潟大学にお世話になろうかという思いもあったのです。ところが停年を迎える年の二年近く前、埼玉大学経済学部から、停年後うちに来てもらえないかという話がきました。

当時学部長を務めていた田中一盛さんと東大大学院の先輩であった松島春海さんが連れ立って東大に来られ、管理職にはさせないからぜひ埼玉大学に来てもらいたいという熱心な勧誘でしたので、東京近辺で六五歳まで五年間職を得られるということであれば私の仕事上の活動にも便利だと考え、このお誘いに乗ることにいたしました。先輩の戸塚さんが埼玉大学経済学部に移っていたので、戸塚さんが推薦してくれたせいもあるでしょう。

上井：それは少し違います。田中学部長が僕に相談に来ました。その当時、僕は大学院設置準備委員会のメンバーになっていて、徹夜続きの準備作業に追われていました。田中さんは松島さんと相談して、先に迎えていた戸塚さんに加えて、東大から中西さんか兵藤さんのどちらかを招聘したい、ということでした。中西さんは戸塚さんとそりが合わないし、主張のはっきりした先生ですからなかなか大変ですよ、学部が耐えられるのであればいいですけど、と僕は言いました。また、管理職にはしないからと言えば、兵藤さんは来てくれるのではないかとも言いました。それで兵藤さんに話を持って行ったのです。

その当時、埼玉大学は経済学部のある国立大学では長崎大学と並んで大学院のない大学でした。

上井：埼玉大学経済学部に大学院が設置されたのは一九九三年四月のことです。永らく大学院をつくらないというのが経済学部の方針だったのです。一九六五年の学部設置以来、経済学部には法学部構想があって、一九八〇年代中ごろまで概算要求はずっと法学部設置でした。文部省は法学部は絶対に造らせないという方針であったにもかかわらず、埼玉大学経済学部は法学部設置要求を延々と出していたのですね。それで経済学部の若手が造反し、通らない要求を出すのをやめよ、大学院設置要求に切り替えろ、とやったのです。そして松島さんが学部長の時に、若手だけで構成する将来構想委員会をつくりました。その委員会で法学部構想から大学院設置に切り替える案をつくり、八〇年代終りに教授会で決定しました。それで九〇年代に入って大学院設置のために動き始めた。ちょうどこのころ、大学審議会の答申を受けた一九九一年の大学設置基準改正（いわゆる大綱化）によって、他の国立大学同様、埼玉大学も短大（経済短期大学）を廃止して夜間主コースを設置する構想が浮上し、その受け皿となる経済学部ではこれに合わせて学科改組が課題となりましたが、法学部構想から大学院設置構想への切り替えは学科改組の構想にもからむことになって、教授会の審議は深夜まで続き、教員の一人が過労で亡くなってしまいました。

そういうことがあったんですか。知りませんでした。私は博士号を持ってませんが、いわゆるマル合教員と認定され得るキャリアがあったせいもあって、大学院設置に必要なスタッフとして迎えられました。停年退職を控えた最後の一年は他の国立大学での併任を認めるという東京大学の定めにより私は九三年四月から埼玉大学併任となりました。この年から埼玉大学にいわゆる一四条特例による昼夜開講制の修士課程を有する経済科学研究科が設置されることになりました。埼玉大学での私の仕事は、学部では経営学科の「労務管理」の講義・演習、大学院では社会人（現役もいましたが停年退職者もいました）を含めた院生の指導ということでした。

野村：経済学部に戸塚さんと兵藤さんと上井の三人がいるとなると、授業の分担はどうなっていたのですか。

上井：経済学科で戸塚さんが社会政策、僕が労働経済、経営学科で兵藤さんが労務管理、という分担でした。経営学科にはこのほか人事政策担当教員もいました。埼玉大学経済学部は労働分野を強化してきたのです。

あらためて生協のこと

埼玉大学に移ることになって、いくつか私の生活に変化が起こってきました。一つは、埼玉県にある地域生協、さいたまコープから、埼大に来られるなら是非ともうちのコープの理事を引き受けてもらいたいという話があり、お引き受けすることにしました。九四年六月の総代会での承認をへて理事になりました。

また、九七年六月には、東大にいた頃から評議員を仰せつかっていた生協総合研究所（日生協のシンクタンク）の理事を引き受けることになりました。さらにこの年、大学生協連の会長理事を務めておられた大内力さんがもう歳だから会長理事を退きたいと申し出られたことから、一二月に開かれた大学生協連の総会において、私が一年間副会長として経験を積んだ上で明くる年大内さんから会長職を引き継ぐという含みで理事に選ばれました。

こうして再び生協関連の仕事が増えてきましたが、なかには生協総研での調査という多少とも研究的な仕事もありました。九三年五月、生協総研で「生協労働と職員問題研究会」というプロジェクトを立ち上げることとなり、私はその座長を引き受けることとなりました。このプロジェクトの成果は、翌年一一月に開かれる生協総研全国研究集会——この研究集会は途中で「生協総研創立五周年記念シンポジウム」と位置づけられることとなりました——に報告し討議の素材とすることとなっておりました。研究会のメンバーは、柳沢敏勝（明治大）・浅倉むつ子（都立大）・中野麻美（弁護士）、それに日生協・生協総研・みやぎ生協・コープとうきょう・ユーコープ事業連合・大阪いずみ市民生協の役員、生協労連・コープこうべ労組の役員から成り、事務局は生協総研の西村一郎研究員が務めるという構成でした。

日本の生協運動は、七〇年代から八〇年代にかけて地域生協を軸に飛躍的な発展を遂げてきました。それには大学生協で育った生協活動家たちが相次いで地域生協に移り、班活動をベースにすえた共同購入事業を組織してきたことが支えとなっていました。それは、〈安全・安心〉という主婦の願いに応えることをモットーに、かつは班活動のうちに主婦のエネルギーを組織するという事業スタイルを生み出し、八〇年代には〈日本型生協モデル〉として世界から注目を浴びるようになりました。

しかし、八〇年代末から九〇年代初めを迎える頃に地域生協も転換期を迎えることとなりました。手短に言うと、高度成長期を経て人びとが生活の質の豊かさを求めるようになり、かつは主婦の社会参加が進んでくるにつれ、班活動をベースとした共同購入の限界が露呈し、地域生協は店舗を軸にすえた総合的事業活動への転換を模索し始めました。この頃には、かつて生協の専売特許とも言えた〈安全・安心〉もいずこのスーパーも追求する課題となり、厳しい競争にさらされるようになりました。

店舗事業に乗り出した地域生協のなかには、スーパー経営で注目を浴びてきた〈ペガサス理論〉と呼ばれるトップダウン型の経営手法に倣おうという動きも現れましたが、こうした手法では現場の従業員のパワーアップは困難で、一周遅れのランナーとなる恐れが大でした。さらにまた、ひと頃に比べてパート職員が増加し、〈セ・パ混成チーム〉と言われるようになった地域生協にとって、どうやってパートを含め現場で働く人びとの働きがい・生きがいを充足させ職員のモティベーションを高めていくかが喫緊の課題となってきました。実際、生協労連が毎年実施している「生活実感アンケート」を見ると、生協は労働時間も長く、中高年層の給与も低い、これでは将来に展望は持てないが、他にいい働き口も見つからないので生協で働き続ける以外にないという声が増え始めているという現実がありました。

研究会では、日生協・地域生協の役員や生協労組の役員から現状と課題について報告を受けた後、日生協傘下の地域生協のトップ・人事担当者や従業員を組織する労組役員を対象として「生協労働と職員問題に関する意識実態調査」を実施しました。地域生協の役員の関心事の第一位は「職員の力量の強化」、労組役員の関心事の第一位は「仕事の意味の明確化」、両者共通の関心事として「職員の運営参加」が挙げられました。そこで、生協総研創立五周年記念シンポジウムに向けた報告では、地域生協がいま陥っている苦境を打開するカギは、生協というノン・プロフィット企業で働いているからといって労苦としての労働から完全に脱却しうるわけではないにしても、いわば労働から仕事へという方向で日々の労働の組み替えをはかっていくことのうちにあるのではないかということを提起しました。その含意は、①マニュアル化したオペレーションからの脱却、②組合員の暮らしの豊かさの実現に役立つ仕事のあり方、この二つの課題を追究するということにあるのではないかというのが私たちの認識でした。それに加えて、エンド・ユーザーを組合員として組織している点に他の流通ビッグに見られない生協の強みがあるとすれば、日々組合員と接触する場を持つ職員の専門的能力を養い、かつはいかにして組合員の顧客化に歯止めをかけるかが生協事業の発展をはかる上で結節点をなしているのではないかというのが私たちの考え方でした。(『生協における仕事のあり方と職員問題』生協総研、一九九四年、参照)。

この研究会の後を受けて、一九九五年五月「生協における仕事のあり方研究会」が立ち上げられました。この研究会は研究者のみで構成することとなり、私を座長として、メンバーは麻生幸(千葉商大)、木本喜美子(一橋大)、小林裕(東北学院大)、辰馬信男(中央大)、柳沢敏勝(明治大)の五人、事務局は生協総研の西村研究員という構成でした。この研究会の課題はペガサス理論を超えていく途はどこにあるかを探ることに置かれていました。

東京周辺に食品スーパーを展開している（株）サミットが〈「作」と「演」〉と称される新しいオペレーション・システムを開発しているということを耳にし、これと先進生協の企てを比較して見ることにしました。〈「作」と「演」〉というのは、本部の企画・設計機能と店舗の活動を〈作曲と演奏〉、〈劇作と演劇〉の関係に見立て、店舗の創造的活動を促すことによってペガサス理論を超えていこうという企てでした。生協陣営ではかつてペガサス理論の影響を受けたみやぎ生協で九〇年代に入る頃よりサミットに学んで〈「作」と「演」〉の導入に力を注いでいるという情報がありました。

また、ちばコープでは、店舗経営への進出という点では遅れを取っており、いまも共同購入が事業の太宗をなしているのですが、ここ数年組合員に「聴く活動」を事業活動の柱にすえて活動してきた点で地域生協の仲間から注目を浴びていました。ほかにも「全員参加と第一線第一主義」を掲げるコープこうべなど注目すべき事例もありましたが、調査班にとっての地の利も考えてサミットとみやぎ生協、ちばコープを対象としヒアリングを進めるとともに、店舗に働く従業員（ちばコープでは共同購入支部も含む）に対するアンケート調査を行ないました。

ヒアリング調査の詳細は報告書を見ていただきたいと思いますが、生協従業員のアンケート調査で注目を惹いたのは、仕事の成果や力の発揮度に応じた処遇をしてもらいたいという声が正規従業員の過半を占めていたことや、生協に長く働いているパートタイマーのなかにやりがいのある仕事をさせてもらいたいという声が強いこと、あるいはまた、従業員のなかに、商品開発や業態改革に向けて組合員の声に依拠しつつ従業員が創意・工夫を発揮しうる場を創ってもらいたいという気持ちが強いことでした。（『生協における仕事を問う』生協総研、一九九九年、参照）。

3　埼玉大学長、成城学園学園長、高齢協会長理事

埼玉大学長選挙

埼玉大学へ移って三年目を迎えた九七年四月、学部ローテーションという学内の慣行に従って経済学部に図書館長を出さねばならない順番が回ってきました。時の学部長は、たしか奥山（忠信）君だったかな、私を図書館長に推薦しようという根回しをした上で打診してきました。経済学部に私を招聘する際、私のところへ懇請に来られた当時の学部長、いまは亡き田中さんと松島（春海）さんが管理職はさせないからぜひ来てもらいたいと言われるのでここに来たのだから、それは約束違反ではないかと迫ったのですが、図書館長はアカデミックな仕事で普通の管理職とは違うからという理屈で奥山君は取り合ってくれないので、やむなく引き受けることにしました。図書館長は評議員ですので、評議会にも籍を連ねることになりました。いま思えば、これが人生コースの転轍を導くことになりました。

転轍というのは、この年の一二月埼玉大学の学長選挙があり、理学部の市川定夫教授が過半数を得て当選したのですが、理学部から市川教授を排斥する声があがって学長再選挙が行われることとなり、はからずも私が学長に選ばれることになったからです。

市川教授は京大出の人で、ムラサキツユクサについての放射線の遺伝学的研究で知られ、原発訴訟や原爆症認定訴訟などで原告側の証人としても活動していた方です。私たちがやっていた労働運動研究者集団でも以前ゲストして報告をお願いしたことがあり、私も多少は知っていた人です。理学部では学部長など要職につかれたことはありませんが、大学全体としては学長に当選するだけの浅くとも広い支持があったということだったと思います。当時の学長堀川さんは東大工学部の学部長をやった人です。堀川さんは当然ながら、学長選挙後、評議会の議をへて文部省に市川さんを次期学長として上申しました。

上申がなされた後一二月下旬になって、理学部教授会から市川教授の過去の行いには人格高潔が求められている学長候補として不適格なものがあるという疑義が提出されました。堀川学長がこれを評議会に諮ったため、年明けから評議会はこの問題をめぐる論議で紛糾を続け、事務局長が文部省に行った時に倒れてしまうという事件もありました。そして二月中旬に至り、評議会は市川教授に学長候補者辞退を勧告し、三月にやり直し選挙を行うということを取り決めました。

不適格とする理由についてはプライバシーにかかわる問題なので公表しないという取扱いにされましたが、一八年ほど前に市川教授が女子学生との間に子どもをつくったことがあるということで、そういう人を学長にしては女子学生が埼玉大学を受験しなくなるというのが理学部教授会の申しようでした。

　私は評議会のメンバーでしたので、どう行動しようかと考えました。私は埼玉大学に移る前にそういう噂を耳にしたことがあったし、また、市川教授は生まれた子を認知し、奥さんとは別居したということも聞き知っていましたので、事柄自体は褒められたことではないにしても、人格高潔でないがゆえに不適格と断ずるに足るものとは言い難いのではないか、そしてまた、学長選挙の有権者はどれくらいの人かは分かりませんが、そういう事実を承知した上で投票したのであろうから、選挙結果を尊重すべしとする論陣を張り、市川擁護の側に回りました。だが、理学部は不適格という主張を取り下げず、このまま推移すれば学部間対立が激化して膠着状態に陥り、文部省から紛争校として扱われ大学運営に介入を招く恐れもあるのではないかと憂慮し、二月中旬に開かれた評議会において、市川教授に辞退を願い収集をはかる方向で動くことに切り替えました。

　この評議会における論議を踏まえて、評議会として全会一致で、市川教授は人格高潔ではないがゆえに学長不適格という判断に立ったわけではないが、市川教授に学長候補辞退の勧告するのが適切ということになり、市川教授も辞退勧告を受け入れられたので、三月中旬に学長選考をやり直すことになったわけです。

　やり直し選挙を迎えて、上井君の紹介という形で、市川教授を推していた人たちのうち数名の人が私のところにやって来ました。その代表格は教養学部で労働問題に関する歴史研究をやっていた安田浩君（故人）で、二名連記の投票が許されている第一次選挙では、市川教授の名誉のために自分たちは市川教授にも投票するが、第二次選挙では兵藤さんに絞るよう努力するから、ぜひ学長選挙の候補者たることを受けてもらいたいというのが、その人たちの要望でした。

先ほどお話ししたような経緯で、私に関しては、前年一二月大学生協連の年次総会で副理事長に選ばれ、一年たったところで大内理事長の後を引き継ぐというシナリオが進行し始めていたところでした。しかし評議会の席を汚していた者として事態の混乱を防止しえなかった責任を有しており、学長選挙の有権者が学長をやれという意思表示をするのであれば大学行政に尽くすことも責任を果たす一つの途ではないかと考え、大学生協連の専務理事に出処進退について相談いたしました。大内さんに相談するのが筋だとは思ったのですが、直接大内さんに相談するとにっちもさっちもいかなくなるかも知れないと思って、専務理事に相談しました。専務理事は、私が東大生協の理事長に選任された時に大学生協連に移った岡安喜三郎君でした。生協陣営から副学長に選ばれたケースはあるけれど、学長に選ばれたケースはいままでにないことだから、引き受けてもらいたいというのが岡安君の意見でしたので、お誘いを受けることにしました。

やり直し選挙では、理学部教授会は、和光市に本部があり、以前から埼玉大学と交流のあった理化学研究所の理事長有馬朗人（元東大総長）氏を担ぎ出してきました。有馬さんは第一次選挙後、選ばれても「お受けいたしますのは極めて困難」と表明されたということですが、理学部は推薦を取り下げず、結局決選投票に持ち込まれることになりました。三月一九日の決選投票では二六三票対一二一票で私が有馬さんを抑えて当選し、息つく暇もなく四月一日から学長としての仕事が始まることになりました。

後で分かったことですが、有馬さんはこの年七月に行なわれた参議院議員選挙で自民党から比例代表名簿の第一位に登載され当選を果たされました。三月時点では、比例代表名簿の調整作業が進んでいる最中だったということではないかと思います。

学長就任後、思いもかけず五月二五日に「兵藤先生の学長就任を祝う会」が開催される運びになりました。その経緯はよく知らないのですが、呼びかけ人は連合会長の鷲尾悦也、事務局長の笹森清のお二人に高木郁郎君を加えた三人で、場所は総評会館（現連合会館）でした。鷲尾さんは私が東京大学の助教授になった頃の経済学部の学生で、私は労働経済の講義をまださせてもらえなかった頃で、特殊講義をしていました。幸か不幸か、私の講義は聞かなかったそうです。鷲尾さんとは鉄鋼の調査などの関係で旧知の関係にありましたが、笹森さんとはそれまで面識はありませんでした。ですから、この催しは労働組合にもお披露目をしてバックアップを得たいという高木君の想いで画策されたものではないかと思っています。どういう人たちが来たのか、手許に名簿が残っていないので分かりません。

学長就任に関連してもう一つ付け加えておきたいのは、前年の五月、東大停年の半年前くらいから着手し四年がかりで仕上げた『労働の戦後史』を東大出版会から上梓したのですが、その際、私は講義で扱ってきた素材をベースとして、もう一冊『労働の世界史』とでもいうべき本をつくりたいと思い、東大出版会の担当編集者であった竹中（英俊）君の了解を取り付けました。学長就任後、その作業の手始めとして文献リストの見直しを始めました。ところが新制大学である埼玉大学は一九九九年に開学五〇周年を迎えるということで、一一月に記念行事を挙行する準備で忙しくなり、本の作成準備作業を中断せざるを得なくなりました。さらにまた、開学五〇周年の記念行事が終わって間もなく国立大学の法人化問題が浮上し、国大協関係も含めて行政的な仕事に忙殺されるようになり、著作に時間を割く余裕はまったくなくなってきました。

こうして埼玉大学学長就任以来、二〇一一年三月成城学園の学園長の仕事を降りるまで十有余年、研究は放擲して大学行政のなかを生きることとなり、これも研究者たることを至上の目的として大学に残ったわけでもない私の定めであったのかも知れないと思い定めました。『労働の戦後史』の執筆に取かかったとき、これは「中間報告」だと私は友人たちに言っておりました。栗田（健）さんからだったか、もうこれでお前はお終いになるね、と茶化すようなことを言われましたが、本当になってしまいました。

上井：図書館長の件については、学部長の奥山君から相談がありました。兵藤さんがなかなか受けてくれないので、どうしようか、というのです。アカデミックな仕事なので適任者は先生しかいないと言って説得すれば、と答えておきました。

市川問題は重かったです。評議会の前に部局長会議があるのです。部局長会議で市川問題についてちゃんとした発言をしていたのは兵藤さんしかいなかったと、伝え聞いています。

その当時立場は違うけど、一生懸命やっていたのは教養学部の加藤（泰建）君。学生部長だった。

上井：加藤君は僕の学長時代に理事になってくれた文化人類学の男。市川問題の時、僕は評議員だったので、評議会に議題としてあがってきたときには兵藤さんの線で発言していました。この時は加藤君ともやりあった。

市川問題では、いろいろ外部から圧力がかかりました。戸塚さんからも電話がありました。『週刊新潮』のせいで社会的に広がってしまったので、結局、収まる形で収まってしまいました。

兵藤さんの学長候補のことについては、安田たちが事前に僕のところに相談に来ました。兵藤さんには埼玉大学経済学部に来ていただくときに、管理職をやらせないという約束でお願いしたのだから、学長などとんでもない。ちょっと考えさせてくれ、と返事をしました。戸塚さんにも相談したのですが、戸塚さんはもともと管理職が嫌いな人で、君は兵藤にそんな恥ずかしいことをさせるのか、許さん、と怒ってしまった。でも兵藤さんしかいなかった。とにかくタマがいない。学部局長会議で一貫して市川擁護の論陣を張っていたのは兵藤さんだけでした。学長選挙では、僕と、新しくつくった経済学部の社会動態資料センターの助手の藤林（泰）君の二人で選対をやりました。兵藤さんの書いた文章は「が」が多すぎて、何を言いたいのかよくわからないので、兵藤さんの文章を勝手に書き換えて、ビラを作りました。

理学部は有馬さんで勝つと思っていた。理学部は、市川さんを引きずり下ろしたので、市川擁護の兵藤さんが勝つはずはないと思っていた。

選挙が終わった後、翌日でしたか、有馬さんのところに挨拶に行きました。有馬さんは、兵藤君とは昔からの友だちだから、君が立つと分かっていたら私が立つまでもなかった、と言われました。昔からの友だちというのは、東大紛争の頃に学部を越えて多少の付き合いができたということを指しています。

有馬さんは、東大の総長選挙がある二、三年前から私のところに年賀状を寄こすようになった（笑）。総長選挙に立候補するつもりだったのでしょう。この選挙は決選投票まで行きました。相手は教養学部の本間長世さんでした。僕はその時選挙管理委員でしたが、当日決選投票の前に、僕のよく知っている社研の教官がもう結果は決まったようなものだから用事があるので帰る、といって帰ってしまいました。その人は本間さんの勝ちだと踏んだのでしょうが、決選投票で二人が同数になってしまった。それでくじ引きということになりました。くじ引きは選挙管理委員の前で行なわれましたが、くじは菜箸のようなものの先端に色の塗ってあるものを引いた人が当選という決まりで、それを有馬さんが引いた。それで勝敗が決まったわけです。

野村：理学部は反動分子の集まりですか？

上井：反動分子という表現は穏やかではないが、理学部、とくに物理学科はそうだった。

野村：全国的に見れば物理は進歩的でしょう。

上井：当時は物理学科が反市川の急先鋒だった。市川さんは生物。一般的なイメージとはちょっと違うのです。

誰に言われたのか忘れてしまったけど、選挙が終わったら市川さんに一言挨拶しておいた方がいいよ、と囁かれた。それで、市川さんの研究室を訪ねて、途中から降りてくれというようなことになってしまって申し訳なかった、と挨拶した。市川さんとの関係はそう悪くならなくて、その後浦和で二、三回酒を酌み交わしました。

上井：市川さんは社会派の遺伝学者として知られる人で、組合の委員長もやった人。行政的な手腕もある。しかし理学部のなかでは少数派であり、要職外しにあっていた。ものすごくできる人だったので、経済学部で大学院をつくるときも、市川さんにアドバイスしてもらった。だから経済は市川さん支持。市川さんは講演もうまいから幅広い層に人気があった。

事件の後、僕は市川さんを浦和の小料理屋でもてなし、守りきれなかったことについて謝罪しました。何度も寿司屋でご馳走になっていた経済学部の某君が典型だが、市川さんにさんざん世話になりながら、事件後まったく近寄ろうともしない奴がすくなくなかった。現金で薄情な奴らだなと思いましたが、市川さんは恨みがましいことは一切言いませんでした。

学長の仕事

学長の仕事としては、入学式・卒業式の式辞がいわば表芸みたいなもので気にかかる仕事でした。大河内さんも言ってたのですが、これをこなせば、あとは何とかなる、と。

入学式の式辞は、新制大学としての埼玉大学の成り立ちや、大学における勉強、とりわけ〈大学の大衆化時代〉を迎えるなかで大学に学ぶ者の心構えなど、話すべき事柄には定番があるのでそれほど苦労はしませんでしたが、卒業式の式辞は何を話題とするか主体的な選択を問われるので、神経を使う仕事でした。学長職についてから勉強したことといえば、今年は卒業式で何を話そうか話題を決めるために本を渉猟したことぐらいと言っても過言ではないと思います。

なかでも私が重視した事柄の一つは、社会のなかで企業に雇われて働く道を選択する場合にも、働くということのなかには、アダム・スミスが〈labour〉という言葉を使って、人間にとってはトイル・アンド・トラブルだと述べたようなものもあるが、それを超えたような働き方、言わば〈work〉と呼ぶべきものも含まれているのではないか、そういう部分を大きくするように努めるべきではないかということでした。

アメリカのジャーナリスト、スタッズ・ターケルの『Working!』(一九七二年)という本があります。晶文社から『仕事!』というタイトルで翻訳が出ています。有名人からストリート・ガールまで含め、働くということはどういうことかについてヒアリングした記録です。その序文には、なかなか考えさせられることが書いてあります。日本の作家黒井千次、僕より一つ年上で、東大経済学部を出て富士重工に入社、サラリーマン生活の傍ら小説を書いて新日本文学会系の作家として出発した人です。一九七〇年に退社し作家活動に専念され、後に日本文芸家協会の理事長につかれました。黒井さんは、会社で働いた経験を踏まえて講談社から『働くということ』(一九八二年)と題する新書版の本を出しています。こういう類の書物を素材に働くということの意味について話しました。

私の選んだ話題のなかでいま一つ心に残る主題は、自壊とも言うべき道筋をたどって未来社会の構想として登場した社会主義が光芒を失い、〈福祉国家の危機〉が叫ばれるようになって早くも四半世紀が経とうとしているいま、私たちに問われているのは〈福祉社会〉としての公共空間の再構築ではないかということでした。友人である以文社の社長がアントニオ・ネグリ、マイケル・ハートの『帝国』（二〇〇〇年）という自社の出版物を送ってくれました。グローバリゼーションの進展の下で国民国家の主権が衰退しはじめるなかで浮上してきた〈福祉国家の危機〉を考える素材としては、その未来展望にはにわかに賛同しがたいものがあるとしても、〈帝国〉を超える公共空間の創出の必要を説く著者の議論のなかには、徴すべき問題提起があるように思いました。

学長としての仕事のなかで重みを増し、時間もとられるようになってきたのは大学改革にかかわる仕事でした。私が学長に就任した頃は、橋本内閣により行財政改革が進められようとしていた時でした。九六年一一月に設置された行政改革会議は、翌年一二月、国が直接実施する必要はないと考えられる事業については独立行政法人制度を導入し効率化をはかるという提言を取りまとめました。そこでは、国立大学は学問を担っているという特性からして現時点で早急に結論を出すべきではないとしても、長期的視野に立ってそのあり方について検討する必要がある、と謳っていました。

ところが、橋本内閣の後を受けた小渕内閣は、九九年四月、国立大学の独立行政法人化について二〇〇三年までに結論を出すという閣議決定を行なうに至りました。前年自民党から立候補して参議院議員となり、その直後に文部大臣に起用された有馬さんは、就任当初は独法化に抵抗していたと伝えられていましたが、この決定がなされるに及んでその姿勢を改め、この年九月、文部省主催の国立大学学長会議において、特例法を設けて国立大学を法人化することとしたいという見解を表明しました。そして二〇〇〇年七月には、文部省の下に国立大学の独法化に関する調査検討会議が設置されるにいたりました。

こういう状況のなかでどう対処すべきか。法人化反対という声もあるが大学サイドには行財政改革の波を押し返すだけの力はないのではないか、法人化は受け入れ大学の疲弊を回避する途を探るほかはないのではないか、と私は考えました。かつて一九六〇年代前半、政府は大学管理法を導入しようと画策したことがありますが、大学にそれに抗するだけの力があったのか、日本社会全体にそういう雰囲気があったのか、押し返したことがあります。

ひるがえって考えてみれば、日本の大学は資本主義の確立期に成立したヨーロッパの大学をモデルとして生まれたものです。中世ヨーロッパに誕生を見たいわば第一世代の大学はキリスト教と結びついて生まれてきたものですが、近代ヨーロッパの大学は、第一世代の大学にまとわりついていたそういう歴史の負い目から脱却して、科学を宗教から解放し学問それ自体を究めようとする精神的態度を育む場となったという意味で第二世代の大学と言えましょう。わが国の大学もこうしたヨーロッパ近代の大学をモデルとしてエリート教育の場となり、旧制高校の寮歌に「栄華の巷低くみて…」と謳われたように、日常的な利害関心から距離を取り真理探究に邁進する〈象牙の塔〉たることに誇りを見出そうとする精神的態度を生み出しました。

だが、第二世代の大学は、科学の究極を究めようとする不作為の作為の産物として大量生産・大量消費・大量廃棄型の産業社会をもたらす役割を果たすこととなり、二〇世紀の終わりが近づくにつれ石油に代表される自然資源の枯渇、あるいは公害問題のごとき環境破壊などネガティブな問題を突き出すこととなりました。オイルショックは、まさにそういう産業社会のありように対する警告とでもいうべき出来事であったわけです。自壊ともいうべきソ連圏の解体と第二次大戦後の世界の枠組みをなした米ソ冷戦体制の終焉を期として、情報技術革命の進展を背景としたグローバリゼーションの波が世界各国に押し寄せてきました。この経済のグローバル化にともなって先進諸国の資本が安い賃金を求めて発展途上国に進出し覇を競いつつある結果として、環境問題はいまや地球規模の問題となってきました。しかも、資金の投機的な流出入によって発展途上国はしばしば経済破綻の瀬戸際に追いやられ、北の先進国と南の発展途上国の間の所得格差は縮まるどころか広がり続けています。そしてまた、北の先進諸国においても、グローバリゼーションの進展にともない国境を越えた資本の移動が容易になった結果として、第二次大戦後の社会経済体制としての福祉国家の危機が拡延してきました。

こうしていま、大学は、二〇世紀文明のありように対する反省の上に立って、人間社会のサステイナブル・デヴェロップメントを支えうる専門的素養と地球市民としての感性・モラルを備えた人材を育成する場とならなければならないという課題を負うに至ったわけです。しかも、二〇世紀型産業に先導された経済成長にともなう〈豊かな社会〉の到来により、誰でも大学に行こうと思えば行くことができるような〈大学の大衆化〉時代を迎えているいま、大学はエリートの養成機関から脱却し、社会のネットワークの結節点を支える職業人の育成、すなわち、職業人に必須な専門性を培うと同時に、自然と人間との共生、人びとの連帯という二一世紀的な知恵とモラルを養う場たることを求められています。つまり、学問というものは批判的精神を抜きにしては前進を期しがたいとしても、いまや大学は、〈象牙の塔〉から脱却し、現実世界に住む人びとの悩みをわがものとし、その解決の途を探る場となることを求められているという意味で、〈第二世代の大学〉を超えて〈第三世代の大学〉へと生まれ変わらなければならない時を迎えたと言えるかと思います。

二〇〇一年、藤原書店が発行している雑誌『環』が別冊で「大学革命」という特集号を出しました。そのなかに「二一世紀の大学像――主要大学学長からの提言」というコーナーが設けられ、私も寄稿を依頼されました。特段の注文はなく、大学革命と言われているが、オタクの大学ではどういうことを考えていますか、どういうふうに物事を進めているでしょうか、書いて欲しいという依頼でした。私は蓮見（重彦）さんの『知性のために』（一九九八年）を下敷きにして「第三世代の大学」というタイトルを付した文章を書きましたが、そのせいか、このコーナーのトップに掲載されました。

これより前一九九八年一〇月、文部大臣の諮問機関である大学審議会は「二一世紀の大学像と今後の改革方策について」と題する答申を提出しました。そこでは、高度の専門教育は大学院に委ね、学部段階では、基礎・基本の教育に徹するとともに、教養教育を重視し「主体的に変化に対応し、自ら将来の課題を探求し、その課題に対して幅広い視野から柔軟かつ総合的な判断を下すことができる力」、答申の用語に従って言えば〈課題探求能力〉を備えた人材の育成に力を尽くすべきだと言われていました。時代が文明史的な転換期を迎えるなかで〈大学の大衆化〉が進行しつつある状況に適合した提言だと思いました。埼玉大学でも、学部教育の実際は各学部に委ねるほかはないとしても、リベラルアーツの再構築という視点に立った学部教育の方向を見定めるために、二〇〇〇年に副学長をシャッポとした教養教育改革推進室を設置しました。

さらにまた、〈象牙の塔〉から脱却し社会に開かれた大学づくりをめざす企てにも意を注ぎました。一九九九年五月、埼玉県やさいたま市による再開発事業の一環として整備された大宮ソニックシティのビルの一角を借りて大宮ソニックシティカレッジを開設し、従来地域共同研究センターで行なってきた技術相談の市内出先窓口や、教育学部による子どもたちをめぐる教育相談窓口を開きました。

九三年度から社会人が入学しうる大学院として経済科学研究科を設置してきた経済学部で、埼玉県民がたくさん働いている東京に経済科学研究科の出先機関を設けたいという話が持ち上がり、文部省との折衝に入りました。私はむろん経済学部をバックアップする側に立ちましたが、文部省は国立大学誕生の経緯からすれば県域を越えたところに教場を設けるのは如何かとなかなか首を縦に振ってくれませんでした。結局二〇〇〇年四月より東京駅八重洲口に東京ステーションカレッジという名称で経済学研究科の教場を開設し社会人を受け入れることに許可が出ました。これが第一号かどうか知りませんが、この頃から地方国立大学の出先機関が東京に増え始めました。

この年また、高校生に大学での勉強がどういうものか知ってもらうために、各学部の基礎科目のいくつかを公開講座に指定して県内の高校生の受講を認めることにしました。初年度の二〇〇〇年は埼玉県第一の進学校で埼玉大学受験生はほとんどいない県立浦和高校と協定を結び、翌〇一年には浦和北、川口北、大宮の各県立校、〇二年には県立浦和西という風に協定校を増やしていきました。

いま一つつけ加えておきたいのは産学協同の拡充です。大学紛争の頃まではどこの大学でも産学協同は禁句と言っていいほどアレルギーの発生する事柄でしたが、八〇年代頃より大学の雰囲気が変わってきました。埼玉大学でも一九九四年に地域共同研究センターが設立され、地域の企業などと連携して研究を進めその成果を地域に還元する活動が始められました。二〇〇〇年三月、埼玉県商工会議所連合会、埼玉経済同友会などに発起人になってもらい、地域共同研究センターを軸として産学交流協議会を発足させることとしました。

また、この年六月には、埼玉県との共同研究をすすめるために覚書を締結し、政策研究会を設けました。まず、サイレント・マジョリティの県政参加、環境福祉工学に関するプロジェクト、この二つのワークショップが発足しました。埼玉県は中小企業の多い土地柄ですので、県の中小企業振興公社を軸に埼玉大学の理学部・工学部などのスタッフが参加して活動を始めた埼玉バイオ研究拠点はこういう土地柄にふさわしい企てでした。

こうした大学としての活動に加えて、学長個人として私はいくつか地域の仕事に関与することとなりました。私が学長に選ばれた時は政令指定都市実現をめざして浦和・大宮・与野三市の合併協議会（任意）がつくられた頃で、新市名をどうするか検討するために三市の市長・市議などから成る小委員会がつくられました。ところが浦和・大宮両市の綱引きで暗礁に乗り上げてしまい、九八年一〇月、小委員会の下に市民代表・学識経験者・マスコミなど一九名から成る諮問機関として「市名検討委員会」が設けられることとなり、私が会長に指名されました。検討委員会では、全国から公募で市名候補を募ることとし、二〇〇〇年二月までに六万七千余件、八千種類に上る応募がありました。このなかから埼玉・さいたま・彩都・さきたま・関東の五つの候補を選び、そのうちのいずれかを最終候補として決定するよう小委員会に答申しました。四月に「さいたま市」が新市名として決定されました。これを受けて五月に法定の合併協議会設置となり、さいたま市発足に向けて動き出したわけです。

これに加えて、県教育委員会の委嘱で地方産業教育審議会会長（一九九九年一一月～二〇〇四年三月）、新しい教員人事のあり方に関する懇話会座長（二〇〇〇年七月～〇一年三月）、二一世紀いきいきハイスクール推進計画懇談会座長（〇三年七月～〇四年三月）などをお引き受けしたほか、二〇〇〇年四月、五年ほど前からユニセフの募金事務局を委嘱されてきたさいたまコープが事務局設置を引き受け、首都圏初の県支部としてユニセフ協会埼玉県支部を発足させるにあたり、さいたまコープに関与していた私が会長を務めることとなりました。

こういう活動に力を注いできた結果、埼玉大学の顔が見えるようになったという世評も聞かれるようになり、学長を退任した年の〇四年一一月には、「開かれた大学」を目指して地域との接点を広げてきたとして、埼玉新聞社から贈られる埼玉文化賞の受賞者の一人に選ばれました。

埼玉大学と群馬大学との合併問題

二〇〇一年四月、「聖域なき構造改革」を唱える小泉内閣が発足するに及んで、国立大学の法人化問題が風雲急を告げる状況になってきました。文科相に任命された遠山敦子さんは、六月一一日に開かれた財政経済諮問会議の了解を取った上で、三カ月後文部省主催の学長会議で「大学（国立大学）の構造改革の方針」を提示しました。この方針は後に「遠山プラン」と呼ばれるようになりました。そこには、(一)「国立大学の再編・統合を大胆に進める」、(二)「国立大学に民間的発想の経営手法を導入する」、(三)「大学に第三者評価による競争原理を導入する」という三つの方針が掲げられており、再編・統合については県域を越えた統合を進め、国立大学の大幅な削減をめざすと謳われていました。

埼玉大学では、「遠山プラン」の発表に先立って二〇〇〇年秋に将来構想委員会を立ち上げ、県内の大学・研究機関との連携を通じてパワーアップをはかる方策について検討してきました。「遠山プラン」発表後の〇一年秋、学長選挙に際し再選に挑むにあたって私は、県内唯一の国立大学である埼玉大学としては独立独歩で前進をはかりたいということを訴え、再任（規則上任期は二年）されることとなりました。

この間〇一年九月の国大協総会の折、席順の関係で隣り合わせに座っていた群馬大学の赤岩英夫学長から「相談したいことがある」と囁かれました。その際は中身に立ち入ることはなくそれだけで終わりましたが、一二月になって赤岩さんから、群馬大学と埼玉大学との統合を視野に入れて話し合いの場を持ってもらえないかという申し入れがありました。私としては独立独歩で行こうという旗を掲げて再任されたばかりのところでもあり、どうしたものか当惑しました。そこで学部長を個別に呼んで意見を聞いてみることにしました。学部長の間には温度差はありましたが、絶対反対という意見はなかったので、学内で協議の末年明けの一月評議会で、両大学の間で「再編・統合」問題に関する学長懇談会を設け、統合にメリットがあるかどうか検討することについて了解を得ました。

双方には教育学部や工学部など同種の学部もありますが、群馬大学には埼玉大学にはない医学部や社会情報学部があり、埼玉大学には群馬大学にはない教養学部、経済学部、理学部などがあり、再編・統合のあり方如何によっては総合大学と言うにふさわしい教育研究体制をつくることができるのではないか、さらにスケールメリットを生かした新たな研究体制の構築も可能ではないかという望みもあり、月一回のペースで副学長などを加えて少人数で話し合いを進めました。この年一〇月末には、学長懇談会としては統合にメリットありと判断し、統合協議会を設置することを両大学で評議会に提起しようというところまで話は煮詰まってきました。

埼玉サイドでは、私的に土屋義彦知事の意見を打診しました。いずれ道州制になるだろうから統合もいいのではないか、ただそのさい工学部は県内に残すようにしてもらいたいという話がありました。しかし、教育学部に関して問題が生じました。学長懇談会では、付属学校や現職教員の再教育機能については現存のシステムの充実強化をはかることにするが、学部そのものは、教員養成以外の新課程を廃し、教員養成課程に純化させる形で一学部に統合し、さいたまキャンパスに置くという方向でまとめようということになっていました。それにたいして群馬サイドで、群馬大学の教育学部の教員やOBが教育学部を埼玉に移すのは反対ということで一〇月から署名活動を始めました。これに動かされて小寺群馬県知事も教育学部を群馬に残すよう群馬大学に求める動きを始めたということもあって、統合協議会設置は寸前でストップということになりました。

統合話がストップしたのはなにも群馬サイドのせいというだけでなく、埼玉サイドにも教員の間には東京に顔を向けている人が多く、群馬大学との統合には冷ややかな空気が流れていました。統合するならお茶大（お茶の水女子大学）とか、農工大（東京農工大学）とか、という声もありました。

上井：　経済学部の一部教員ですね。東大と統合するとか。

東京の大学は埼玉大学との統合なんか考えはしないんですよ。群馬大学との話は、しょせんむずかしい話だったということかもしれません。

暗雲垂れ込める国立大学法人

国立大学の法人化の動きが加速されるようになって学長としての仕事もにわかに大変になってきました。法人化問題に関する全体的な動きに対しては国立大学協会が対応する形をとっていて、埼玉大学など新制地方大学はよほどのことがない限り会長・副会長などという役職につくことはありませんから、一メンバーとして動いていればいいわけですが、そうは言っても会員校の代表としてはいくつかある常置委員会の一つに所属しなければなりません。当初、私は第六常置という国立大学の財政問題を扱う委員会に所属したいという希望を出し、認めてもらいました。実は第四常置という教職員の待遇問題を扱う委員会もありましたが、これを選択すると専門の関係から委員長などを仰せつかる危険性があると思い、敬遠したわけです。ただ埼玉大学は東京に近くて国大協の会議出席に便がいいということからでしょうか、財政の監事に任命されたものですから理事会には出ることにはなりました。そんなわけで、はじめのうちは〈第三世代の大学〉たるためにどのような橋頭堡を確保すべきかということを念頭に置いて総会で発言することに努めていました。

だが、〇二年六月、二〇〇四年度を目途に国立大学を法人化するという閣議決定がなされました。法人化に向けて事態が急迫してきましたので、所属委員会を第四常置に変えてもらうよう申請し、〇三年六月から委員長として仕事することになりました。第四常置の委員長として扱った主たる問題は、法人化にともない各大学ごとに定めなければならない就業規則の準備です。モデル案の作成のために第四常置に専門委員を置くこととし、東京大学法学部の労働法講義担当者に就任を依頼しましたが、学内での同種の仕事で忙しいと断られましたので、一橋大学法学部で労働法を担当している盛誠吾教授に専門委員をお願いし、文科省の人事課の協力を得てモデル案を作成し、その年の秋会員校に配布しました。

埼玉大学での就業規則の作成はもっと大変でした。埼玉大学には法学部はありませんから労働法の専門家はおりません。そこで、経済学部で労使関係に関わる講義を担当していた小笠原浩一君（その後東北福祉大学に移り、いまは故人）、彼は東大の経済学研究科博士課程に入学する以前は早稲田大学の法学研究科で労働法の勉強をしておりましたから、昔とった杵柄です。それに経済学部の社会環境設計学科で民法を教えていた江口幸治君、文科省から人事課長として出向してきていた矢崎（雅之）君などに、私を加えて小人数の作業チームをつくり急ピッチで作業を進めました。

私は〇三年秋、法人化を前にして選挙規則が変更になったので学長選に立候補しましたが、群馬大学との統合問題がたたったのか落選してしまい、〇四年三月末を以て退任と決まっていました。新学長に選ばれたのは東大理学部から来た田隅さんでした。私は国立大学法人に編成替えされる前日三月三一日の午前中まで就業規則の整備にかかずらうこととなりました。三一日の午前中までというのは、午後になって職員組合から苦情が出ても、それを会議に諮って処理する時間的余裕がないからです。そんなわけで、この作業は大変でした。

大学運営全般についても、法人化を目前に控えて大変なことになったなァという思いに誘われました。とりわけ、〇四年四月に法人に移行するということになって、第一期の六年間を見通した中期計画・中期目標をつくらねばならぬということになってにわかに忙しくなりました。学部レベル・全学レベルで素案作成のワーキング・グループをつくって準備を始めたのですが、全学で教授・助教授合せて五〇〇人に満たぬ規模の大学で長期にわたって素案づくりに従事する陣容を整えるのは大変でした。こうした作業に従事する人は当然ながら研究面でも能力があり、学内行政にも練達している人でなければ困るわけです。しかしそういう人をこういう作業に動員すると、大学としてのパワーアップが阻害されてしまうというリスクがあるわけです。でもこの作業がうまくいかなければ予算面でしわ寄せがくるやもしれないわけですから、手を抜くわけにはいきません。そんな思いをしながら〇三年の九月評議会の了承を取り文科省に提出しました。

私は国立大学が法人に移行する直前、〇四年三月に学長を退任しましたから法人化後の国立大学の様子はつぶさには知りませんが、〇六年四月から東京学芸大学の監事に任命され、法人化後の様子を見聞きする機会がありました。これは大変だなと思ったものです。有馬さん、遠山さんの許で法人化に向けて動き出した時には、大臣としてお二人は法人に移行しても予算を減らすようなことはしないからという口約束をされたのです。ところが、法人移行直後から予算の削減が始まりました。国立大学の基盤的経費をなす運営費交付金、これにあたるものは従来から義務的経費として扱われてきました。ところが、〇三年暮れの予讃編成に際してこれを裁量的経費として扱うという閣議決定がされ、教育研究費（専任教員の給与費は除く）、一般管理費（事務）に毎年一％の効率化係数が課されることとなりました。一〇年度以降の第二期に入る時効率化係数は廃止ということになりましたが、それに代わって大学改革促進係数という名目で毎年一％の削減が続けられることになりました。その結果、〇四年度には一兆二、四一五億円（収入の四七・七％）計上されていた運営費交付金は、一三年度には一兆〇、七九二億円（収入の三四・〇％）にまで削減されました。

さらに、〇六年度からは効率化係数の対象外とされていた常勤教職員の総人件費に切り込む改変が提起され、向こう五年間で人件費の五％を削減せよということになりました。私が勤めていた東京学芸大学でも、退職教員の後釜を不補充として五年後に備えるという措置が取られました。『朝日新聞』（一六年一一月二二日朝刊）が報じたところによると、国立大学では常勤教職員の人件費の削減が進められたことから若手教員の新規採用が抑制され、科研費などを利用し任期付き教員を雇用する傾向が強まっているということです。その結果、全教員のうち任期付き教員の占める比率は〇七年度の二五％から一六年度には三七％にまで上昇してきました。

現に国立大学法人の収入の構成比を見ると、競争的経費の比率は〇四年度の七・〇％から一三年度の一四・三％に上昇しています。なかでも、多くの理工系研究所を抱えた総合大学である東大はその強みを生かし外部資金の獲得額を〇四年度の二三五億円（一三・三％）から一三年度の六一四億円（二七・五％）へと増やしています。だが、文科系中心の大学、とりわけ教育系の単科大学などは外部資金の取り込みがむずかしく、たとえば東京学芸大学でも外部資金の獲得額は〇四年度の一億円（〇・八％）からいくらか上昇はしましたが一三年度にも四億円（三・二％）という低い水準に止まっています。

国大協は、一三年七月、運営費交付金を法人化前の水準に戻すとともに、国の財政的支援をOECD諸国並みに拡充してもらいたいと文科省に申し入れたということですが、国立大学法人の苦しい状況がうかがわれます。

上井：法人化の時に先生が学長に選ばれなかった理由ははっきりしていて、群大との統合問題です。それまでの統合方針を継続すると言ったからです。対立候補の田隅三生さんは東大停年後に埼玉大学に来た人で、日本化学会の重鎮ですが、所信の中身は何もなくて、統合反対の一点のみでした。でも、それだけに明快でした。それで文系のある学部ではほぼ満票に近い形で田隅さんに入れました。経済は僕が学部長で、僕のところに相談に来る人が何人もいました。僕自身は統合に反対でした。だけど、田隅さんには入れるな、とだけは言えました。評議会でも、田隅さんは相手が兵藤学長であれ誰であれ、他人の話に貸す耳を持たない人だったからです。学長選では僕は事前に先生に、統合方針を継続してはいけませんと言ったんですけど、聞き入れてもらえませんでした。それは先生一人の意思ではなく、兵藤執行部というか、周りの者がそういう方針で固めていたからだと思っています。

法人化問題について言えば、移行準備も大変だったと思います。先生は全学部をまわって、新しい就業規則を説明していました。当然いろいろな意見があるし、僕も人事課長をつるしあげたりしました。ただ、法人化は急なことで、しかも皆が賛成しないなかで移行準備をやらなければいけないので、大変だったと思います。

法人化の第一期中期目標期間の中期計画についても、兵藤学長が陣頭指揮して突貫で作りました。

国立大学時代は、学長の任務は入学式と卒業式の式辞をきちんとしていればよかったと思います。しかし法人化以降は、大変になってしまった。

兵藤先生の学長時代で感心したのは、卒業式の式辞。かっちりした式辞をやっておられました。

野村：兵藤さんの式辞を読んだけど、長いよ。こんな長いのを聞かされる卒業生はかわいそう。（笑）

上井：僕の式辞も長いけど、もっと分かりやすい。僕も学長になった時、ほかの人がどう言っているのか調べました。東大総長の式辞は総じて長く、がっちりしています。でも、先生ほど論文調ではないですよ（笑）。僕が調べた限りでは、先生の式辞が一番がっちりしていました。

野村：兵藤さんが学長をやめた後、兵藤学長の評価はどのように定まったの？

上井：兵藤さんの次の田隅学長は、私が言うのだから間違いないとか、私には法人の長としての権限があるという調子で大学運営する人だったから、非常に評判が悪かった。

野村：じゃあ、兵藤さんの評価は上がるわけだ。

上井：いや、兵藤さんの評価は上がらない。群大との統合問題があったから。

兵藤さんが学長時代につくり上げたものは、田隅さんがすべて壊してしまいました。彼は「象牙の塔」に立てこもる暴君でした。出身母体である理学部を含め、すべての学部と軋轢を深めました。労使関係も壊れました。兵藤さんが営々と築いてきた地域との良好な関係もおかしくしてしまった。もう地域の評判の悪いこと、すごかったよ。

田隅さんはひどかったけど、兵藤先生に再登場という声が出なかったのは、やはり群大との統合問題です。僕が学長になった時群馬大学に挨拶に行き、統合問題は白紙に戻し、もしまた統合の話しをするときには一からはじめましょう、と伝えました。群馬大学は、田隅さんは一度も話をしに来なかったと言っていました。田隅さんは放っておいたのです。

「労働問題研究のゆくえ」など

ここで、一、二お話ししておきたいことがあります。

二〇〇四年四月、国立大学の法人化に際し学長業から解放されはしましたが、大学行政に六年間も身をゆだねたせいか、第一次資料を渉猟し論稿にまとめ上げていくという仕事は大変だなと気後れする自分がいました。それに『労働の戦後史』を世に送り出した際に抱いたもう一冊『労働の世界史』とでも言うべき書物をまとめたいという夢も、とてもおぼつかない仕事だなと思われてきました。教師としての現役時代に講義のなかでその下地はいくらかつくってきたとはいえ、グローバリゼーションの下でますます個性化していく各国の流れを仕分けしていくのはとても難しい仕事だなと思われてきました。

そんな折、生協総研の理事としてのオブリゲーションの一つで、『生活協同組合研究』という月刊誌の巻頭言を書く順番が回ってきました。「〈労働問題研究〉のゆくえ」という表題で、二〇〇五年四月号に見開き二頁ほどの小文を書きました。一〇年ほど前、野村君が「『労働問題研究』から批判的労働研究へ」と題する提言を『大原社会問題研究所雑誌』(一九九四年七月号）に寄せ、そして『日本の労働研究―その負の遺産―』（ミネルヴァ書房、二〇〇三年）という新著のなかで、その趣意を敷衍しました。その趣意は、手短に言えば、一九五〇年代半ば「社会政策から労働問題へ」という氏原（正治郎）さんの提言とともに始まった日本の〈労働問題研究〉は、日本経済が未曽有のオイルショックを乗り切り資本主義の体制変革が現実的なものではないことが明らかになったとき、体制変革の軸心に労働問題をすえようとする〈労働問題研究〉は方法としての魅力を失った。今日の課題は、労働関係を企業活動の一側面としてとらえる実証的研究を推進し、社会科学としての「批判的労働研究」を構築することにある、と言うのでした。

野村君の新著が出版された二〇〇三年、同じミネルヴァ書房から石田光男君の『仕事の社会科学―労働研究のフロンティアー』という書物が刊行されました。石田君は、労働に関わる領域では、本来、雇用に関するルールの体系を解明するダンロップ流の労使関係論が市場の領域を扱う労働経済学と並んで不可欠な領域をなすはずであると思い定めて研究を進めてきた人です。バブル崩壊後、処遇・仕事の両面にわたる個別化・管理化が進み組合機能が風化した日本では、労働にかかわる研究は経営研究と統合された〈労働研究〉となるほかはないと記していました。

まったく同じ観点からというわけではありませんが、労使対抗的な観点に立つ〈労働問題研究〉的アプローチは歴史展開の記述においても現代社会の実相の記述においても妥当ではないという発言には、私は違和感を抱いてきました。この小文にも、「〈労働問題研究〉か〈労働研究〉かは、ネーミングの問題とみれば、目くじらたてるほどのことではないかもしれない」と書きましたが、あるいはそうかもしれません。

現に、労働関係を企業活動の一側面としてとしてとらえる実証的研究の推進を提唱する野村君も、時代の基本課題と何らかの形で切り結ぶ課題設定を行い、「部分的で改良的なオールタナティブ」を模索する「批判的労働研究」を進めていきたいと記しています。また、処遇と仕事に関わる組合機能の風化を否みがたい現実と認める石田君も、「職場の界隈に渦巻いている不安や焦燥」に確かな言葉を与える役回りを労働組合が担わなくて他に誰がするのかと問い、労働組合にそうした庶民の気概を気づかう「すね者」らしい発言を求めています。ただ私が思うのは、売るために生産されたものではない人間の能力を商品に擬制し、人間の生活を資本の運動世界にゆだねるという仕組みの裡に生まれる軋みに注意力を集中することを求めたことにこそ、〈労働問題研究〉の味わいがあるのではないかということです。そういう味わいが消えてしまうのは寂しいな、という思いがしていました。

野村：気持ちとしては、兵藤さんの気持ちはよくわかります。しかし、それでは何をどう課題設定するのかという点になると、兵藤さんは何も言っていないように思います。兵藤さんの最後のまとまった仕事『労働の戦後史』と、兵藤さんが労働問題研究として真正面から取り組んだ『日本における労資関係の展開』とどういう関係にあるのか、という問題です。

それはむずかしい問題です。

野村：私は、兵藤さんが真正面から労働問題研究に取り組んだのが『日本における労資関係の展開』で、それが何らかの形で変容したから『労働の戦後史』を書いた、と見ています。

それは正しい。

野村：私も、労働研究は労働問題研究として語りたいと思っています。しかし、労働問題研究は何をどのように課題設定するのか、という点を抜きにして、労働問題研究はありえないと思っています。

『日本における労資関係の展開』と『労働の戦後史』は、たしかに違う。

野村：どういうふうに変わったのか、きちんと言うべきです。兵藤さんは、どう変わったのか、なぜ変わったのかについて、きちんとした説明をしていません。そうした説明をしないで変わっていくのはよくない、と私は思っています。

内容的にいえば、『日本における労資関係の展開』は個別経営に立ち入って労資関係を分析しています。しかし『労働の戦後史』で兵藤さんが労働組合として取り上げているのは、単産とナショナルセンターです。企業内の組合はほとんど登場しません。兵藤さんが労働組合について語ろうとすると、単産とナショナルセンターしかない、という事態になっている。それは大きな問題です。

くり返しますが、兵藤さんが労働問題研究という言葉に愛着を持っていることは、私もよく理解できます。しかし実際に兵藤さんの研究に即してみても、労働問題研究という言葉は同じであっても、中身はだいぶ変わっているのではないかと思います。

つけ加えておきますと、若い人はまた労働問題研究になっています。ただし、かつてのような労働問題研究ではなく、非正規労働であったり、過労死であったり、女性労働問題などです。労働は問題なのです。しかしその問題は、兵藤さんたちが氏原さんから引き継いだ「労働問題」とは違うんです。兵藤さんが労働問題研究を今に生かしたいというのであれば、こういう新しい労働問題研究とどのように接続するのか、語って欲しいと思っています。

なるほど。『日本における労資関係の展開』と『労働の戦後史』は違っています。『労働の戦後史』は、社会主義をあきらめた上で書いています。それが大きな違いです。だけど、私がもはや労働組合は何もできない、と考えていたと言われると、それは困るなと思います。「〈労働問題研究〉のゆくえ」を書いた直後だった思いますが、旧知の千葉大学の三宅明正君から、来年（〇六年）三月千葉大学の二一世紀COE「持続可能な福祉社会に向けた公共研究」（二〇〇四〜〇八年度）のプロジェクトとして「労働研究と公共性」をテーマとするコロキアムを開催したいので、報告者を引き受けてもらえないか、という依頼が参りました。私の報告タイトルには〈労働問題研究〉という用語を使いたいが、それでよろしければということでお引き受けすることにしました。千葉大学は最初、栗田（健）さんと私に頼んだらしいのです。理由は知らないけれど、栗田さんが断ったので、野村君に声をかけたとのことでした。私の報告は、千葉大学公共研究センターの雑誌『公共研究』第三巻第三号に「〈労働問題研究〉と公共性」というタイトルで掲載されました。(これは、後に『持続可能な福祉社会へ：公共性の視座から』という双書の一冊、安孫子誠男・水島治郎編『労働―公共性―福祉ネクサス』に加筆修正の上再録されました)。

さらに、その翌年、社会政策学会が『社会政策学会年報』の発刊をやめ、投稿論文を中心とする新たな学会誌『社会政策』を刊行することを決めたとき、編集委員長を務めていた小笠原浩一君から、創刊号の巻頭言としてこれからの社会政策研究に求められる事柄について何か書いてくれという話がありました。そこで、「〈労働問題研究〉と公共性」という文章を引き継いで政策研究に焦点を絞った「新たな公共空間の創出」という小文を寄稿しました。

この二つの文章で私が言いたかったことは、『市民社会論』(二〇〇四年)における山口(定)さんの言説を借りて言えば、一九九〇年代の半ば以来、世界的に〈市民社会〉論ルネサンスが〈公共性〉論と絡み合う形で盛り上がってきたということですが、それは一九八九年の一連の出来事に象徴される社会主義体制の崩壊によって市場システム廃棄の企てが幻想に終わったことが明らかになったいま、アソシエーションの活動を通じてグラスルーツの福祉社会を構築し福祉国家を下から支えることなしには公共空間の再構築の途は見えてこないのではないかということです。

かつて二〇〇年も前、資本主義の形成期に、ヘーゲルは「法の哲学」と題する著作で、職業団体は私利私欲に根基をもつメンバーを保護するものとして生まれながらも、そのメンバーが労働の場において使用価値を大事にし他人の欲求を満足させるに足る仕事をなすモラルを培うことを通じて、これを公的な圏としての国家に内的につなぐ媒介者的な役割を担っているのではないか、と説きました。山口さんは、ユルゲン・ハーバーマスを引きながら、国家と経済の交錯が進展してきた現代では、ヘーゲル流の国家・市民社会の二元論から国家・市場・市民社会の三元論に視座を転換する必要があると述べています。民間・非営利・独立のアソシエーションのネットワークが現実に〈市民社会〉という独自の空間をなしているとは言いがたいのではないでしょうか。

それはともあれ、労働組合はヘーゲルが職業団体として扱ったものの後身であり、いま族生しつつあるアソシエーションに比すれば、古い歴史を有する団体であって、組織の性格としても恒常的組織として存立しうる基盤を有しているわけですから、さまざまなアソシエーションをつないで活動すべき役割を果たさなければならないかと思います。日本の労働組合は、企業別組合が主体をなしていますから、そういう組合がいかにして企業を超えた複眼的な視座を持ちうるかは生易しい課題ではありませんが、そういう実践的な課題にこたえうる労働組合研究の再構築が問われているのではないかという想いをその小文に記述しました。

高齢協、成城学園学園長のことなど

野村：兵藤さんは、埼玉大学の学長、東京学芸大学の監事などをされた後、いわば最後の仕事として高齢協の理事長、そして成城学園の学園長をされましたね。まず高齢協のことから経緯をお話しください。

高齢協、正式名称は日本高齢者生活協同組合連合会と言います。私が埼玉大学の学長職を退任したあくる年の二〇〇五年だったと思いますが、高齢協の会長理事を務めていた大内力さんが、もう歳なので会長職を退き後は兵藤君に引き継いでもらいたい、という意向を漏らしているという話が伝わってきました。

高齢協というのは、淵源をたどれば全日自労（全日本自由労働組合）、あの中西五洲が率いていた全日自労です。その流れを引く事業団全国協議会（八六年に日本労働者協同組合連合会と改称）が九〇年代に入って就労を焦点にすえた高齢者協同組合づくりを提唱しました。九五年三重県に生まれた高齢者協同組合を先駆けとして組織化が進みはじめました。三重県は中西五洲のふるさとです。

一九九四年、六五歳以上人口が一四％を超える高齢社会に日本が突入したのを契機として、高齢者のケアを支える福祉システムの編成替えが社会問題化してきました。九四年一二月、厚生大臣の私的諮問機関として設置された高齢者介護・自立システム研究会が介護の社会化を提唱しました。従来のような行政が福祉サービスの受給を定める措置制度ではなく、社会保険方式による介護の社会化を進めよう、という提言でした。それにもとづいて、九七年に介護保険法が制定され、二〇〇〇年四月に実施されることになりました。この新しいシステムの下では、要介護認定を受ければ受給者は民間企業、ＮＰＯ、生協などの提供するケア・サービスを選択できることになったわけです。高齢者協同組合は、生協法人の資格認定を受けて、介護保険事業を主要な仕事の一つとする方向へと向かいました。そして、二〇〇一年一一月、一七の都道府県高齢協を糾合して日本高齢者生活協同組合連合会が設立されることになりました。大内さんは、二〇〇〇年九月以来東京高齢協の理事長に就任されていましたが、〇二年一月高齢協連合会の会長理事も務められることになりました。

高齢協は、介護保険による要介護認定を受けた者だけではなく、ケアワークにあたる若い人も組合員とする生活協同組合で、設立以来、仕事起こし・生きがい・福祉の三本柱を軸にすえ幅広い活動を通じてコミュニティケアを支えとする安心して暮らせる地域づくりを志してきました。二〇世紀の末以来〈福祉国家の危機〉があらわとなり公共空間の再構築が二一世紀社会への回路として論議を呼ぶようになった時代状況のなかで、私は介護保険によるケアワークを事業活動の主要な柱にすえながら、ボランティアや地域住民の支え合い機能を重視し地域をベースに公助を支える福祉社会の構築をめざそうという仕事は、時代の要請にこたえる活動ではないかと思うようになりました。〇六年の初めごろ高齢協が所属する親組織労協連の役員永戸祐三、菅野直純（故人）などと接触し、私はこの年六月に開かれる高齢協第五回通常総会を機に会長理事に就任することとなり、それ以来二期四年間にわたって会長理事を務めました。

この頃、高齢協を名乗る組織は三五ほどの都道府県に存在しており、そのうち二二の高齢協が生協法人の資格を取得して高齢協連合会に加盟していました。組合員は三五、〇〇〇余という小さな組織でした。高齢協が三本柱の活動のうちに掲げた仕事起こしには、経験を生かした剪定、営繕などのほか、〇三年の地方自治法改正にともなう指定管理者制度による福祉施設、保育施設など地方自治体の公共施設の管理・運営の委託が増えてきました。しかし、指定管理者制度による公共施設の管理・運営の委託には、入札を利用する方式のゆえに費用の削減に結果するというリスクもともなっていました。また、生きがい活動では、着物リメイクによるファッションショー、コーラス、史跡散策、陶芸、囲碁・将棋など、趣味を生かした多様な活動が繰り広げられていましたが、これらの活動はその性質上収入にはなりがたいという問題があります。

そういうわけで、高齢協の活動の柱は介護保険法の施行にともなう介護事業に置かれたわけですが、これにも難しい問題がありました。介護保険の施行にともない、要介護認定を受ける人が増えたため給付費が膨らみ、〇五年には早くも保険料の増額を招くこととなりました。政府はこういう状況のなかで〇三年、〇五年と相次いで介護報酬の引き下げをはかったので、その結果は介護従事者の低賃金と高い離職率として現れてきました。社会保障審議会の『「介護サービス業の実態把握のためのワーキングチーム」報告』（二〇〇八年）によれば、介護従事者からは「仕事内容の割には賃金水準が低く、業務に対する社会的評価が低い」、「現在の賃金水準では将来、世帯の生活を支えていくことができない」という嘆きの声が聞かれると記されています。

上野千鶴子さんは、〇八年に岩波書店から刊行されたシリーズの一冊『ケアを実践するしかけ』に寄せた論稿のなかで、「『先進ケア』施設は、いずれも『よいケア』すなわち利用者満足度の高い、質のよいケアを提供しているが、それはケアワーカーの低い労働条件と過大な献身によって支えられている」と書いています。そして、「ワーカーの不満は、かれら自身の高いモラルや経営理念への共感によって抑制されている」と記したのち、「経営者や管理者は、これらのワーカーのモラルの高さや献身を、かれら以上に自己犠牲的な『頭の下がる』献身をみずから率先しておこなうことで調達している」と記しています。ここには、日本における福祉社会の構築が容易ではないことが如実に示されています。
政府は、〇九年度の補正予算に介護職員の処遇改善交付金を計上して以降、税財源で処遇改善加算を組む措置を続けていますが、それでもなお目ぼしい改善には至っておりません。現に、一四年の調査でも、正規の介護職員の給与は全労働者平均の七割弱に止まっていると報告されています。団塊の世代が大量に七五歳に達する二〇二五年が迫ってきているため、二〇一五年政府は、中重度の要支援者を対象として、訪問介護・看護の連携強化をはかり地域包括支援センターを通じて二四時間対応の訪問ケア体制の構築を進めるという方針を打ち出しました。これに要する人材確保に資するために引き続き処遇改善加算を組むこととしたのに続いて、翌一六年には入管法等を改正し外国人技能実習制度を介護分野へ拡充することとし、一七年度から実施に移しました。東南アジアの発展途上国から外国人技能実習生を受け入れようとするこの措置は、地域での助けあいを通して福祉社会の構築をはかるという時代の課題からすれば邪道と言うべきではないでしょうか。

上井：生協の場合も高齢協の場合も、大内さんがやめられた後に先生が役職を引き継いでいます。大内さんと先生はどういう関係なのですか。

いやー、どういう関係もないのだよ（笑）。東京大学経済学部で同僚だったという関係しかないな。本郷に進学するとき、大内ゼミに入れてもらおうと思ったことはあるにはあるんですよ。それは、その年度から社研の先生のゼミは単位にならないということで諦めたから、大内さんが知っているはずはない。だから、経済学部で同僚だったということしかないね。東大生協の理事長を福武さん、大内さん、篠原一さん、それから僕という順番でやった。次年度から大内さんの後を継いで会長という含みで、大学生協連の副会長を引き受けた時、生協関係の会合であったか、大内さんが僕に「兵藤君は意外と人気があるんだね」と言った（笑）。

上井：高齢協は全日自労の流れのなかにあるということですが、大内さんはそういうことに抵抗がなかったんですか。

どうなんだろうね。大内さんはどう思ってやっていたのかな。所属が東京の高齢協だったということも関係があるかもね。大内さんは、中西五洲という人のキャリアはもちろん知っていたでしょうが、高齢協の連合体をつくるということになった時、東京高齢協の理事長が全国連合体の理事長になるというのは自然なことでしょう。そういう流れのなかで、大内さんの好みの問題は二の次になったんじゃないかな。実際、僕が高齢協連合会の会長をやっていた頃までは全国高齢協の専務理事は親組織の労協連の人間でした。全国高齢協はまだ弱小の組織で、専務理事の給料も面倒見切れない状況でしたから、専務理事を自分で決めるというわけにはいかなかったんです。親組織が決めてくるのです。いまでは、ようやく所属高齢協の専務理事が全国の専務理事をやるようになってきました。だいぶ変わってはきたのです。

労働と仕事

上井：千葉大学の雑誌に発表された先生の「労働問題研究と〈公共性〉」という論文について、気になることがあります。論文のなかで先生は「労働」と「仕事」、labour と work について、その二つは切り離せないと強調しているように読みました。しかし、先生がこのように言われるようになったのは二一世紀に入ってからだと思うのですが、labour と work をそう単純に重ね合わせていいのか、私には疑問です。

それは『資本論』だってそうだと思うんですよ。僕の場合は、国鉄の仕事をした時からそういう方向に力点が移ってきたんでしょう。誤解なきように一言付け加えれば、働く人が切り離せるものだと思ってはならないということですよ。

上井：先生が次のように書かれているところが気になります。

「例えば、有害物を含有した商品が市場に出されるということは、そこに働く人びとの〈労働〉のあり方と関わっている、あるいは、環境汚染をもたらす製品はそれを生み出す生産工程や人の働き方と関わっているわけであります。そこでは、当然に働く人びとの〈労働〉のあり方への反省、あるいは〈仕事〉としての活動に従事する人間としての自覚が問われてくるのであります」

でも働き方と製品の使用価値、その有用性が同じであるとは言えません。働き方がいいから製品もいい、とは言えません。僕がそういうことを考えたきっかけは、一九九四年にアメリカに行っているときでした。テレビでGMのSaturnのコマーシャルをやっていました。ユニオンのTシャツを着た男が生き生きと働いている場面が出てきて、"different company, different car" というキャプションが出るのです。こういう働き方をしているので、いい自動車ができる、というわけです。そんなことは言えない。

逆の言い方として、介護をとってみればよくわかります。先ほど兵藤先生もおっしゃいましたが、公共的に意味ある仕事をしているその労働現場がどうなっているのか。労働現場はかなり悲惨です。それをどこで解消しているかといえば、高いモラルとか、経営理念とか、共感とかです。それで何とか持っている。仕事の有用性と労働の実態がかけ離れている。こっちがいいものであれば、こっちもいいものになる、というのではない。社会的有用性の意味づけを受けたからといって、labour が work に昇華するというのではない。

それはそうです。そうしている人たちは組合のメンバーでもあるわけですから、そういうことについて何か文句を言ってもいいのではないか。たとえば大河内ゼミの一年先輩に東邦亜鉛に就職した人がいます。公害を隠蔽するために夜中の一一時頃に工場建屋の端にある溝を掃除させられる。彼は文句を言ったせいか、左遷された。そういう状況を放置するような組合では困るということです。

上井：製品やサービスがあり、他方にそれを生み出す労働過程があるとすると、市場による淘汰があるので、最初に変わっていく、変わっていくのが求められるのは製品やサービスでしょう。

いや、そういう問題は、生協がなぜ九〇年代から苦境に陥ったかということにかかわりがある。生協は〈安全・安心〉をスローガンにしてきたんですが、八〇年代後半から九〇年代に入る頃どこのスーパーも〈安全・安心〉を売り言葉にするようになった。しかも生協が中国から公害製品を仕入れるという事件まで起きてしまった。だから製品の方から変わっていくということはよくあることです。

上井：兵藤先生がまとめられた『国鉄労働運動への提言』は、取引主義一辺倒の組合に対する問題提起として重要だったと思います。しかし、労働組合はこうあって欲しいという先生の思いはわかるのですが、このような labour と work の捉え方にまで進むと、少しまずいのではないですか。

野村：兵藤さんは黒井千次やスタッズ・ターケルを引用しながら卒業式辞を述べています。labour と work があって、work は自己実現になっていくということですね。それを toil and trouble と見てはいけない、と兵藤さんは強調しています。兵藤さんの、仕事は自己実現につながっているという考えは、過労死につながる可能性のある考えだと思うのです。

うん、ある意味ではそういう危険があるかも知れないね。だけどそれは違うと思うよ。雇われて働いているということがあるのだから。雇われて働くにしても、その仕事が自己実現につながっている部分は、一分くらいか、それとも三分くらいなのかということは、どういう働き方をしているかによって違うと思うのです。だから、そういう部分を大きくできるような枠組みをつくる努力をしなければならない、と言っているんですよ。自己実現の部分が大きくなればなるほど、労働時間はますます増えていく、というのではない。働く人は人間ですから。限られた時間のなかであっても、自己実現できる仕事のあり方とそうでない働き方があるのではないか。野村君も大学の教師で、大学の教師というのは一人親方の職人みたいなもので、自己実現に近づきうる仕事です。それは、大学の教師が立派だからそうなっているというよりも、大学というものはそういうものとして古来できているということです。そういう場を増やすという活動をしなければいけない。

野村：仕事は自己実現だといってしまうと、仕事をする時間に歯止めがなくなるおそれがあるのではないですか。兵藤さんの世代もそうですし、私の世代もそうですけど、会社のなかに入ると、いわば二四時間働きます。全員とは言わないけれど、かなりの人がそうだった。不払い残業、サービス残業も当然のようにやっていた。それを不思議に思っていなかった。兵藤さんの世代で、おれはこんだけ働いたから、その分の残業代を払え、などという人はいたのですか。月給がいくらという意識のは意識するにしても、これだけの時間働いたからいくらの残業代、という意識はなかったと思います。ですから労働基準法でいう「労働の対償」としての賃金という世界ではなかったと思います。兵藤さんの work という考えは、こういう働き方と親和的なように思えます。兵藤さんがサラリーマンになったとすると、どういう働き方をするのですか。

これは会社の仕事だから、どうでもいいや、ということにはならない。かといって電通の女性のように、自殺してしまうのでは困るということです。働く人個人が残業時間についてきちんと発言することは困難でしょう。労働組合がちゃんと言わないといけない。

上井：labour、それが苦痛であるということであれば、労働時間が出てくる。work だと労働時間はきっちりしなくてもいい。

きっちりしなくてもいい、などとは言っていません。死んじゃうよ、そんなことだったら。labour だけの労働ということではダメだ、と言っているんですよ。

上井：氏原さん系統の研究者のなかでは中西さんの考えは原理的。一九七〇年代のことだが、資本主義の労働は時間奴隷だといっている。時間を意識している。だから時間を区切って、こちらは自由な時間、こちらは時間奴隷となる。言われるままに働くしかない。だから labour。

そういう風に割り切ってしまうのはどうか。そんな簡単ではないですよ。とりわけいまの時代になってみると、そういう気がします。

上井：資本主義の下での労働は labour、資本主義の体制が変わって労働力商品がなくなれば work、というふうな話もあったけど、社会主義の下での労働はもっとひどいものになってしまった。

それはそうです。現実の問題としてはそういうこともあり得る。

上井：さっきの介護労働と同じように、理念で実態を覆い隠そうとしている。社会主義国の労働英雄なんてひどいもんですよ。

成城学園学園長となって

話を変えます。

埼玉大学学長を退任し一年ほど経ったとき、文科省から声がかかってきて東京学芸大学の監事（非常勤・任期二年）をやってもらえないかということで、二〇〇六年四月からお引き受けしました。前年六月から高齢協の会長理事を引き受けていたこともあり、仕事が二つ重なってしまいました。そんなところへ東京大学経済学部の諸井（勝之助）さんから、成城学園の学園長を引き受けてもらえないか兵藤君の意向を聞いてもらいたいという話が私の処へきているが、どうだろうかというお話がありました。

成城学園では、大坪孝雄（元王子製紙会長）という人が二〇〇三年度から理事長を務めておられました。大坪さんは、旧制成城高等学校を出て東京帝大経済学部に進み一九五一年に卒業された人で、経済学部では助教授任用早々の諸井さんの演習（会計学）に参加されたということです。大坪理事長が恩師の諸井さんに誰か適任者はいないかと相談したところ、諸井さんが兵藤はどうだろうかと私の名前を出されたところから話がはじまったと聞いています。

大坪さんは、成城高校に在学していたころ社会科学研究会に入部、高垣佑（のち東京三菱銀行頭取、東大では大河内ゼミ所属）、堤清二（のちセゾングループ代表、詩人・作家、東大経済学部卒）などと親交を結んだそうです。一九四七年には学園総長選任をめぐって高等学校の教職員・学生が非民主的であるとして反対を表明し学園騒擾に発展したそうですが、このとき高垣・堤の二人が闘争委員長・副委員長として学生側で中心的な役割を果たしたということです。このお二人は、大坪さんが成城学園理事長になられた時も理事として学園運営を補佐されていました。

私が学園長に選任された頃は、旧制高校出のこういう方々が成城学園理事会の中枢を握っており、学園長の人選もそのラインによって進められたのでしょう。それで大坪さんが旧師の諸井さんに相談したところ、たまたま兵藤でどうか、という話しになったのだと思います。こうして二〇〇七年四月から学園長としての仕事が始まりました。東京学芸大学の監事は文科省に相談して退きました。

学園長就任が決まった時、成城小学校が創設された頃新しい教育方法のメッカとして注目を浴びたことはおぼろげながら知っていましたが、詳しいことは知りませんでした。それでにわか勉強を始めました。その中身をつぶさにお話しする余裕はありませんが、その一端だけを手短に言いますと、成城学園の創設者澤柳政太郎博士は、帝国大学を卒業してから長らく文部省に席を置き、文部次官にまで昇進しました。東京市牛込（現新宿区）に明治期に設立された成城学校と称する陸軍士官学校などへの進学予備教育にあたる学校があり、一九一六（大正五）年、澤柳博士に成城中学校の校長に就任していただけないかという申し出がありました。博士は、小学校を付置し自分の主催する教育実験校とすることを認めてくれるなら、という条件付きで引き受け、一七年四月成城小学校を開設されました。この小学校の創設によって今日の成城学園の歴史が始まりました。

世界は滔々としてデモクラシーに向かいつつあり、「知らしむべからず、よらしむべし」とした従来の民衆教育は、ここに一変して高等教育を受けるものと全く同列に立つに至ったというのが博士の時代感覚でした。こういう認識に立って博士は、小学校開設にあたり実験校の企てとして、「個性尊重の教育」をはじめとする「四つの希望・理想」を創設趣意書に掲げました。翌一八年には、「個性尊重の教育」の第二項のうちに「児童の能動的方面を重んじて自助自恃、自学自習の態度習慣を養成せんと欲す」と書き加えました。

こうして成城小学校は〈自学自習〉を旨とする澤柳教育学の実験学校として歩みをはじめました。「自学自習といふことが学修上第一の原則」をなすことは「余が年来の宿論」と澤柳は言っています。事実、早くは「公私学校比較論」（一八九〇年）で、私学では「教授法に於いては成るべく注入主義を排して開発主義を用ふること」を説いています。一九〇八年に公にした『学修法』では、「中学時代の生徒になっては、単に教師の教育的作用を感受するのみならず、自発的の働きをなすことが多くなると思ふ、…学修法の第一の原則は学生たる者は自発的奮励をなすべしと云ふにある」と述べています。文部官僚として小学校教育の整備にあたってきた澤柳は、一九世紀末からジョン・デューイ（アメリカ）やエレン・ケイ（スウェーデン）など欧米で台頭してきた新しい教育思想に触発されながら教育の改造を志すに至ったものと思われます。

成城小学校は、開設二年後、広島高等師範、京大文学部に学んだ小原国芳を主事に迎えました。後に玉川学園を創設した人です。小原さんは『教育問題研究』と題する月刊誌の発刊（一九二〇年四月）、父兄の要望に応えて成城小学校卒業生を受け入れる成城第二中学校の開設・世田谷への移転、ダルトン・プランの導入による自学自習教育の制度化などを進めました。時代は、帝国小学校、成蹊小学校、自由学園、明星学園など新教育を試みる私立学校が相次いで出現するなかで、成城をいわゆる〈大正自由主義教育〉のメッカたる位置に押し上げていきました。

成城中学校に学ぶ生徒たちの進学の路をどうするかが問われた時、小原主事は私立の成城大学を開設しようと考えたようですが、帝国大学への進学ルートを確保したいと望む父兄の声におされて、一九二六年四月、七年制の成城高等学校を開設しました。それに合わせて財団法人成城学園が設立され、翌年澤柳博士の死去にともない小原さんが高等学校の校長事務取扱に就任、一九三〇年には校長となりました。七年制高校の開設は帝国大学進学を夢見る俊秀の入学により成城学園のブランド価値を高めましたが、反面、入試準備の教育の進展により自学の風習に陰りをもたらすことになったようです。

第二次大戦後の教育改革により旧制高等学校は廃止となり、成城学園は総合大学を夢見て一九五〇年経済学部・理学部からなる成城大学を発足させました。しかし財政事情悪化により理学部は五三年三月を以って廃部となり、以後文芸学部（一九五九年）、法学部（一九七七年）、社会イノベーション学部（二〇〇五年）を順次開設し大学の整備に力を注いできました。この間、初等学校（小学校のことです）では国語・数学・社会科などの科目で自学学習（学級自学）の復元が試みられ、一九六八年にはあらためて創立の趣意を教育の理念として確認したと言われています。東大退職後に成城学園の学園長に就任した加藤一郎さんは、一九八七年に成城学園で出版された『澤柳政太郎　新訂増補教育論抄』に寄せた序文のなかで、成城小学校の創立にあたって掲げられた四つの理想に触れて「成城学園の今後の発展を考える上でも、澤柳先生の教育の理念と理想を十分に理解していく必要がある。…そこには、水の湧いてやまない泉があるように思われる」と記しています。私もまた、学園長就任に際してのにわか勉強のなかで〈自学自習〉を軸とする澤柳政太郎の教育論のなかには転換期としての現代に求められているものが息づいていると思い、『成城学園報』（学内報）で何回か私の思いを記しました。

学園長に就任して気になったことは、幼稚園から大学までワンキャンパスのなかにあるという珍しい構成を取っている割には、各学校が自治の気風を有し疎隔している感のあることでした。教員は、たとえば初等学校に就職すると、ずっと初等学校に勤める。それで、一つのキャンパスのなかにあるにもかかわらず、各学校が疎隔しているわけです。

一九七〇年代に新設された教育研究所の下で初・中・高合同研究会が年一回開催されるようになりましたが、なおそういう気風には根強いものがあると感じられました。そこで、私は月一回開かれる情報交換の場である校長会の次第に各学校での教育プログラムについての話題提供などを加えることとしました。また、学校教育法の改正により二〇〇八年度から幼稚園から高等学校にいたる各学校に対し、教職員による自己評価とその結果の公表が義務づけられた際、成城学園でも接続学校である大学も加えて学校評価委員会を組織し、その下に学校ごとの評価委員会を置くこととし、接続学校から委員を加えての評価、保護者へのアンケートとその活用を工夫することとしました。これも各学校の連携強化を通じて生徒の個性を活かした進路指導の充実に役立つのではないかと思ったからです。

それにしても、成城大学が人文社会系の学部のみから成っていることもあって、中学校修了段階あるいは高等学校修了段階で成城学園を離脱していく者が増えています。高校卒業生は、早稲田には行きません。慶応とか青山とかに行きます。成城はそういうカラーです。

それにまた、旧制成城高校の卒業生で、大学紛争時に文部大臣を務めた坂田道太は、『成城学園六十年』（一九七七年）に寄せた文章のなかで、「成城学園が特色ある学校であったのは、社会が不自由であり、その中で成城が自由な学校であったからだと思うのです。今日では世の中も自由な社会となっています。…この社会で成城がなおかつ特色ある学校として発展することは容易なことではありません」という訓戒を垂れています。成城学園は、いま混沌たる時代のなかで創立百周年を迎えるにあたって、かつて澤柳政太郎が説いた「独立独行」すなわち「自己の力を以って進むべき方向を定め」、その道を往く人材を育成することをモットーに掲げていますが（澤柳「青年の奮起」一九一五年）、社会との切点たる大学段階においてその実を挙げることが問われていると言っていいでしょう。

4　気がかりなこと

『労働の戦後史』を書いたとき、「結びに代えて」というタイトルで、いわばエピローグとして「〈日本的経営のゆくえ〉と労働組合」という文章を付けました。『戦後史』の本体は一九四五年の敗戦から一九八九年の連合の発足までということであり、「結びに代えて」に記述したことは私にとっては未決の部分であり、しかも、その執筆直後から大学の管理職に就き研究は放擲せざるを得ない状況に追い込まれましたから、そのままにしておくのが気楽ではありません。しかし、自分でフォローできない事柄を気がかりなままに二〇年も過ごしてきたわけですから、この間に発表された調査研究に対する感想を述べて現役の皆さんに後事を託するというのがこの書物にふさわしいかなと思いますので、それこそエピローグとして本節を付すこととします。

『戦後史』の「結びに代えて」のなかで今後の日本的経営のゆくえにかかわる出来事として、一九九五年五月日経連が発表した『新時代の「日本的経営」』という文書に注意を喚起しました。この文書の趣意は、バブルがはじけ長期不況に落ち込むなかで円高が進むという新たな事態を迎えたいま、こういう企業環境の変化に対処していくためには、人事管理の面においても、従業員個々人のニーズに即した多様な選択肢を用意するとともに、能力・成果重視の処遇の徹底をはかることが必要であるということにありました。より具体的に言えば、今後雇用形態は管理部門・技能部門の基幹従業員を対象とした長期蓄積能力活用型、企画・営業・研究開発などの従業員を対象とする高度専門能力活用型、事務・技能部門の定型的業務や専門的業務を対象とする雇用柔軟型の三つに切り分ける。長期蓄積能力活用型については、年功賃金から職能・業績反映型処遇への転換をはかることとし、パート、派遣、契約職などのかたちでリクルートする雇用柔軟型は職務給ないし時間給とし、高度専門能力活用型についても有期雇用契約でリクルートをはかり年俸制ないし業績給とすることが望ましい、と謳っていました。

九〇年代末以降、この構想が実際にどう具体化されていったか振り返って見ると、長期蓄積能力活用型、つまり正社員については〈成果主義〉の導入が主要な柱を成しています。石田光男君や中村圭介君などが協働しながら行なった調査によると、成果主義は職務ないし役割に即して社員等級を組み替えた点に特徴があり、課長以上の管理職について役割を基準とした処遇体系を布くこととされ、目標面接を踏まえた役割給に加えて、企業の業績に各人がどれだけ貢献したかを評価した上で支給するボーナスを具備しているケースが多いようです。管理職の給与は年功的処遇を極小化する方式をとっている上に、ボーナスは毎年洗い替えになるとのことですから、中高年の賃金カーブは寝る形をとるようになりました。一般職については、従来の職能資格制度による昇給方式が踏襲されているケースが多いようですが、ゾーン別昇給管理が一般化したため役職につかないかぎり給与は頭打ちになるところが多いということですから、この部分でも総額抑制が効く形になってきたわけです。

『新時代の「日本的経営」』が打ち出した雇用ポートフォリオ・システムの再編に関していま一つ注目しておかねばならないのは、非正規雇用の著しい増加です。九〇年代末以降正社員の数は横ばいないし若干減少気味に経過してきていますが、この間非正規労働者が著しく増加してきました。とりわけ、一九九九年の派遣法の改正により派遣対象業種が原則自由化されたため、フルタイム就業の形をとる派遣労働者が増加してきました。さらに、二〇〇四年には製造業派遣が解禁となったために、製造業における男子の作業請負労働者が急増しました。打ち続く不況のなかで非正規労働者の賃金と正社員の給与との格差が開いていったばかりでなく、非正規労働者は雇用調整の手段に使われましたから、二一世紀に入るころから〈格差社会〉という言葉があちこちで使われるようになりました。

『新時代の「日本的経営」』の構想に基づいた経営戦略は、戦後日本の労使関係のありようとの関連で見た場合どう位置づけたらいいでしょうか。成果主義に関する事例調査を試みてきた石田君は、能力主義管理の下で打ち出された職能給制度が「戦後賃金制度の完成形」であると見なし、成果主義は能力主義管理に内包された年功的性格を極力そぎ取ろうとするもので、市場から発想した人事制度改革であると言っています（「賃金制度改革の着地点」『日本労働研究雑誌』二〇〇六年九月、「日本の賃金改革と労使関係」『評論・社会科学』二〇一四年七月）。また、アメリカの日本研究者アンドルー・ゴードン君は、『日本労使関係史 1853-2010』（二〇一二年）と題する著書のなかで、非正規労働者の激増と成果主義賃金を扱った章に「日本型労使関係の終焉？」というタイトルを付けています。

成果主義の導入により管理職の年功的処遇が極小化されたことは、日本の賃金水準が国際的に見て高くなってきたことを思えば驚くにはあたらないことかもしれませんが、こうした賃金改革にはゆるがせにできない問題もはらまれています。成果主義を導入した企業の事例調査を行なってきた中村君は、成果主義はまんざら捨てたものでもなさそうだという感想をもらしながらも、一般職については、職能資格制度による昇給方式が踏襲されてはいるとはいうものの、ゾーン別昇給方式の導入により役職に昇進できない限り昇給は頭打ちとなり、評価も潜在能力をも評価する方式から発揮された能力の評価へと変わりつつあることに注意を求めています（『成果主義の真実』二〇〇六年）。また、世紀末からの労使関係の変化に関する企業の聞き取り調査を踏まえて、アンドルー・ゴードン君は、「従業員の視点から見れば、…正社員の世界においてさえ、不安定要因は存続している、というよりむしろ著しく拡大している。…彼らの所得はかつてなく不安定であり、本社から子会社や分社化された企業へ配置転換される可能性も大きくなっている。こうした不安定性は、自身の出世のため、彼らの雇い主のために長時間、懸命に働く誘因となっている」。かくして「すでに一九六〇年代でも、彼らの職場には、かなり競争的要因が存在していたが、今の職場はさらに激しい従業員間の競争の場となっている」と述べています。

そこには、橘木俊詔が『格差社会―何が問題なのか』（岩波書店、二〇〇六年）のなかで指摘しているように、労働者の働き具合を公平に評価する制度が定着していないという問題が伏在しています。現に労働政策研究・研修機構の二〇〇五年調査にもとづく立道信吾・守島基博の報告によれば、「自社で導入している成果主義が成功しているか」という問いに対する従業員の反応は疑問視する声が多く、「評価者によって従業員の評価がばらつく」という不満を訴える者が七〇％を超えています。こうした状況を反映して二〇〇八年版の『労働経済白書』も、業績・成果主義的賃金制度の導入にともない四〇歳台から五〇歳台の正規従業員の賃金格差が拡大しており、評価の納得性とコミュニケーションに対する不満から仕事に対する意欲が低下してきていることに懸念を表明しています。

成果主義の導入にともなう正社員の処遇のありようにもまして由々しい問題は、一九九〇年代半ば以降雇用ポートフォリオの再編にともなって正社員と非正規労働者の賃金格差がいちじるしく広がってきたということです。派遣労働者や契約社員のなかには、就職氷河期にやむをえず非正規労働者として出発した若い人びとが多く、〈不本意非正規〉と呼ばれています。こういう人びとのなかには結婚・出産を手控える人も少なくなく、少子化を招く一要因ともなっていると言われています。こうした状況を目前にして、二〇一六年二月第五回の「一億総活躍国民会議」において、安倍首相は非正規労働者の処遇改善のために「同一労働同一賃金の法制化」の準備を進めるよう指示しました。その結果この年一二月、「同一労働同一賃金ガイドライン案」が策定されました。

政府は、ガイドライン案をもとに今後関連法規の整備をはかり、不合理な待遇差の解消を進めたいとしています。すなわち、待遇差の是正を求めようとする労働者が裁判あるいはＡＤＲ（裁判外紛争解決手続）で争えるような基準を示そうというわけです。この法整備を待つことなく行なわれた一八年六月の最高裁第二小法廷の手当支給の是非に関する判決に見られれるごとく、こうした方式が正規・非正規の違いによる手当支給の有無に関し是正の途を開きうるケースはありうるにしても、こと基本給については展望は明るくはないと思われます。現に、このガイドライン案によれば、正規と非正規で基本給の支給額に違いがあるからといって、職業能力向上のための特殊なキャリアコースが設定されているために正規が高く支払われているのであれば不合理とは言えないとされています。

これより先、遠藤公嗣君は、『これからの賃金』（旬報社、二〇一四年）と題する書物のなかで、前世紀末からの賃金制度改革を通じて、ホワイトカラー正社員に役割給が普及した結果その給与は「範囲レート職務給」に近いものとなり、また生産労働者の賃金も職能給から直接「範囲レート職務給」に変わる動向が見られるので、現在日本の賃金は非正規労働者も含め全体として「範囲レート職務給」に移行しつつあると理解すべきだと述べています。このような理解の上に立って、遠藤君はＩＬＯ条約一〇〇号に規定された同一価値労働同一賃金の考え方を踏まえた職務評価により社会的規制を加えていくことが働くすべての労働者の均等処遇を実現する道ではないかと説いています。

そして遠藤君は、二〇一〇年、自治労のバックアップの下に自治労が組織する人口五〇万人を超える某市で職務評価を試み、その結果を『同一価値労働同一賃金をめざす職務評価―官製ワーキングプアの解消』（二〇一三年）として公にしています。労働者の処遇のあり方は〈労使自治〉が基本とされていますから、自治体における自治労のこのような企図は一つの行き方だと言えましょうが、民間企業にまで拡延しうるかどうかは留保が必要だと思います。じっさい、「同一労働同一賃金ガイドライン案」において、特殊なキャリアコースの設定されている企業における正規・非正規の基本給の支給額の差異は不合理ではないとされているのは、これを示すものと思われます。

日本の賃金は一九五〇年代に一時期アメリカに倣って職務給化が試みられたことがあります

が、それが根づかず職能給化の途を歩んできたものであり、今日もゾーン別昇給管理が布かれるようになったとはいえ一般の正社員については職能給が継承されています。遠藤君自身も認めているように日本の賃金制度の主流は現在もなお属人基準賃金をなしているわけですから、同一価値労働同一賃金の考え方での職務評価をめざすことはむずかしいと言わなければならないでしょう。

これまでお話ししたごとく、前世紀末からの賃金制度改革には、正社員に対する成果主義の導入にしても、あるいは雇用ポートフォリオの再編にともなう正規・非正規の処遇格差の拡大にしても、働く人びとにとって愉快ではない問題が発生してきました。それは働くモティベーションにもかかわる問題であり、日本の未来にかかわる由々しい出来事だと言わなければなりません。

成果主義の運用に関して、石田君は労働組合が経営の事業計画に基づく課業、人事賃金制度・目標面接制度に関する労使協議・交渉を通じて是正を求め、制度の運用実績のモニタリングに注力していくことが肝要であると提言しています。しかし、現実には、こういう組合の活動には「凝集力を欠く恨み」があり、仕事に関するルールへの発言が弱いために従業員は「つま先だった働き方」を強いられているのではないかと述べています（「現場力の向上に向けた日本の雇用関係の展望」『ＤＩＯ』二〇一一年五月）。また、連合総研が二〇一一年に立ち上げた「企業行動・職場の変化と労使関係に関する研究委員会」の主査を務めた禹宗杬君は、この研究委員会の問題関心は、前世紀末以降の企業行動の変化が現場力を弱め、かつ労働組合の活力を低下させている可能性があるのではないかということにあるが、当面の作業の目的はその検証ではなく、この仮説の精緻化にある、と吐露しています（『現場力の再構築へ』日本経済評論社、二〇一四年）。ここには、事態の深刻さが表白されているように思います。

非正規・正規の処遇格差の是正にはいっそうむずかしい問題があると思います。「不本意非正規」労働者の多い派遣労働者の処遇改善を進めることを意図して、一八年一〇月、厚生労働省は労働政策審議会の同一労働同一賃金部会に対し、派遣労働者の賃金は派遣元事業主と労働者の過半数で組織されている労働組合または労働者の過半数代表者との労使協定によって決定することとしては如何かと諮問しました。この一〇年ほどいくらか非正規労働者の労働組合への組織化に進展が見られるようになったとは言え、組織労働者はなお少数派に止まっています。しかも、『「企業社会」の形成・成熟・変容』（専修大学出版局、二〇一八年）と題する著書のなかで、高橋祐吉君がこの間民間大企業の労働組合が非正規・正規の賃金格差の拡大について「沈黙を守り続けてきた」のはなぜかと問い、それは大企業の労働組合が「高コスト体質」の是正という「経営目標の徹底した内面化」を進めてきたからではないかと述べているような状況もあります。

厚労省は、労使協定方式によって賃金を決定する場合には、同種の仕事をする一般の労働者の平均賃金を下回ってはいけないという縛りをかけてはどうかと提案しておりますが、朝日新聞の報ずるところによれば、一八年一一月厚労省が諸種の統計調査をふまえて同一労働同一賃金部会に示した一般の平均賃金には、派遣労働者の実際の平均賃金を下回るケースがあるようです。

こういう事態を踏まえて考えてみれば、派遣元事業主と労働者の過半数を労働組合あるいは過半数代表者との話し合いの道が開かれたとしても、派遣先の大企業の労働組合が生活者としての公正に思いを巡らす組合思想に覚醒することを抜きにしては〈格差社会〉の超克は画餅に終わる怖れありと言わなければならないでしょう。

野村：兵藤さんにとって気がかりなことが成果主義の影響と非正規・格差問題であることはよくわかりました。最後に、若い人、とりわけ若い労働研究者に望むことをお話しいただければと思います。

この二〇年間くらいに起こってきたことについて私の認識はいまお話しした通りです。しかし、これも若い人たちが行なってきた調査研究にたいする私の受け取り方をお話ししたにすぎません。私の感想の正否はともあれ、この二つが今日の重要問題であることには疑いないと思います。これはいま眼前で進行中の事柄ですので、皆さんが生起している事実を確かめ、どういう対応策が必要であるか検討してくださるよう望んで止みません。

ヒアリングを終えて

野村正實

研究回顧を書くべきです、という私の進言にたいする兵藤さんの答えはいつも同じで、そんなものは書かない、というものでした。その兵藤さんの気持ちが変わったのは、二〇一五年三月二六日でした。研究会とそのあとの飲み会が終わり、兵藤さんと私は地下鉄で東京駅に向かいました。東京駅で兵藤さんにお別れの挨拶をしようとしたその時に、突然、「野村君が質問して僕が答えるという形であれば僕の研究について話してもいいよ」、と兵藤さんが言いました。道すがら兵藤さんは学生時代の思い出を話しつづけていたので、しんみりとした気分になって、自分の研究についても回顧する気になったのではないかと私は推測しました。兵藤さんの気が再び変わらないうちにと、上井喜彦と相談して急いでヒアリングの準備をはじめました。

ヒアリングは以下の日程でおこなわれました。二〇一五年六月一七日、九月三〇日、一〇月一日、二〇一六年三月三〇日、三一日、七月二七日、二〇一七年三月一五日、九月二一日。そして二〇一九年三月一二日、最終稿を検討するために集まりました。

ヒアリングを終え出版準備ができた今、義務を果したという気持ちになっています。私は、研究水準を作り上げた研究者は研究回顧を残すべきだと考えています。すぐれた研究者の歩みそれ自体が研究史の一部だからです。兵藤さんは労働問題研究の最盛期を作り上げた中心的研究者です。兵藤さんの研究の歩みを理解することは、とりもなおさず労働問題研究とは何であるのか、何であったのか、を理解することにつながります。そう考えていた私にとって、研究の歩みを書くよう兵藤さんを説得することは、私の義務だと思っていました。結果的には、兵藤さんが自分で執筆するという形ではなく、質問にこたえて兵藤さんが語るという形になりました。

ヒアリングのテープを聴きながら、そしてテープ起こしした文章を読みながら、兵藤さんが語るという形をとったことがよかったと思いました。話の中に兵藤さんの人柄がよく表れていますし、また、質問に答えるなかで、兵藤さんが自分で執筆していたならば触れなかったであろうようなトピックスについても語っているからです。

聞き取りをはじめるにさいして、「狭い意味での兵藤さんの研究業績に限定しない」という聞き取り方針を立てました。兵藤さんはこの方針を了承し、じつに率直に語ってくれました。ヒアリングをはじめる前に私が心配していたのは、微妙な問題について兵藤さんが「そんなことは話せない」と語ることを拒むのではないかということでした。それはまったくの杞憂に終わりました。「僕の研究について話してもいいよ」と言った時点で、兵藤さんは腹を決めたのだと思いました。

本書はさまざまな読み方ができます。私自身についていえば、話を聞きながら、私が（「労働研究」ではなく）「労働問題研究」から出発したことを強く意識するようになりました。そして私の世代が労働問題研究のいわば「たそがれ世代」であることの意味を考えさせられました。できるだけ多くの人たちが本書を読んで労働問題研究の初発の精神を感じ、考えてくれることを望んでやみません。

聞き手の一人として思うこと

上井喜彦

もう一五年ほど前、兵藤先生が丁度古稀を迎えられたころと記憶しますが、「先生は回顧録を書かないのですか」と聞いたことがあります。先生の返答は、「君、僕にはそんな恥ずかしいことはできないよ」というものでした。この返答に私は先生の「美学」のようなものを感じて、妙に納得したことを覚えています。しかし、時が経つにつれて、改めて、兵藤先生には是非とも回顧録を残していただきたいと考えるようになりました。野村正實も兵藤先生に何度か回顧録を書くよう求めており、野村と私は「何とかして先生に翻意していただかなければ」と話すようになっていました。

このヒアリングは、先生が断固として拒絶された回顧録執筆の代替案として、実現することになったものです。その顛末は野村が書いていますので、これに付け加えることはありませんが、「狭い意味での兵藤さんの研究業績に限定」せず、何から何まで質問することを想定した「聴き取り方針（案）」を了承していただいた時には、先生よくぞ決断してくれました、と思ったものです。

こうして始まったヒアリングですが、思いのほか時間がかかりました。これは、主に私が諸般の事情に翻弄されたことによります。聞き手役も野村が中心になってくれました。

今ようやく出版まで漕ぎつけたところですが、振り返って印象深かったことを二つ挙げておきます。一つは、毎回のヒアリングに向けて先生がなさった準備作業です。記憶が薄れていること、正確を期する必要があることを調べるという点で、先生は徹底していました。これぞ労働問題研究の全盛期を築かれた先生の仕事ぶり、と感じ入った次第です。

いま一つ印象深かったのは、先生が私たちのどのような質問に対しても極めて率直に答えてくださったことです。研究についてはもちろんですが、思想形成や生き方そのものについても然りでした。その中には、東大闘争の際の行動や東大定年後に転任された埼玉大学で発生した学長選挙やり直し事件への対応等、先生が関与された事件の話も含まれています。

もっとも、先生の説明に納得がいかず、歯がゆい思いに捕らわれたこともあるにはあります。しかし、そういう点を含め、私たちの不躾ともいえる質問にも真正直に答えていただいた今回のヒアリングによって、先生の全体像と労働問題研究の時代相が相当程度明らかになったと感じています。

労働に関する研究を志す若い世代が本書を紐解き、兵藤先生が労働問題研究にかけてこられた熱い思いを感じとり、考えてくれることを期待します。

あとがき

兵藤　釗

野村君、そして上井君に慫慂されて自分史を語ることになった。本文でも折に触れて私の仕事観についてお話しする機会があったが、最後に、できるだけ重複を避けて私の仕事観の変化を振り返っておくこととしたい。

大学を卒業するにあたって選んだ職業は、不本意な選択ではあったが、大学教師、もう少し自分の気持ちに即して言えば研究者としての道であった。この職業は、結局、四〇年余の長きに亘って続いた。大学教師は雇われて働く稼業には違いないが、この職業を生きる日々はいわば一人親方の職人みたいなものに近いから、日々の働き方の上でも、また心の持ちようの上でも、あまり自分を殺さずに生きられるという意味では幸せだった。

だが、葛藤がなかったわけではない。大学時代ゼミの指導教官であった大河内先生は、東大総長に選ばれた一九六三年度の卒業式で、J・S・ミルの言葉を引いて「肥えた豚たるよりは痩せたソクラテスたろう」と学生を諭され、世間の注目を浴びた。先生は、卒業式の直後『中央公論』五月号に寄せた「大学卒業者の社会的責任」と題する文章のなかで、昼間の仕事は食っていくための「止むを得ない害悪」であって、「ほんとうに自分の信念を生かした生活は、例えば昼間の勤務が終わってからあとはじめて始まる」と思うようなジーキル博士とミスター・ハイドのごとき生活の二重化は、精神的錯乱と破滅を招くだけであろうと警告されている。続けて先生は、たとえどんな仕事であっても「日々の職務のなかに自分の動かぬ地位を築き自己の存在の根をおろす」ことを通じて、「仕事の背後や裏側に脈打っている社会の仕組みや矛盾を洞察すること、感じること」こそが下からの批判や改革への途を開くのだと説かれていた。

こういう先生の構え方には心にひびくものを感じながらも、「そんなに簡単にいくものかなあ」という反発を覚えた記憶がある。同じ年の五月『東京大学新聞』の依頼を受けて、私は、「大学のまど」というコラムに「就職シーズン」というタイトルを付した短いエッセイを書いた。そこに私は、大河内先生の仕事観には「大げさな言い方をすれば歴史を生きる人間の認識とその作用は……職業というものに包みきれないものではないかという疑い」を拭いがたいと書きつけている。

こういう私にとって仕事というものの意味を考えなおす契機になったのは、六〇年代から民間大企業に広まっていったZD、QCなどと呼ばれる〈自主管理活動〉である。一九七〇年代の半ば、ジャーナリスト斉藤茂男は雑誌『現代と思想』第二七号に「現代日本における労働者の状況」と題するルポを寄せ、こう書いている。「仕事それ自体からくる喜びをみんなが希求しているのではないだろうか、そう思わせる状況がつくり出されている」と。〈自主管理活動〉は働く人びと自身にとって、仕事とは何かもう一度考え直す契機になった。

六〇年代末私の仕事場である東京大学に生起した大学紛争のなかで、全共闘運動に参画した学生たちの間からこの社会で果たしている大学の役割に対する反発を込めて「大学解体」という叫びがあがり、そこに学んでいる自分自身を糾弾する意味を込めて「自己否定」を求める声があがった。そして、学生たちは教師に対しても「自己否定」を迫った。一人親方のようなスタイルで自分の仕事を進めることに意味を見出してきた私は、自殺しないで自己否定というスローガンを掲げ得る者がいるとすれば、そうする者自身がこのブルジョア社会のなかでやはり何ほどかの〈自己肯定〉と〈日常性〉とを残しているからであると見なした竹内芳郎さんに同感し、大学を辞めないとすれば、どうすれば大学はいくらかでも新しいものに向かって行くことができるのかを考える必要があると思った。

七〇年代に入り労働組合のなかにも、新しい発想が生まれ始めた。たとえば国労は、労働者と国民の意思を結集して国鉄のあり方を問い直そうとする新しい運動を組もうとして〈民主的規制〉の闘いを提起した。その際国労は、マル生以降の運動の反省の上に立って、「働くべきときは働き、要求すべきときは要求し、闘うべきときは堂々と闘う」という自主的規律の確立を自らの課題として掲げた。この提起は、合理化に対しては職場闘争で以て闘うという運動になじんできた活動家たちの反発を買い、新しい路線の定着に難渋した。八〇年代に入り臨調行革の下で国鉄の分割民営化が画策されようとしたとき、私は国労の委嘱で国鉄労使関係研究会の座長を引き受け、労働組合の取るべき運動姿勢を論じた報告書『国鉄労働運動への提言』（一九八四年）を取りまとめた。

この報告書で強調したかったことは、こういうことである。働く人びと自身にとっては、何よりもまず、労働を生活のための必要悪と見なすような手段主義的な発想から抜け出し、仕事の意味を感じうるような人間らしい労働のあり方を追求することが大切である。だが、国民との連帯を築き国鉄のあり方を問い直そうとするからには、労働のもつ社会的な意味に想いをいたし、国民に理解されうるような労働モラルを確立することが求められているのではなかろうか。民間企業に働く労働者にとっても欠陥商品を見過ごしていいはずはないが、マーケット・メカニズムによっては確保しがたい国民のニーズを充足するという役割を担っている公共部門、しかもサービス労働という対人的な労働に従事する国鉄労働者にあっては、これは看過しがたい問題ではないかというにあった。

この頃読んだ本のなかに、アメリカのジャーナリスト、スタッズ・ターケルが書いた『仕事!』(晶文社、一九八三年)、日本の作家黒井千次の『働くということ』(講談社、一九八二年)がある。ターケルの原著、“Working!”は一九七二年に刊行されたもので、様々な職業につく一三三人から三年がかかりで生の声を集めたインタービュー記録である。その序文にターケルは、これは「なによりもまず日々の屈辱についての本だ」と書きつけたのち、「この本はまた、日々の糧と同時に日々の意味、現金と同時に人から認められること、つまり死んだままの月曜から金曜ではなく、なにかしら生甲斐を求めることについての本だ。……口に出していおうがいうまいが、この本の主人公の男女の願いは、人に記憶されたいということだ」と書き記している。

黒井千次は、一九五〇年代の半ば大学を卒業後自動車メーカーに入社して働くかたわら作家として創作に従事した人で、一五年ほどして退社し作家活動に専念、二〇〇二年から五年間文芸家協会理事長を務めた。黒井は、この新書版の書物のなかに次のように書き記している。小説を書くことを自らの仕事とひそかに心に決め、実社会の勉強という軽い気持ちで会社に勤めたが、「月日の流れとともに、次第に会社の仕事が自分の内部にはいり込んでくるのが感じられるようになった。与えられた仕事が単に与えられたものにとどまらず、その中で我を忘れている瞬間があることに気づく。ある意味では仕事が面白くなり、またそれに熱中すると数々の疑問に出会ったり、新しい不満にぶつかったりした。時には、頑迷な上司の無理解に嫌気がさして投げやりな気分に陥り、別な時にはむきになって当の相手に噛みついたりもした。…そして、仕事が他人事でなくなるのに合わせて、それはぼくの家庭生活を支えるものとしてますます重い意味を持つようになった。仕事は自分にとっての内からの希求と外からの要請との結節点に立つものとしてぼくに迫ってきた。」

黒井千次はこれを「平凡な生活者の感覚」と呼んでいるが、スタッズ・ターケルの言説と重ね合わせて味わってみれば、それは洋の東西を問わずマーケット・メカニズムの下でなお人間として生きようとする人びとの希求を示すものと言えないだろうか。そしていま考えねばならないことは、資本主義を超える未来社会構想として生まれてきたはずの社会主義がソ連圏の自壊とも言うべき形での解体によって夢想に終わった現在、明日の社会の到来に望みを託してジーキル博士とミスター・ハイドのごとき二重生活を生きようとすることは、それこそ精神的錯乱に陥ることになるのではないかという大河内先生の警告が真実味をもって迫ってきた。

二一世紀の社会はＮＰＯや協同組合など様々な形での社会的企業の出現を見つつあるが、今後もなおマーケット・メカニズムはもとより基幹産業を担う資本の活動もなくならないとすれば、そういう世界で雇われて働く人びとは、かつてアダム・スミスが〈labour（労働）〉は〈toil and trouble〈労苦と骨折り〉〉であると説いたような在りようから完全に抜け出るのはむずかしいにしても、労働が秘めている創造的な活動、いわば〈仕事〈work〉〉としての内実を膨らませ、そういう活動を通して人と人をつないでいく人間らしいあり方を求められているのではなかろうか。

九〇年代の中頃私は東京大学の定年を迎え埼玉大学に移ったが、そこで偶々学長に選出され労働問題研究の第一線から退かざるを得なくなった。それは自分のなすべき仕事に対する考え方の転機ともなった。社会主義の実現をめざしたソ連圏が自壊を遂げたいま、〈象牙の塔〉に籠るような研究を良しとするような大学のありようも反省を求められていると思われてきた。そしてまた、八〇年代から台頭した新自由主義的な発想の浸透に伴って福祉国家の危機が叫ばれるようになったいま、地域社会に根ざす〈福祉社会〉の構築を通じて公共部門としての福祉国家を下支えしていくことこそ社会主義の夢を今日に生かすべき途ではないかと思われてきた。埼玉大学の学長、成城学園の学園長としての仕事や、高齢協の会長理事としての仕事に自らの課題を託そうとした所以である。だが、〈福祉社会〉の構築という課題は、永久革命的な、それゆえ日常的な課題をなしているということでもあろう。

私は一貫した仕事観のなかに生きてきたとは言えないかもしれないが、自らの生きる課題を託しうるような仕事に恵まれたことは幸いでもあり、その時々になした選択に後悔はしていない。人の在りようは、どういう環境で働いているか、あるいは、どういう仕事についているかによって違いはあれ、労働のなかにいくらかでも人間らしい仕事の仕方を求めていくということこそ、今日という時代を生きる意味ではなかろうか。

な

は

さ

た

主要人名索引

著者略歴

兵藤　釗（ひょうどう・つとむ）

1933 年　愛知県西加茂郡挙母町生まれ
1957 年　東京大学経済学部卒業
1962 年　東京大学大学院経済学研究科単位取得退学
1962 年　東京大学経済学部助手、後に助教授、教授
1998 ～ 2004 年　埼玉大学学長
2007 ～ 2011 年　学校法人成城学園学園長

〈主著〉

『日本における労資関係の展開』東京大学出版会、1971 年
『国鉄労働運動への提言』（編著）、第一書林、1984 年
『労働の戦後史』（上・下）、東京大学出版会、1997 年
（経歴・業績の詳細は 15 ページ略譜参照）

聞き手略歴

野村正實（のむら・まさみ）

1948 年　静岡県小笠郡横須賀町生まれ
1971 年　横浜国立大学経済学部卒業
1976 年　東京大学大学院経済学研究科単位取得退学
1977 年　岡山大学講師、後に助教授、教授
1995 年　東北大学経済学部　教授
2012 ～ 2015 年　明治大学特別招聘教授
2016 ～ 2018 年　国士舘大学経営学部教授

〈主著〉

『トヨティズム―日本型生産システムの成熟と変容』ミネルヴァ書房、1993 年
『日本的雇用慣行―全体像構築の試み』ミネルヴァ書房、2007 年

上井喜彦（かみい・よしひこ）

1947 年　大阪府中河内郡大字神宮寺生まれ
1972 年　東京大学経済学部卒業
1979 年　東京大学大学院経済学研究科単位取得退学
1980 年　埼玉大学経済学部講師、後に助教授、教授
2000 ～ 2002 年　社会政策学会代表幹事
2008 ～ 2014 年　埼玉大学学長

〈主著〉

『労働組合の職場規制―日本自動車産業の事例研究』東京大学出版会、1994 年
『日本企業―理論と現実』（野村正實と共編著）、ミネルヴァ書房、2001 年

戦後史を生きる——労働問題研究私史

2019年7月25日　　初版第1刷発行

著　者　　兵藤　釗
聞き手　　野村正實・上井喜彦
装　幀　　クリエイティブ・コンセプト
組　版　　有限会社閏月社
発行者　　川上　隆
発行所　　株式会社同時代社
〒101-0065　東京都千代田区西神田2-7-6
電話　03(3261)3149　FAX　03(3261)3237
印　刷　　中央精版印刷株式会社

ISBN978-4-88683-857-5